HAIGANG HAIGUAN SHIHUA
ZHEJIANG

浙 江
海 港 海 关 史 话

刘玉婷 白 斌 陈育峰 著

◆ "浙江海洋文化史话丛书" ◆

韩伟表 程继红 主编

浙江工商大学出版社
ZHEJIANG GONGSHANG UNIVERSITY PRESS

杭州

图书在版编目(CIP)数据

浙江海港海关史话 / 刘玉婷，白斌，陈育峰著. —
杭州：浙江工商大学出版社，2023.5
（浙江海洋文化史话丛书 / 韩伟表，程继红主编）
ISBN 978-7-5178-5146-2

Ⅰ.①浙… Ⅱ.①刘… ②白… ③陈… Ⅲ.①港口—
交通运输史—史料—浙江②海关—史料—浙江 Ⅳ.
①F552.9②F752.59

中国版本图书馆 CIP 数据核字(2022)第 184459 号

浙江海港海关史话
ZHEJIANG HAIGANG HAIGUAN SHIHUA

刘玉婷　白　斌　陈育峰 著

出 品 人	郑英龙
策划编辑	任晓燕
责任编辑	金芳萍
责任校对	何小玲
封面设计	芸之城
责任印制	包建辉
出版发行	浙江工商大学出版社
	（杭州市教工路 198 号　邮政编码 310012）
	（E-mail:zjgsupress@163.com）
	（网址:http://www.zjgsupress.com）
	电话:0571-88904980,88831806(传真)
排　　版	杭州朝曦图文设计有限公司
印　　刷	杭州宏雅印刷有限公司
开　　本	880mm×1230mm　1/32
印　　张	9.75
字　　数	230 千
版 印 次	2023 年 5 月第 1 版　2023 年 5 月第 1 次印刷
书　　号	ISBN 978-7-5178-5146-2
定　　价	82.00 元

总　序

浙江与海洋之间，是永恒的共存关系。这不但指自然地理上的浙江山海的相连，更指浙江文化与海洋的交融。

浙江的海洋文明可以上溯到8000多年前。2013年发现的浙江余姚史前海岸贝丘遗址——井头山遗址，经考古发掘，出土了大量泥蚶、海螺、牡蛎、缢蛏、文蛤等海洋生物的贝壳，以及用大型贝壳加工磨制的一些贝器。井头山遗址是中国先民适应海洋、利用海洋的最早实证，表明浙江沿海地区是中国海洋文化的重要源头区域。它与河姆渡文化一起，向世人雄辩地证明浙江海洋文化的源远流长。

越人作为浙江先民，是中国海洋文化重要的创造者和发扬者。《越绝书·越绝吴人内传》记载："越王勾践反国六年，皆得士民之众，而欲伐吴……习之于夷。夷，海也。"《越绝·计倪内经》中，作者借越王勾践之口，把越人的濒海生活情景描述得更为详细，说他们生活的地区，"东则薄海，水属苍天，下不知所止。……浩浩之水，朝夕既有时，动作若惊骇，声音若雷霆"。于越人的海洋航行环境十分艰险，"波涛援而起，船失不能救，未知命之所维。念楼船之苦，涕泣不可止"。

《越绝书》有"地方志鼻祖"之称，更是浙江的第一部地方志。根据《越绝书》记载，身为浙江先民的越人是东夷的一脉，

所以其亘古的血统里就有海洋的因素。越人所居住的地方,紧邻海洋,而且还有许多越人,即后世所说的"外越",更是深入海洋,成为浙江众多岛民的先祖。由越人构成的古越族,也因此成为"我国最早面向海洋走向世界的民族"。

"外越"之后,代代都有大量内陆居民移居海岛。尤其是南宋时期,随着海洋活动的日益频繁,浙江沿海地区和海岛地区人口大增。舟山群岛等许多本来荒芜的岛屿,都成了兴旺发达之地。内陆文明和海洋文明日益交融。

浙江的海洋文明历史悠久,在后世的发展中,海洋始终是浙江人勇于探索的经济、社会和文化空间。可以说中国的海洋发展史,在浙江体现得尤为显著。

在海洋交通方面,浙江的宁波—舟山,是古代海上丝绸之路中线的最重要的起点。徐兢《宣和奉使高丽图经》有力证明了这条航线的存在。而唐代鉴真东渡在舟山避风的传说、郑和下西洋时船队的大船由浙江制造等,都昭显着浙江海域在对外交流中的重要贡献。

在海洋对外贸易方面,北宋政府在明州(宁波)开设的市舶司,是中国最早一批市舶司之一。元代政府在庆元(宁波)、澉浦(海盐)开设了市舶司。明代虽然厉行海禁,但朝廷特许宁波保留市舶司,专门用于与日本的"通贡"。这些都可以佐证浙江在中国海洋对外贸易中的重要地位。

在海洋渔业经济方面,从宋代就开始形成和辉煌的舟山渔场,至今都是中国海洋捕捞的核心区域。以大黄鱼、小黄鱼、带鱼和墨鱼四大经济鱼类为代表的海洋鱼类,广泛分布于舟山群岛等浙江海域。每到渔汛,浙江海域到处都是帆影桅灯,源源不断地为全国人民提供高质量的海洋食物。

在海疆海防方面,浙江海域更是书写了中国的苦难和辉煌。早在北宋时期,浙江嵊泗的洋山地区,就已经成为"北洋要冲"。南宋时期,朝廷在大洋山岛长期驻军。明代抗倭,浙江海域是最重要的战场,也是抗倭最坚强的防线。岑港大捷、普陀山大捷等著名抗倭战役,都发生在浙江境内。浙江定海还是两次鸦片战争的主战场。

浙江的海域是辽阔的,浙江的海洋人文是丰富的。这套"浙江海洋文化史话丛书",就是对数千年来浙江海洋文明产生、发展的图谱式记录和叙述。

浙江海洋文化历史的辉煌是当下海洋文化继续发展前行的基础和动力。2022年中国共产党浙江省第十五次代表大会报告提出,要"加快海洋强省建设"。"海洋强省",不仅是一个经济概念,而且是一个文化概念。浙江海洋强省建设,必定要同时推进浙江海洋文化建设。今天,我们梳理、描述浙江的海洋文化传统,既是温故,也是为了知新。

这个"新"是什么?我们认为,这个"新"就是响应习近平同志在中国共产党第二十次全国代表大会上提出的"以中国式现代化全面推进中华民族伟大复兴"的号召。现代化强国必然包含海洋强国因素,所以"中国式"必然也包含了"中国式海洋文化建设"。因此这个"新",就是"中国式的海洋文化构建",也就是梳理、描述和打造中国式海洋话语和叙事体系。

海洋强省建设是新的海洋发展实践,必然又会产生新的海洋话语和叙事元素。这套"浙江海洋文化史话丛书"仅仅是对浙江海洋文明发展过程中一段时期的梳理和描述。希望它能为浙江海洋强省背景下的海洋文化建设提供一种借鉴和认识,为浙江的海洋强省建设、为中国式海洋话语和叙事体系构建贡献一点微薄力量。

韩伟表　程继红

前　言

　　作为中国海洋文明的发源地之一,浙江早期港口的成形是比较早的。得益于临海的地理优势,浙江海洋文明的孕育几乎与内陆文明同步。最新的考古发掘显示,浙江沿海的井头山遗址、河姆渡遗址和良渚遗址都有丰富的海洋元素。浙江早期先民的饮食结构中对海洋生物的采集占据相当大的比重。正是这种地理环境和社会形态,孕育了浙江早期的港口模式和发展形态。

　　浙江拥有多种地形,东北部杭嘉湖平原紧靠太湖地区和长江流域,是浙江农业最发达的区域。东部为宁绍平原和舟山群岛,拥有中国丰富的岛屿资源和港口岸线。东南部是山地众多的温州和台州,天台山脉与海岸线平行,这一区域与浙江其他地区的联系更多依靠水运。不同的地理环境孕育了不同的人文风貌。对此,明代王士性在《广志绎》中就有详细的论述:

　　　　两浙东西以江为界而风俗因之。浙西俗繁华,人性纤巧,雅文物,喜饰肇悦,多巨室大豪,若家僮千百者,鲜衣怒马,非市井小民之利。浙东俗敦朴,人性俭啬椎鲁,尚古淳风,重节概,鲜富商大贾。而其俗又自分为三:宁、绍盛科名逢掖,其戚里善借为外营,又佣

书舞文,竞贾贩锥刀之利,人大半食于外;金、衢武健负气善讼,六郡材官所自出;台、温、处山海之民,猎山渔海,耕农自食,贾不出门,以视浙西迥乎上国矣。

杭州省会,百货所聚,其余各郡邑所出,则湖之丝,嘉之绢,绍之茶之酒,宁之海错,处之磁,严之漆,衢之橘,温之漆器,金之酒,皆以地得名。惟吾台少所出,然近海,海物尚多错聚,乃不能以一最佳者擅名。

杭、嘉、湖平原水乡,是为泽国之民;金、衢、严、处邱陵险阻,是为山谷之民;宁、绍、台、温连山大海,是为海滨之民。三民各自为俗:泽国之民,舟楫为居,百货所聚,闾阎易于富贵,俗尚奢侈,缙绅气势大而众庶小;山谷之民,石气所钟,猛烈鸷愎,轻犯刑法,喜习俭素,然豪民颇负气,聚党与而傲缙绅;海滨之民,餐风宿水,百死一生,以有海利为生不甚穷,以不通商贩不甚富,闾阎与缙绅相安,官民得贵贱之中,俗尚居奢俭之半。①

从早期的粮食种植转为经济作物种植,杭嘉湖地区一直是中国最发达的棉纺手工业区域。这一区域的棉纺手工制品通过内河与沿海港口转运至全国各地,并远销海外。作为中国的主要出口产品,杭嘉湖区域的丝织品一直是国际市场上的优势产品。即使国家对海外贸易进行管控,庞大的利润也刺激地方官商或通过其他口岸出口,或直接违禁下海走私。杭州作为浙江省会城市,是浙江各种商品和水运的重要节点。明清以前,杭州古港不仅可以沟通杭嘉湖平原与宁绍平原,也是海外商贸

---

① [明]王士性撰,吕景琳点校:《广志绎》卷四《江南诸省》,《元明史料笔记丛刊》,中华书局1981年版,第67—68页。

船只停泊的重要港口之一。明清以后,随着海岸线变化与海滩淤积,杭州古港慢慢消失,成为仅通内河的沿江港口。而在杭州古港慢慢没落的同时,杭州湾北岸的嘉兴港逐渐发展起来。清代,嘉兴的乍浦港是浙江赴日商船的重要始发港。大量杭嘉湖平原产出的丝织品在乍浦港上船,经宁波和普陀后直接销往日本。近代以后,嘉兴港仍承担着杭嘉湖地区商品的转运功能。整体而言,杭州港和嘉兴港的发展与经济腹地有高度的互补和重合。因此,本书在撰写中将杭州港和嘉兴港统合在一起进行论述,称为"杭州—嘉兴沿海港群"。近代以后,杭州港和嘉兴港的功能发生转变,其关口已不是严格意义上的海关。因此,在对近代浙江沿海港口和海关的论述中并不包括这一区域。

宁波和舟山历史上属于一个行政区域,舟山长期属于宁波管辖范围。新中国成立之后,舟山才单独出去成为一个地级市。因此,在本书中宁波和舟山属于一个沿海港群。绍兴因为地处杭州湾南岸,在历史发展过程中没有形成较具规模的沿海港口。所以,在论述宁绍地区沿海港口和海关问题的时候,本书主要聚焦宁波港和舟山港。宁波港口的形成经历了三个历史时期的变化,从史前时期余姚江上的句章港,到宁波建城以后的三江口港区,再到近代宁波开埠后的江北岸港区及镇海港区三个历史时期。唐代宁波港口向三江口的转移是宁波港从内河港口向沿海港口的一个重要转变。之后,随着海洋贸易的兴盛,宋代时期宁波就设立了专门的市舶管理机构。元朝时期,宁波港已经成为浙江沿海乃至东南沿海地区的重要港口之一。明朝时期,宁波港是专通日本朝贡贸易的唯一港口,是中日贸易的重要节点。尽管在晚明和清代前中期,宁波港一度成为仅限国内沿海贸易的中转港,但随着近代宁波的开埠,宁波港再次成为中国对外贸易的重要港口。与港口相对应的是,传

统的宁波海关也逐渐向近代海关转变,并完善宁波港口的基础
设施,改进贸易管理方式,推动宁波乃至浙江区域对外贸易的
发展。

温台地区的温州港和台州港由于地理环境因素的制约和
区域经济发展的相对滞后,其港口规模的成型要晚于杭嘉湖地
区和宁绍地区。同时,由于地理因素,温州港和台州港分别在
温州和台州的区域经济发展中所起到的作用是不可忽视的。
温州和台州除沿海的冲积平原外,紧靠内陆的皆是山峰与丘陵
地形。雁荡山和天台山的阻隔使得这两地与浙江其他区域的
交通往来都需要从沿海港口中转。即使是在新中国成立后,相
当长一段时间,温州和台州到金华、衢州等地都需要从沿海先
绕道杭州再中转过去。因此,港口对于温州和台州地区的对外
贸易是非常重要的。温州和台州地区的农副产品与手工制品
大多通过港口运销中国其他沿海口岸,或转销海外。在中国古
代,温州上游的木材和石器也是沿江而下,通过沿海港口转运
至其他城市,其中石器更是成为浙江重要的出口商品。

综合各种地理和人文因素,本书将历史时期的浙江沿海港
口和海关分成三个区域单元,分别是杭州—嘉兴港群、宁波—
舟山港群和温州—台州港群。按照历史发展脉络,将浙江沿海
港口和海关的演进路径分为五个节点:先秦至隋唐时期是浙江
沿海港口和海关的形成阶段,宋元时期是浙江沿海港口和海关
的发展阶段,明清时期是浙江沿海港口和海关的繁荣鼎盛阶
段,晚清时期是浙江沿海港口和海关的转型阶段,民国时期是
浙江沿海港口和海关的现代化阶段。浙江沿海的主要港口和
海关皆围绕这三个区域展开,在五个不同的历史时期对浙江的
区域经济发展、对外贸易与文化交往起到重要的推动作用,成
为浙江商品和人员流动的重要节点。

目　录
CONTENTS

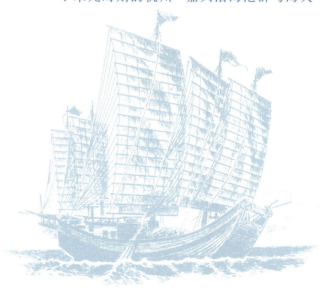

浙江
海港海关史话

第一章 〉〉〉

先秦至隋唐时期的浙江沿海港群与海关

浙江沿海港口的发展历史可以追溯至史前时期。考古挖掘证明,浙江先民在很早的时候就被动或主动地借助河流进行跨地域的流动。原始的独木舟和船桨是这一时期浙江主要的水上交通工具。以沿海河流为节点,船只的停靠地慢慢形成原始的货物集散地和码头。浙江港口和海上交通的发展非常依赖技术的进步。随着大型造船工艺的逐渐成熟和风帆等船用技术的普及,浙江沿海的船只逐渐从内河向广阔的海洋进发。与此同时,早期依托河流形成的内河港口也逐渐向河流下游迁移,在靠近海洋的出海口形成一座座新的港口和城市。与内陆以政治和军事目的为主兴建的城市不同,浙江沿海城市大多依港而建、因港而生。随着国家对浙江沿海社会管控的加强及浙江海洋贸易的日益繁荣,专门管理对外贸易的政府机构也应运而生。

一、先秦至隋唐时期的杭州—嘉兴沿海港群与海关

大约在五万年前,浙西钱塘江流域就已经有人类活动的足迹。沿江而下,新石器时期和奴隶社会时期的文化遗址比比皆是,先后出现了马家浜文化和良渚文化。以杭州良渚为轴心,散

布在钱塘江、太湖流域的良渚文化遗址,十分明确地证实,早在距今 5200 年前,良渚人为了生存和繁衍,就在这片区域从事渔猎和农耕活动。从良渚文化遗址分布来看,除部分与陆地相连,其余遗址都是被水网隔断的孤立地带,相互联系只能通过水道实现。频繁的水上活动,促使浙西区域形成原始港埠停靠点。

图 1-1　中国港口博物馆历史陈列中原始港点场景

良渚文化时期,钱塘地区的经济发展阶段与同时期黄河流域的发展阶段相一致,这可以从良渚文化遗址所出土的农业、手工业和建筑等相关文物中得到证实。出土的农耕生产工具以石器为主,包括大型三角形石犁、小型石镞、长方形穿孔石斧等,表明良渚人农业生产技术的进步。此外,出土的农作物主要是稻谷,并且已经有了籼稻和糯稻的区分。除稻谷外,从出土遗物判断,当时已经有了油料作物、蔬菜瓜果的种植,如蚕豆、花生、芝麻等。良渚时期农业的发达为人口的繁殖提供了更丰富的食物来源。除农业外,良渚人还有丰富的肉食来源,水网密布的浙西区域提供了大量陆生与水生生物资源,渔猎活动成为良渚人另一种原始的谋生手段。从出土的文物可以看到有许多渔猎工具,如箭头、镞、网坠、穿孔板等,可见当时的渔猎活动也有了一定的水平。在手工业方面,良渚人已经掌握了众多的手工技术。出土的手工制品有丝、麻织物,证明这一时期良渚人已经掌握了养蚕缫丝和棉麻纺织技术。出土的陶器种类很多,有鼎、罐、盘、杯、壶、豆、钵、碗、坛等,证明良渚人的陶器制作工艺已进入成熟时期。在建筑方面,良渚人的干阑式建筑不同于中原的穴居和半穴居状态,采用木材凌空架屋的构造方式筑成木棚,底层防水和畜养牲畜,上层架屋住人。

良渚文化遗址中出土的木桨和独木舟突显了当时浙西区域的水上交通具有悠久的历史。良渚文化时期,木桨出土于杭州水田畈遗址(今杭州市北郊的半山山麓)和湖州钱山漾遗址(今湖州市南),而独木舟则出土于杭州西部郊区的龙尾巴山麓。从木桨和独木舟出土的区域和形制来看,杭州及其周围的钱塘江、太湖流域在经过了数千年的发展之后,水上交通工具的制作日趋进步,水上舟楫活动已经非常活跃,这些活动为沿海和沿江水道停靠泊点的形成打下了基础。

图 1-2　良渚莫角山西坡栈桥码头发掘照

图 1-3　良渚莫角山西坡栈桥码头栈桥遗迹

　　早期的杭州原始港埠靠泊点已经具备三个条件:各遗址点有水路通达;有供舟楫停泊和进出的自然港湾;岸上有供堆放物品的场地。良渚人在背山靠水的生活中从事渔猎活动,经常要利用舟楫进行水上捕捞,因此居住地附近的港湾则成为舟楫靠泊点。随着渔猎活动增加,各居住地物物交换频繁,舟楫停靠点逐渐固定下来,形成原始的港埠靠泊点,并且其数量随着交易活动的增加而逐渐增多。通过对良渚文化遗址的考察和水系的还原,当时的原始港埠靠泊点主要有良渚、水田畈、老和山等地。

　　奴隶社会时期,浙西区域的经济建设在继承和发展良渚文化的基础上继续展开。春秋战国时期,浙西区域的发展受到当时越国经济的支配,其生产工具已经由青铜器和铁器取代了原始的石制器具。铁制工具,特别是铁制农具的使用极大地推动了浙西区域的农业经济与手工业经济发展。《周礼·考工记》载:"粤(越)

之无铸也……夫人而能为铸也。"①这一时期,浙西区域的港口也有了初步的发展。据史载:吴王好起宫室,越国向吴国进贡木材,这些木材大都是经钱塘港向吴国都城转运的。在手工制品中,丝织物和葛布已经成为这一时期浙西区域的主要产品。据《吴越春秋·勾践归国外传》载:"(越王)乃使国中男女入山采葛,以作黄丝之布。"当时葛布纺织工艺精细,已达到"弱于罗兮轻霏霏"的程度。② 此外,越王勾践在卧薪尝胆期间,改革内政,发展对外贸易,鼓励经由水运从事商贩活动的商人往来浙江两岸,沟通浙江南北货物。到了战国时期,越国的水运商贸远及太湖、长江及中原地区,钱塘成为浙西的重要水运节点。与航运发展相适应的是,春秋战国时期浙西区域造船业的发展为区域航运业的发展提供了充足的运输工具。春秋战国时期浙西区域造船技术的提高,主要表现在船体大、船型多、结构复杂等方面。越国所造船型种类很多,海、河通用的有余黄、楼船、须虑、戈船、大翼、中翼、小翼、木柹及方舟等。"大翼者,当陵军之重车;小翼者,当陵军之轻车;突冒者,当陵军之冲车;楼船者,当陵军之行楼车;桥船者,当陵军之轻足骠骑也。"③据《越绝书》载:"大翼一艘,广一丈五尺二寸,长十丈,容战士二十六人,棹者五十人,舳舻三人,操长钩、矛、斧者四,吏仆射长各一人,凡九十一人……中翼一艘,广一丈三尺五寸,长九丈六尺;小翼一艘,广一丈二

---

①　[周]周公旦:《周礼》第六《冬官考工记》,影印清阮元校刻《十三经注疏》,中华书局1980年版,第905页。

②　[汉]赵晔撰,张觉校注:《吴越春秋校注》卷八《勾践归国外传》,贵州人民出版社1994年版,第324—325页。

③　《越绝书(附札记)》第十五卷《越绝篇叙外传记》,《丛书集成初编》,商务印书馆1937年版,第104页。

尺,长九丈。"①越灭吴后,两国造船技术逐渐融合。

图 1-4　《越绝书》书影

　　春秋战国时期的吴越争霸直接刺激了浙西区域沿海原始港埠停靠点向真正意义上的港口转变,不过这一时期的港口建设大多是出于军事需要。据史籍记载,从周景王(姬贵)元年(前 544)吴王余祭对越国用兵开始,到周元王(姬仁)三年(前 473)越王勾践灭吴的 71 年间,吴越双方的军事力量均以水军为主。因此,吴国大夫伍员将吴越两国比作水人居水之国,对自然人文条件相同的越国"吾攻而胜之,吾能居其地,吾能乘其舟"②。相比之下,对于战胜中原陆人居陆之国,却"不能居其地,不能乘其车"③。作为水上之国,吴越双方均加强水军的建

　　① 《越绝书(附札记)》第十五卷《越绝篇叙外传记》,《丛书集成初编》,商务印书馆 1937 年版,第 103—104 页。

　　② [春秋]左丘明:《国语》卷二十《越语上》,中华书局 2007 年版,第 366 页。

　　③ [春秋]左丘明:《国语》卷二十《越语上》,中华书局 2007 年版,第 366 页。

设。《吴越春秋·勾践伐吴外传》载,越有"楼船之卒三千人"[①]。
《越绝书》卷八《越绝外传记越地传第十》载"勾践伐吴……死士
八千人,戈船三百艘"[②]。吴越争霸初期,面对吴国强大的水军
力量,越王允常除了加强水军作战力量,还于周敬王十四年(前
506)在浙江口南岸兴筑屯扎水军的基地。《越绝书》载:"浙江
南路西城者,范蠡敦(屯)兵城也,其陵固可守,故谓之固陵。所
以然者,以其大船军所置也。"[③]西城,即固陵,后改称西陵、西
兴,即今天杭州钱塘江南岸萧山区的西兴镇。固陵军港建成
后,越国以这个军港为基地,开展军事活动。越军水军自固陵
港出发,一路过钱塘沿古笤溪水,分赴嘉兴、太湖;一路出浙江
航海北上。公元前482年,越国在固陵港集中水手二千人、水
师官兵四万七千人、战船数百艘,一路出海入长江,一路经钱塘
直趋苏州,灭掉了吴国。由于固陵港的出现,浙江两岸的军事
港渡逐渐增多,北岸有柳浦港(今杭州城南凤凰山麓)、定山浦
港(今杭州西南郊区狮子山麓),南岸有渔浦港(今杭州萧山浦
阳江口)。在内河航运方面,以钱塘港为中心的航运水系已经
出现与太湖、长江相沟通的固定水道。《越绝书》卷二《越绝外
传记吴地传第三》载:"吴古故水道,出平门,上郭池,入渎;出巢
湖,上历地,过梅亭,入杨湖;出渔浦,入大江,奏广陵。"[④]该水道
即今苏州到常州以北的江南河故道,加上杭州至苏州的河道,

---

① 　[汉]赵晔撰,张觉校注:《吴越春秋校注》卷十《勾践伐吴外传》,
贵州人民出版社,第430页。

② 　《越绝书(附札记)》卷八《越绝外传记越地传第十》,《丛书集成初
编》,商务印书馆1937年版,第39页。

③ 　《越绝书(附札记)》卷八《越绝外传记越地传第十》,《丛书集成初
编》,商务印书馆1937年版,第44页。

④ 　《越绝书(附札记)》卷二《越绝外传记吴地传第三》,《丛书集成初
编》,商务印书馆1937年版,第8页。

可以说南北运河的江南水道在春秋中期就已初具雏形。秦统
一中国后,始皇帝在东巡期间,以"江东有天子气"为由,下令
"囚徒十万人掘汗其地表"①,修复运河,加强对江东的控制。
《越绝书》载:"秦始皇造通陵,南可通陵道,到由拳(今浙江嘉兴)
塞,同起马塘,湛以为陂,治陵。水道到钱塘越地,通浙江。"②

　　秦汉时期,浙西地区的农业经济有了大幅度提高。在耕作
方法上,先秦时期的轮耕法至西汉时期改为代田法,东汉时期
又进一步改为区种法。以牛力为农业生产动力的耕作方式更
是得到推广,保护耕牛成为地方法令之一。东汉初期会稽郡太
守第五伦曾严格下令禁止宰牛,"有妄屠牛者,吏辄行罚"③。在
手工业领域,自原始瓷器产生后,这一时期出现了带釉的陶瓷
制品。汉末,浙西区域又出现了青瓷,其制造工艺可与当代瓷
器媲美。此外,漆器制作和纺织业都有了非常明显的进步。尽
管政府不断实行重农抑商的政策,但商业的繁荣使得商人在汉
代已经成为一个新兴的阶层。山海之利和发达的手工业品使
得这一时期的商品交换和商旅往来更为频繁,商品经济得到进
一步发展,由此带来的就是以钱塘港为中心的浙西区域水运业
的发达。史载,浙西有"船长千丈""商贩千艘"的说法,说明以
水运为主要手段的航运业在这一时期已经形成一定的规模,间
接推动了区域城市的繁荣和经济的发展。这一时期的主要船
型为楼船和戈船,史载"作大船,上施楼"。汉武帝时,曾命朱买

　　① [刘宋]范晔撰,[唐]李贤等注:《后汉书》卷二二《郡国四》,中华
书局1965年版,第3490页。
　　② 《越绝书(附札记)》卷二《越绝外传记吴地传第三》,《丛书集成初
编》,商务印书馆1937年版,第14页。
　　③ [刘宋]范晔撰,[唐]李贤等注:《后汉书》卷四一《钟离宋寒列
传》,中华书局1965年版,第1397页。

臣到会稽"治楼船,备粮食、水战具"①。到三国吴时,浙西区域已经能制造"大者长二十余丈,高去水三二丈,望之如阁道,载六七百人,物出万斛"②的大型海船了。

图1-5　楼船相关线图

(资料来源:王冠倬《中国古船图谱》)

秦朝建立后,杭州的地貌发生了变化,西湖海湾湾口淤沙堆积,形成沙洲平原。地理条件的变迁使得杭州港口的部分港址发生了变化,出现了灵隐、宝石山、钱塘堤等港口。灵隐诸港初期主要用于水运商贩活动。随着西汉初期军队的驻守,灵隐诸港具有了军港的功能。汉武帝(刘彻)元鼎十六年(前111),横海将军韩说从会稽泛海攻东粤,就曾征调灵隐诸港的水军。东汉时,海船已经经常出入钱塘港,并引起海盗的垂涎。汉灵帝(刘宏)熹平元年(172),富春(今杭州富阳县)人孙坚"与其父

---

① 〔汉〕班固:《汉书》卷六四上《严朱吾丘主父徐严终王贾传》,中华书局1964年版,第2792页。

② 〔宋〕李昉等:《太平御览》卷七六九《舟部·叙舟中》引万震《南州异物志》,影印嘉庆十二年(1807)歙鲍氏校刊本,中华书局1960年版,第3412页。

共载船至钱塘,会海贼胡玉等从匏里上掠取贾人财物,方于岸上分之,行旅皆住,船不敢进"①。海盗的出现,说明杭州港口已经具有了海洋贸易港的雏形。

西晋后期,由于自然灾害的影响和农业生产技术的落后,浙西区域经济处于停滞状态;东晋朝廷南迁后,一批批北方士族迁居江南,带来了先进的生产技术,使江南呈现"良畴美柘,畦畎相望,连宇高甍,阡陌如绣"②的富饶景象。北方南徙百姓与当地居民一起开发浙西区域,使当地的农业生产水平有了显著的提高。再加上东晋及南朝政府的减税政策,杭州区域经济发生了前所未有的变化。沈约《宋书》卷五十四记载:"江南之为国盛矣,地广野丰,民勤本业,一岁或稔,则数郡忘饥。"③杭州的纺织业也随着北方蚕桑织工和本地织工技术的融合,技术得到更快发展。东晋时,世家豪族在田庄里开办丝织作坊。钱塘江、太湖流域的三吴民间桑麻遍地,家庭纺织作坊相当普遍,使杭州及三吴地区发展成为我国蚕桑棉布的主要生产地。杭州及其腹地的丝织工艺品也进入国内先进水平,"八蚕之锦"和诸暨、永安一带的御用丝声名最著。刘宋时,杭州生产的洁白如纸的缣绢,工艺高超,为世人所叹服。作为德清窑主要窑址的余杭大陆窑是杭州的主要窑址,开制于东晋。德清窑兼烧青釉、黑釉两种,更擅长黑釉瓷器的制作,为我国古代颜色釉瓷器的制作开辟了一个新的领域。受江潮和太湖泛滥的影响,江南河已经壅塞不便通航,作用已大不如前。为此,隋炀帝(杨广)

---

① [晋]陈寿撰,[宋]裴松之注,陈乃乾校点:《三国志》卷四六《吴书·孙破虏讨逆传第一》,中华书局 1959 年版,第 1093 页。

② [唐]姚思廉:《陈书》卷五《宣帝纪》,中华书局 1972 年版,第 82 页。

③ [梁]沈约:《宋书》卷五四《列传第十四·孔季恭》,中华书局 1974 年版,第 1540 页。

大业六年(610),隋炀帝为南巡下诏疏浚江南河。根据史书记载:"自京口直(至)余杭郡八百余里,水面阔十余丈,又拟通龙舟,并置驿宫。"①这次江南运河的疏浚治理,奠定了南北大运河江南段的基本航道路线,为杭州港的繁荣创造了条件。

入唐后,杭嘉湖区域农业生产发展速度加快,成为全国主要的粮仓,具有举足轻重的地位。唐初东南地区向关中输入的粮食,杭州及浙东、浙南等地的税粮、户调、地税,大都是通过杭州港进入运河,转输到长安及边陲地带的。唐代财赋靠东南,除税粮外,其多余的粮食、丝绸、布匹等货物,也通过商人从杭州港经运河向关中和北方输送。杭州的丝绸制品,已经成为政府规定的重要贡品。杭州一地每年上交政府的棉麻丝织品数量大体是绫绢3万余匹、绝3万余匹、棉3千余斤。开元至元和年间(713—800),杭州地区生产的绯绫、纹纱、白编绫、丝、纻、交绫为皇室的主要贡品。此外,杭州地区及越州的"秘色窑"是青瓷产品中的绝品。唐代长洲人陆龟蒙在其《秘色越瓷》诗中赞道:"九秋风露越窑开,夺得千峰翠色来。"唐代,杭州地区制茶业有了较快发展,杭州及其腹地的名茶品种繁多,据《唐国史补》卷下所记:"湖州有顾渚之紫笋,婺州有东白,睦州有鸠坑。"唐代,大运河将太湖和钱塘地区的粮食运往北方,成为唐代长安的经济大动脉。唐中宗(李显)景龙四年(710),杭州沙岸北涨,江南运河通往钱塘江的河道淤浅,州司马李珣开凿沙河,保持江河的贯通。唐宪宗(李纯)元和八年(813),刺史孟简循故水道,又一次全面疏浚江南运河。唐懿宗(李漼)咸通二年(861),杭州刺史崔彦开城中沙河,北接江南河,南通钱塘江,使

---

① ［唐］杜宝:《大业杂记》,上海涵芬楼,1940年景印明刻本,［明］李栻辑刻《历代小史》卷七五,商务印书馆2018年,第9页。

杭州港又多了一条江南河沟通钱塘江的水道。此外,杭州港航运活动的日益发展,使得沿港口的航行与靠泊设施也逐渐完善。唐代李白的《与从侄杭州刺史良游天竺寺》诗云"观涛憩樟楼",而后白居易的《樟亭双樱》诗道"南馆西轩两树樱,春条长足夏阴成",给我们留下了杭州港樟亭驿的一些情况记录。当时的樟亭驿,除江上的浮桥式木码头外,其附属设施有楼、南北两馆、东西两轩等建筑。

五代十国时期,吴越的版图除浙江外,还包括江苏南部和福建北部。吴越统治者重视农田水利修治,采取"募民垦荒田,勿取其租税,由是境内并无弃田"①的政策,粮食产量大增。除军粮储备外,大量的粮食被运往江淮和中原地区。此外,吴越国也非常重视丝织业,作为国都的杭州及其周围地区出现了"桑麻蔽野""春巷摘桑喧姹女"的丝、麻纺织业的盛况。吴越国把纺织业作为振兴一国经济的主要产业,吴越统治者为了满足海外贸易、自身的奢侈、进贡中原的需要,"常重敛其民,以事奢僭"②。为增加丝织物品种、提高产品质量,吴越国创设了官办的丝织工场,仅设在杭州的一个官办工场就有绵工 300 人。吴越时期的青瓷已有贴金工艺的应用,被称为"金棱秘色瓷器"。秘色青瓷非常珍贵,多为海外贸易商品、上贡贡品及王公大臣富豪阶层的专用品,民间很少使用。此外,在唐代已经广泛种植的茶叶在这一时期成了杭州对外贸易的主要出口产品之一。当时杭州港的樟亭驿已成为接待外商的场所。在宋太祖开宝

① [宋]钱俨:《吴越备史》卷四《大元帅吴越国王》,《景印文渊阁四库全书》第四六四册《史部二二二·载记类》,台北商务印书馆 1984 年版,第 564 页。

② [宋]欧阳修:《新五代史》卷六七《吴越世家第七》,中华书局 1974年版,第 843 页。

三年(970)修建的六和塔则成为给外海来舶指明航向的航标。吴越王本人面对杭州港内云集的海船曾说过:"吴越国地去京师三千里余,而谁知一水之利有如此耶!"僧人契盈属对"三千里外一条水,十二时中两度潮","时人谓之佳对。时江南未通,两浙贡赋自海路而至青州,故云三千里也"。① 这说明,这条海上贡道同时也有非常活跃的海上贸易。杭州港北上的海上航线是由杭州湾北上,沿海航行至山东半岛的登(今山东省蓬莱县)、莱(今山东省掖县)、密(今山东省诸城县)州。

吴越修筑海塘时流传的一个故事也体现出当时港口贸易的繁荣。据说海塘修筑时,木材短缺,国内无法满足。消息传到日本,很多商人泛海运来大批日本椤木,堆放到候潮门外的江滩上。因此,堆放木材的江滩被称为"椤木营",候潮门外的吊桥改称"椤木桥"。为招徕海外舶商,增加舶货收入,吴越国采取了一种对外来海舶抽税力求公平、合理的政策,以鼓励海外各国舶商来杭州港从事海外贸易活动。

吴越国为管理海上贸易、增加财政收入,设置了博易务。杭州的博易务具体建于何时,史书没有明确记载。《旧五代史》有"(镠)自唐朝于梁室、庄宗(后唐主)中兴以来,每来扬帆越海,贡奉无阙"②的记载。为管理远在北方的海上贸易,吴越国在山东半岛等州设置了"两浙回易务"。《五代史》载:"滨海郡邑,皆有两浙回易务。"③两浙回易务为博易务的派出机构,其官

① [宋]陶岳:《五代史补》卷五《契盈属对》,《景印文渊阁四库全书》第四〇七册《史部一六五·杂史类》,台北商务印书馆 1984 年版,第 683 页。
② [宋]薛居正等:《旧五代史》卷一三三《世袭列传第二》,中华书局 1976 年版,第 1771 页。
③ [宋]薛居正等:《旧五代史》卷一〇七《列传第四》,中华书局 1976 年版,第 1415 页。

员为吴越国委任,远驻沿海诸港。他们常常重金贿赂当地的地
方长吏,取得该地区的特殊权利,私设官衙,自置刑法、禁令,惩
办当地拖欠回易务财务的商民。后汉高祖(刘知远)乾祐年间
(948—950),驻扎青州的军事长官刘铢就曾下令所部军士,不
得听从吴越国设在青州的两浙回易务的要求,对当时商民"擅
行追摄",使得"浙人(指回易务官员)惕息,莫敢干命"①。

二、先秦至隋唐时期的宁波—舟山港群

　　宁波港地处浙江省东部,中国海岸线的中段,其港址从余
姚江向三江口、镇海口和北仑湾逐渐延伸,形成宁波主城区、镇
海、北仑和舟山四个港区。特别是在宁波—舟山港一体化之
后,宁波港的地理范围包含舟山本岛及其附属岛屿。而在历史
上,舟山一直隶属宁波,直到新中国成立后才分离。宁波港的
优越地理位置和天然的深水良港决定了宁波港在区域经济、对
外贸易和城市建设中发挥着决定性的作用。

　　宁波先民何时开始浮舟海上并没有明确的文献记载,然而
余姚井头山遗址出土的相关文物把先民开发海洋的历史上限
延伸了8000年。之后河姆渡文化遗址出土的相关文物把先民
使用舟楫的时间上限至少划到六七千年前。据《浙江通史》记
载,在河姆渡文化 T214 第三文化层的一堵木构板墙中,发现有

---

　　① ［宋］薛居正等:《旧五代史》卷一〇七《列传第四》,中华书局 1976
年版,第 1415 页。

疑似为独木舟残件的残木器,因中间被挖空,横断面呈弧形,似船舱,一端为尖圆状,似船头,另一端残。浙江余姚鲻山遗址也出土过一件疑似木拖舟残件,残长 190 厘米,宽 35 厘米,厚 10 厘米,头部挖成凸榫钩,尾部上翘,推测为水上的拖运工具,也初步实验了木浮力的功能。宁波先民使用船桨进行水上交通活动已经被考古证实,而他们的足迹最远到达哪里却是没有定论的问题。根据近年舟山群岛发现的新石器时代遗址,年代从 5500 年前到 4000 年前,较河姆渡晚,且晚期文化层的内容比较丰富。由此推断,河姆渡文化大约在 5500 年前,通过独木舟,先民的海上行为向东推进,延伸到舟山群岛。[1] 由此可见,宁波先民的活动区域已经扩展到近海海域,实现了可控性强的海上活动。

图 1-6　井头山遗址出土贝器

图 1-7　井头山遗址出土木桨

---

① 　郑绍昌:《宁波港史》,人民交通出版社 1989 年版,第 10 页。

图 1-8　田螺山遗址出土木桨
（资料来源：李安军《田螺山遗址：河姆渡文化新视窗》）

图 1-9　田螺山村落河岸埠头边木桨出土情形

　　到了商周时期，用青铜制成的工具为用木板造船提供了条件，造船技术从独木舟进入木板船时代。《竹书纪年》称："成王时于越献舟。"周成王要求于越等地方首领进贡中原所缺而当地特有之物，于越所献之舟当为于越地区之特产，制作工艺优于其他地区之物品。时中国江、河、淮、济四大河流平行入海，南北尚无沟通之水道，于越将舟献至都城镐京（今陕西西安），必将走海路入淮水或济水西行入京。这一方面说明于越之舟不仅适合内河风浪小的水域，更可适应海行，抗风浪能力较强；另一方面可见于越通北部沿海的航线已经开辟，远达山东半岛。此外，《慎子》载："行海者，坐而至越，故有舟也。"

春秋时期，于越崛起，逐渐具备了国家形态，春秋晚期建立起古越国。《越绝书》记载，越人驾驶船舶，如履平地，拥有高超的驾船技能，"水行而山处，以船为车，以楫为马，往若飘风，去则难从"[1]。越国有专门的造船工场称"舟室"或"船工"，有用作船坞的"石塘"，有专门被称为"木客"的造船工。不仅民间普遍制造扁舟、轻舟、舲等不同种类的船只，其水师也异常发达。"勾践伐吴，霸关东，徙琅琊，起观台。台周七里，以望东海。死士八千人，戈船三百艘。"[2]戈船，为越地一种战船的名称，大型战船能乘90余人，三分之一为作战人员。[3] 随着冶铁技术的进步，铁质工具应用于造船，使越人更精于造船，水师更加庞大，以"越人便于舟"而名垂青史。

目前所知宁波历史上建造最早的城邑句章是越国的通海门户，也是中国东海岸线的一座古老港城。考古确认句章故城的位置在今宁波市江北区慈城镇王家坝村与乍山翻水站一带。句章位于余姚江边，溯甬江可至海口；另外宁波东去离舟山群岛较近，可以舟山为中继站出外海。周元王三年（前473年），

---

① 《越绝书（附札记）》卷八《越绝外传记越地传第十》，《丛书集成初编》，商务印书馆1937年版，第39页。

② 《越绝书（附札记）》卷八《越绝外传记越地传第十》，《丛书集成初编》，商务印书馆1937年版，第39页。

③ 曹锦炎：《吴越历史与考古论丛》，文物出版社2007年版，第144页。

勾践灭吴后,为发展水师,增辟通海门户,就在其东疆句余之地开拓建城,名句章,为句章古港之始。① 勾践开辟句章港是出于政治和军事上的需要,为加强都城与内外越之间的海上联系。句章港是越国的海上门户,也是中国最古老的海港之一。句章港东距宁波三江口 22 千米,行船顺流入甬江,经镇海出海。

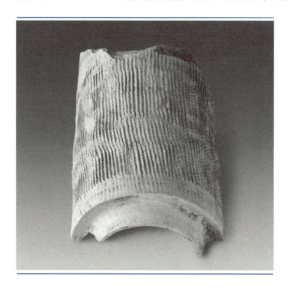

图 1-10　句章故城出土的部分建筑构件筒瓦(战国—西汉)

秦朝建立后,宁波通往北方的海上道路沿东海、黄海沿线北达山东、辽东半岛。据《史记·秦始皇本纪》,秦始皇"上会稽,祭大禹,望于南海","还过吴,从江乘渡,并海上,北至琅琊",又由芝罘"遂并海西,至平源津"。二世元年春(前 209),"东行郡县,李斯从。到碣石,并海,南至会稽,而尽刻始皇所立

----

① 《鄞县通志》引《十三州志》云:"越王城句余曰句章。"1935 年铅印本,《中国方志丛书·华中地方》(第二一六号),成文出版社 1974 年版,第 11 页。

刻石,石旁著大臣从者名,以章先帝成功盛德焉"。秦时,句章
为会稽主要出海口,与山东、辽东半岛之间的航路畅通。

　　秦汉时期,宁波港的南向线路也已开通。据《史记·东越
列传》,汉武帝元鼎六年(前111),东越王余善反,武帝"遣横海
将军韩说出句章,浮海从东方往"。这是史料记载的最早的一
次从句章出海的大规模海上军事行动。元封元年(前110),韩
说的部队与其他几路一起,"咸入东越"。东越都城东冶即在今
福州一带。东汉顺帝阳嘉元年(132),"海贼曾旌等寇会稽,杀
句章、鄞、鄮三县长,攻会稽东部都尉",皇帝下诏"沿海县各屯
兵戍"[1]。由此可见,句章实为会稽的海上门户,也是汉代重要
的军民两用港口。又据《后汉书》:"旧交趾(越南)七郡贡献转
运,皆从东冶泛海而至。"[2]句章与东冶之间的线路畅通,而东冶
与交趾有往来,因此在汉武帝时期,句章的南线至少就能到达
南洋交趾一带。文献载,"会稽海外有东鳀人,分为二十余国。
又有夷洲及澶洲……人民时至会稽市"[3]。会稽下辖县不少,而
海外居民前来交易,必然以沿海的鄞、鄮和句章为贸易场所。
宁波本地汉墓出土了许多只能从南海海外输入的贵重物品,如
鄞州区高钱乡钱大山东汉墓出土的水晶、玛瑙、琉璃等。宁波
出土的堆塑罐上塑有胡人形象,且有胡人形象的文物的分布沿
海多、内陆少,考古发掘文物证明,宁波当时的海外贸易已经发
展起来,并且已经进入普通民众的生活。

―――――――――

　　① ［刘宋］范晔撰,［唐］李贤等注:《后汉书》卷六《顺帝》,商务印书
馆1965年版,第259页。
　　② ［刘宋］范晔撰,［唐］李贤等注:《后汉书》卷三三《郑宏传》,商务
印书馆1965年版,第1165页。
　　③ ［刘宋］范晔撰,［唐］李贤等注:《后汉书》卷八五《东夷列传》,商
务印书馆1965年版,第2822页。

　　三国时期,吴据长江以南,句章港是吴国重要的海港之一。吴景帝永安七年(264)四月,"魏将新附督王稚浮海入句章,略长吏赀财及男女二百余口。将军孙越徼得一船,获三十人"①。东晋隆安三年(399)九月,琅琊人孙恩率部自海道南下浙江沿海,溯甬江而上,攻下句章。第二年,刘牢之收复句章后,命东晋守军刘裕率军筑成防守工事,用黏土和竹筋筑成防守工事——筱墙,驻防于三江口一带,与句章守军互为犄角。在今海曙祖关山、江北湾头和鄞州道士堰一带出土的汉、晋墓葬群,证明在魏晋南北朝前,三江口高地上已形成了较大规模的居民聚落。西晋文学家陆云在其《答车茂安书》中,详细描述了当时鄮县五乡平原乡土、物产、风俗与经济的发展情况,称:"(鄮)县去郡治,不出三日,直东而出,水陆并通……东临巨海,往往无涯,泛船长驱,一举千里。北接青徐,东洞交广,海物惟错,不可称名。"②濒海的鄮县,交通便利,是南北贸易的中转站。鄮州上庄山西晋墓葬中出土的小件玛瑙和玻璃坠饰,证实宁波南海航线的近海贸易是存在的。而20世纪六七十年代以来日本发现的三角缘神兽镜,或为吴地工匠东渡日本铸造,或为吴地铸造贩至日本,这都印证了宁波东向航线的存在。③

　　经历南北朝的长期分裂,隋朝建立后于开皇九年(589)改会稽郡为吴郡,并余姚、鄞、鄮三县入句章县,隶属吴州。④ 唐武

　　① [晋]陈寿撰,[宋]裴松之注,陈乃乾校点:《三国志》卷四八《吴书·孙休》,中华书局1959年版,第1161页。

　　② [晋]陆云撰,黄葵点校:《陆云集》卷一〇《答车茂安书》,中华书局1988年版,第174—175页。

　　③ 林士民、沈建国:《万里丝路——宁波与海上丝绸之路》,宁波出版社2002年版,第48页。

　　④ [唐]魏徵等:《隋书》卷三一《地理下》,中华书局1973年版,第878页。

德四年(621),置越州总管府,统辖越、嵊、姚、鄞等11州,以旧句章、鄞、鄮三县地置鄞州。唐开元二十六年(738),甬江流域(包括舟山群岛)与越州分离,单独成立明州。考古发掘的资料证明,唐代明州城渔浦门外的姚江、奉化江和甬江的三江口靠城脚一带,已陆续建起驳岸码头。宁波港口从句章转到三江口,有利于区域经济和对外贸易的进一步发展。

隋代,越地民间造船的比比皆是,引起中庭戒备,以致要将其禁止。开皇十八年(598),隋文帝杨坚下诏令:"吴、越之人,往承敝俗,所在之处,私造大船,因相聚结,致有侵害。其江南诸州,人间有船长三丈以上,悉括入官。"①出于稳定统治的政治考虑,文帝禁止民间造船业的过度繁荣,这既是维护官造船舶的垄断,也从侧面反映越地是造船业最为繁荣的地区。同时,越地是造船原始木材的主要出产地之一,大业元年(605),隋炀帝为巡游江都,建造龙舟及各种游船数万艘,特"遣黄门侍郎王弘、上仪同于士澄往江南采木,造龙舟、凤䚋、黄龙、赤舰、楼船等数万艘"②。"江南"即包含浙东在内的吴越地区。可见隋代已经有强大的造船能力。

唐代,明州港成为全国重要的造船基地之一,这和浙东地区舟行水上的传统是密不可分的。唐太宗时期,出于战争原因,朝廷召集全国力量赶制大船。贞观二十一年(647)敕宋州刺史王波利等"发江南十二州工人造大船数百艘"③,句章、鄞、鄮、余姚在内的越州就属江南十二州之一。第二年,又"敕越州

---

① 　[唐]魏徵等:《隋书》卷二《高祖纪》,中华书局1937年版,第43页。

② 　[唐]魏徵等:《隋书》卷三《炀帝纪》,中华书局1937年版,第63—64页。

③ 　[宋]司马光编著,[元]胡三省音注:《资治通鉴》卷一九八《唐纪十四》,中华书局1956年版,第6249页。

都督府及婺、洪等州造海船及双舫千一百艘"①。甚至有人因具有高超的造船技术而受到皇帝的嘉奖。初唐,明州阿育王寺的一个名叫山栖旷的和尚,"中宗孝和皇帝亲降玺书,愿同金辇,击鼓而陈其入国,造船而捧其登座"②。唐代浙江打造的船只,主要有"舴艋""大船""双舫""楼船""海船"等内河船只和近海海船。其中海船以船身大、容积广著称,大的船舶长达 20 丈,可载六七百人,载货万斛。不仅如此,海船的抗风浪能力强,适合海上航行,深受外国商人的喜爱。唐末五代时期,《太平寰宇记》卷九八《江南东道十》记载,明州贡品中有"船舶"一项,且江南地区仅有明州进贡"船舶",可见,明州的船舶制造技术甚至超过其他地区。

明州在初唐以前的北路航线都是沿着海岸线北上,通过山东半岛、辽东半岛到达朝鲜半岛。《朝鲜通史》也有记载,两国贸易的交通线路,"一是从西海岸穴口镇(汉江口)、唐城浦(南阳湾)等地出发到达中国山东半岛登州。另一条是从西南海灵岩郡出发,经黑山岛横渡黄海到达定海县(上海附近)。从这些地方登岸后,再通过水路和陆路北上,直抵唐朝首都长安"③。前者是明州达半岛的传统路线,后者是唐代新辟的便捷路线。新罗政府为发展与中国的外贸,于公元 828 年设置清海镇(今全罗南道莞岛)。莞岛清海镇港遗址出土的贸易瓷器,以碗、罐为大宗,施青黄釉,其中迭烧的松子状支烧印痕颇具特征,表明

---

① [宋]司马光编著,[元]胡三省音注:《资治通鉴》卷一九九《唐纪十五》,中华书局 1956 年版,第 6261 页。

② [唐]万齐融:《大唐越州都督府鄮县阿育王寺常住田碑》,《宁波历代文选》编委会编:《宁波历代文选散文卷》,宁波出版社 2010 年版,第 27 页。

③ 姜孟山主编,李春虎等编写:《朝鲜通史》,延边大学出版社 1992 年版,第 265 页。

该批制品大多生产于明州慈溪上林湖。① 贸易瓷器的出土成为两国悠久贸易历史的佐证。

唐代,明州港与南洋诸国直接贸易的文献不见于史籍。正史中记载,"广州东南海行二百里,至屯门山(今香港九龙西南部),乃帆风西行,二日至九州石(今海南岛东南岸独珠山),又南二日至象石(今海南岛东大洲山岛),又西南三日行至占不劳山(今越南海岸上占婆山)……"②再往下走即南洋航线。在考古发现中,在福建靠近泉州的永春县、建瓯县,广东连州龙口、阳山县滩白浪等地先后发现越窑青瓷③,再结合南海航线沿线的东南亚、马六甲海峡、印度、波斯湾、北非埃及等国家出土的明州越窑青瓷看,唐代明州应是通过泉州、广州等南方城市与南海航线相连,完成与西洋诸国之间的贸易。根据三上次男、冯先铭、何鸿、何如珍、林士民等国内外学者研究成果④的综合统计,除日本、韩国外,埃及、苏丹、坦桑尼亚、肯尼亚、伊拉克、伊朗、巴基斯坦、印度、斯里兰卡、泰国、印度尼西亚、马来西亚、菲律宾等地均有越窑青瓷的发现。因此,可以推测,唐代明州外贸的南路航线从明州驶往泉州、广州等南方港口,再转运至东南亚的吕宋、沙捞越、爪哇等地,然后沿巨港、占碑等苏门答腊古港出马六甲海峡,到斯里兰卡或印度本地治里,再经霍尔

---

① 林士民:《东亚商团杰出人物——新罗张保皋》,《再现昔日的文明:东方大港宁波考古研究》,上海三联书店 2005 年版,第 293 页。

② [宋]欧阳修、宋祁:《新唐书》卷四三下《地理七下》,中华书局 1975 年版,第 1153 页。

③ 李知宴:《论越窑和铜官窑瓷器的发展和外销》,《古陶瓷研究》1982 年第 1 期,第 100—105 页。

④ 何鸿、何如珍:《越窑瓷器销行海外的考察》,《陶瓷研究》2002 年第 3 期,第 39—46 页;冯先铭:《元以前我国瓷器销行亚洲的考察》,《文物》1981 年第 6 期,第 65—74 页。

木兹海峡进入波斯湾，或直达非洲东海岸，或经亚丁湾附近进入红海，船泊于红海西岸，由驼队将瓷器运至尼罗河畔的阿斯旺、库斯等地及北埃及。①

明州港出发去日本，横渡东海，到日本的值嘉岛，再进入博多津，是唐五代明州与国外贸易的主要航线。据《安祥寺惠运传》载，张支信的船于大中元年(847)六月二十二日从明州望海镇出发开往日本，"得西南风三个日夜，才归著远值嘉岛那留浦，才入浦口，风即止"②。据《头陀亲王入唐略记》载，真如法亲王于咸通三年(862)入明州情况："八月十九日，著于远值嘉岛。九月三日从东北风飞帆，其疾如矢。四日三夜驰渡之间，此月六日未时，顺风忽止，逆浪打舻，即收帆投沉石。而沉石不着海底，仍更续储料纲下之，纲长五十余丈，才及水底。此时波涛甚高如山，终夜不息，舶上之人皆惶失度，异口同声祈愿佛神，但见亲王神色不动。晓旦之间，风气微扇，乃观日晖，是如顺风，乍嘉行碇挑帆随风而走。七日午刻，遥见云山，未刻着大唐明州之杨扇山，申刻到彼山石丹奥泊，即落帆下碇。"③当时，明州与日本间渡海，已掌握足够的航海技术。从明州到日本，利用西南风；日本到明州，则利用东北风。渡海时间，少则三日，即使遇到顺风忽止的情况，船队亦能抛锚待风，多则七日也可达对岸。

唐代，明州主要与日本进行贸易。双方贸易形式可分为遣唐使相关礼仪形式的官方贸易和民间贸易两种。日本推行大

① 刘恒武：《宁波古代对外文化交流——以历史文化遗存为中心》，海洋出版社 2009 年版，第 43—45、49 页。

② 〔日〕木宫泰彦：《日中文化交流史》，商务印书馆 1980 年版，第 121 页。

③ 〔日〕木宫泰彦：《日中文化交流史》，商务印书馆 1980 年版，第 121—122 页。

化革新后,前后派遣遣唐使入唐交流,其中多次由明州登陆。如玄宗天宝十一年(752),日本孝谦朝遣唐使舶四艘,其中三艘停靠明州;德宗贞元二十年(804),日本桓武朝遣唐使舶四艘,其中副使所在第二舶在明州靠岸;文宗开成三年(838),日本仁明朝遣唐使舶四艘,其中第一、第四艘到达明州港。遣唐使由明州经扬州、楚州、汴州、洛阳到长安。[1] 根据唐政府规定,明州都督府限定部分人员前往京师。桓武朝抵达明州 100 余人,允许上京 27 人;仁明朝抵达明州 270 人,允许上京 35 人,仅占一成多一点。[2] 遣唐使向唐朝进献日本出产的银、绝、丝、绵、布之类产品,唐朝的答礼大概以彩帛、香药、家具之类为主,可视为国家行为的官营贸易。而遣唐使应该也被允许和掌管蕃客事宜的典客署进行交易,甚至能与市民私下交易。遣唐使带回的唐货除由朝廷指定分配外,还在建礼门前搭起三个帐篷,称为宫市,向臣下标卖唐朝的杂货。[3] 与遣唐使相关的中日贸易更多地具有政府之间互相馈赠的官方色彩,政府介入程度较高。

---

①　郑绍昌:《宁波港史》,人民交通出版社 1989 年版,第 26 页。

②　〔日〕木宫泰彦:《日中文化交流史》,商务印书馆 1980 年版,第 89 页。

③　〔日〕木宫泰彦:《日中文化交流史》,商务印书馆 1980 年版,第 104—105、107 页。

图 1-11　遣唐使船舶图

[资料来源:石井谦治《图说和船史话》,转引自顿贺《中国古代造船航海技术对日本的传播与影响》,载《国家航海》(第四辑),上海:上海古籍出版社,2013 年]

　　至于民间贸易,在日本仁明朝承和五年(838)最后一次派遣遣唐使后,由唐舶来往延续并发展起来。从文宗开成四年(839)到唐朝灭亡(907)的近 70 年内,张支信、李邻德、李延孝、李达、詹景全、钦良晖等中国商人在中日之间往来不绝,循着明州至博多的南路航线,经营贸易。有史书记载的有 30 余次。①未入史籍的,次数应该更多。中国商船到达日本,"多赍货物",货物品种似乎以经卷、佛像、佛画、佛具以至文集、诗集、药品、香料之类为主。中国商人入住鸿胪馆,在大宰府的规范下与官吏交易砂金、水银、锡、棉、绢等物品。在官方交易未完成之前,日本政府不允许与中国商人私自交易,但实际操作中,船一到,

---

　　①　〔日〕木宫泰彦:《日中文化交流史》,商务印书馆 1980 年版,第153 页。

公卿、大臣、富豪等便争先派遣使者来到码头,抢购珍贵的舶来品。① 可见中国商品的受欢迎程度。根据近年日本出土的唐五代明州文物,可以推断,越窑青瓷是当时中日贸易的大宗。日本发现的最早的越窑青瓷是曾保存在法隆寺里的一件双耳盘口青瓷罐,推测是 6 世纪末 7 世纪初制成,由访华日僧带回。② 全日本近 50 处遗址中都有发现越窑青瓷,主要集中在九州地区和近畿地区。九州北部的大宰府政厅及条坊遗址(今太宰府市内),出土越窑青瓷碗残片多达 400 多件(片),盒、壶、水注等器物约百余件(片);九州大宰府鸿胪馆遗址(今福冈市平和台),出土越窑青瓷多达数千件(片);平安京故址(今京都市)发现的早期制品大多是香炉、唾壶等特殊器物,晚期则以碗类日常用品为主。③ 日本出土的越窑青瓷中,器形中以碗为主,其次是盘、壶、水注、盒、唾盂、托盏。很多制品表现出较为明显的上林湖窑的工艺特征,见证了唐五代时期明州与日本的繁荣贸易。

①　〔日〕木宫泰彦:《日中文化交流史》,商务印书馆 1980 年版,第122—124 页。

②　〔日〕三上次男:《从陶磁贸易看中日文化的友好交流》,《社会科学战线》1980 年第 1 期,第 219—223 页。

③　统计数据参见苌岚:《7—14 世纪中日文化交流的考古学研究》,转引自刘恒武:《宁波古代对外文化交流——以历史文化遗存为中心》,海洋出版社 2009 年版,第 39—42 页。

图 1-12　上林湖越窑遗址

　　明州与朝鲜半岛的交往也非常密切。进入半岛的商品一方面通过使者入唐、官方馈赠获得,一方面作为民间贸易的商品流入。新罗时期,朝鲜半岛输出的是绸缎、麻布、金、银,包括人参在内的药材、马匹、毛皮等和工艺品。大唐则输出丝绸、药材、书籍、工艺品、瓷器等。① 半岛各地均有越窑青瓷的出土。百济地区的益山弥勒寺和新罗地区的庆州皇龙寺两遗址出土的越窑遗物最丰富,重要的遗址还有庆州的拜里、雁鸭池,锦江南岸的扶余,全罗南道的清海镇。瓷器种类主要是璧底碗,另有执壶、双耳罐等。② 五代时期,明州所属吴越与高丽交往密切,高丽进口了大量的明州越窑青瓷。五代以后,越窑青瓷的烧制技术东传朝鲜,使其烧制出具有自身特色的高丽青瓷。

　　除越窑青瓷外,同时外销的瓷器还有长沙铜官窑瓷器。在南海、朝鲜半岛、日本列岛、巴基斯坦、伊拉克等地都发现了以

---

　　①　林士民:《浙东制瓷技术东传朝鲜半岛之研究》,《再现昔日的文明:东方大港宁波考古研究》,上海三联书店 2005 年版,第 458 页。
　　②　刘恒武:《宁波古代对外文化交流——以历史文化遗存为中心》,海洋出版社 2009 年版,第 39 页。

越窑青瓷碗为盖,与长沙窑罐组合使用的文物。1973 年,和义路唐代遗址中出土 800 多件瓷器,其中唐代出土瓷器 80％是越窑青瓷,20％是长沙窑瓷器①,两种瓷器同时出现在码头遗址中,可见是准备同时外运的。而明州是唐五代时期最重要的与朝鲜、日本贸易的港口,说明明州港在对外贸易中不仅输出本地产品,也参与转运商品。长沙窑转运的路线是,沿湘江顺水而下经岳州,通过洞庭湖水系到达武昌,然后沿长江顺水而下抵达扬州,再由扬州中转到明州,运往海外各地。② 明州港通过水路沟通广大内河腹地,是其外贸得以繁荣的原因之一。

三、先秦至隋唐时期的温州—台州沿海港群

在三四千年前的夏商时代,温州已形成陆地,在陆地平原中有许多湖泊和沼泽,原始瓯越人居住在沿江一带的小山坪上。随着中原文化和政治势力向江南辐射,瓯越人曾以"鱼皮之鞞"等土特产作为礼物贡献给周王室③,与中原地区的交往逐渐增加。春秋时期,瓯越和闽越、南越等沿海地区的居民交往和联系,均依赖海上交通来维持。④ 因此,《山海经十·海内南

---

① 《浙江宁波和义路遗址发掘报告》,《再现昔日的文明:东方大港宁波考古研究》,上海三联书店 2005 年版,第 278 页。

② 《宁波港出土的长沙窑瓷器》,《再现昔日的文明:东方大港宁波考古研究》,上海三联书店 2005 年版,第 391 页。

③ ［晋］孔晁:《逸周书》卷七《王会解第五十八》,《景印文渊阁四库全书》第三七〇册《史部一二八·别史类》,台北商务印书馆 1984 年版,第 50 页。

④ 章巽:《我国古代的海上交通》,商务印书馆 1986 年版,第 6—7 页。

经》载:"瓯居海中",表明了当时瓯越人与其他沿海地区的往来都是取道海上。这些海上活动对温州海上交通的发展和港口的孕育起到了积极的促进作用。

紧邻温州的台州在新石器时代,随着台州湾海面的上升趋于和缓,沿高潮位附近的椒江古河口两岸开始有了原始居民的农耕、采集和捕捞活动。1972 年,在椒江口外白沙岛的原滩涂的花蛤壳中,发现小石锛一件。据考古专家推测,这是远古居民在采食过程中遗留下来的,小石锛是采食贝壳的工具。①1973 年 1 月 4 日,考古专家在杜桥乡西外村发现石质比较坚细的石器。据专家推测,这批石器应是"用于捕鱼、造船和家庭建房"②。从这些考古成果中可以看出,台州椒江口一带的远古居民已经从滩涂捕捞逐渐向建造独木舟从事近海捕捞转变。

秦末,越王勾践后裔驺摇率越人帮助汉高祖,佐汉有功。汉惠帝三年(前 192),驺摇被封为东海王,其都城就在现在的温州市区。而紧邻的台州椒江流域仍没有建置。汉武帝建元三年(前 138),东瓯遭到闽越王军队的围攻。尽管之后朝廷派兵救援,但东瓯的生产和文化遭到极大破坏。汉昭帝始元二年(前 85),汉朝在东越旧地设置回浦县③,这是椒江流域和瓯江流域得到开拓的标志。回浦县的县治在台州章安,辖境包括现在的台州、温州、丽水三个地区,"地方千里,户仅四千三百"④,

---

① 1985 年《临海县文物普查重点单位资料汇编》与《椒江市文物普查一览表》。

② 1985 年《临海县文物普查重点单位资料汇编》与《椒江市文物普查一览表》。

③ [汉]班固撰,[唐]颜师古注:《汉书》卷二《惠帝纪第二》,中华书局 1964 年版,第 1591 页。

④ [唐]房玄龄等:《晋书》卷十五《地理志》,中华书局 1974 年版,第 461 页。

仍是地广人稀。东汉,顺帝永建四年(129),在会稽郡下,分章安县东瓯乡立永宁县。① 这是温州地区有行政区划之始。三国两晋时期,随着江南地区的安定,大批中原汉族人民南迁,一部分来到温州等浙南地区,带来了黄河流域先进的生产工具和生产技术。吴太平二年(257)置临海郡,设治于章安,章安县上升为临海郡,辖境为今温、台、处三个地区。② 东晋明帝太宁元年(323),分临海郡,划出今温峤镇以南地域,设永嘉郡。③ 这是温、台两郡分治的开端。临海郡的辖境包括章安、临海、始丰、宁海四个县,相当于今天台州全境,人口1.8万户。④ 而永嘉郡城建立以后,温州逐渐成为浙南的政治和经济中心,人口逐渐集中,城市和社会经济发展速度大大加快。温州港址也从瓯江北岸移至南岸城区沿江一带。根据考古挖掘考证,台州章安古港依托章安古城,位于古章安湖沼地的滨江段。对于晋代章安港的发展,后人有诗写道:"东西列街市,高桥跨中央。湾环互轻舸,浦溆会经商。"⑤在三国两晋南北朝时期,因为远离战争,社会相对安定,章安地区已经普遍种植

---

① 〔梁〕沈约:《宋书》卷八《本纪第八·明帝》,中华书局1974年版,第167页。

② 〔唐〕房玄龄等:《晋书》卷十五《地理志》,中华书局1974年版,第459页。

③ 〔唐〕房玄龄等:《晋书》卷十五《地理志》,中华书局1974年版,第459页。

④ 〔唐〕房玄龄等:《晋书》卷十五《地理志》,中华书局1974年版,第461页。

⑤ 张寅等修,何奏簧纂:民国《临海县志稿》卷五《建置·桥梁》,1934年重修铅印本,《中国地方志集成·浙江府县志辑》(第四十六册),上海书店1992年版,第124页。

水稻。黄龙三年(231),"南始平言嘉禾生"①,即章安西部山区的南始平已经有了水稻栽培。东晋时期,稳定的粮食产量进一步提高,但面对灾荒仍很脆弱。《资治通鉴》卷一百一十二载:"自隆安以来,三吴大饥,户口减半,会稽减什三四,临海、永嘉殆尽。"②台州的海洋捕捞在三国时期已经非常发达。根据沈莹的《临海水土异物志》载,台州已经可以进入近海从事捕捞活动,这从侧面反映出当时造船和航海技术的进步。南朝时,章安的经济作物"姜"制成的干姜已经非常有名,可作药用,或作贡品。③ 南齐时(479—502)临海郡太守孔琇之卸任章安,带了干姜20斤送给皇帝。④ 此外,蜂蜜和栗也是古代台州地区的特产。在手工制品中,瓷器是温台地区的主要产品。章安瓷窑的青瓷是浙江越窑的另一个支派,其古窑分布在古章安湖畔的山麓地带。当时温州的瓷器生产也达到较高水平,比较有代表性的产品为青瓷中的"缥瓷"。

台州章安港地处椒江入海口,东南距今海门港区仅4千米。古港水陆交通发达,水道通东南,可达中国沿海各港口,陆路与鄞县、温州相连。章安古港最初是作为军事港口设立的。汉武帝时期对东瓯的两次海上军事行动和两次海上移民,开通了章安古港与苏州、句章之间的海上交通航线,并形成了一定的规模。之后,章安古港一直是中国东南沿海军事活动的要冲

---

① ［晋］陈寿:《三国志》卷四七《吴书二》,中华书局1964年版,第1136页。

② ［宋］司马光编著,［元］胡三省音注:《资治通鉴》卷一一二,中华书局1956年版,第3542页。

③ ［明］李时珍:《本草纲目》卷二六《干姜》,《景印文渊阁四库全书》第七七三册《子部七九·医家类》,台北商务印书馆1984年版,第537—539页。

④ ［梁］萧子显:《南齐书》卷五三,中华书局1972年版,第922页。

之一。吴末帝凤凰三年(274),临海郡太守奚熙隐瞒章安侯孙奋要做天子的谣言。东吴发兵攻打临海郡,"熙发兵自卫,断绝海道",封锁椒江河口。[①] 东晋安帝初年,孙恩起义军在台州湾海上活动。隆安三年(398),孙恩攻入临海郡,在椒江上源永宁江畔的灵石寺(离黄岩港15公里)制造战船。《赤城志·山水门》载:"山上有寺,当孙恩叛,毁木为船,石从空自坠,贼以伤去,故号灵石。"[②]其他有关于章安港海上贸易的记载还有侯景之乱后,闽中四大姓之一的陈宝应进发浙东章安的时候,"载米粟与之贸易,多致玉帛子女,其有能致舟乘者,亦并奔归之,由是大致资产,士众强盛"[③]。

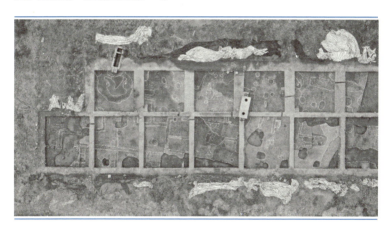

图 1-13　章安故城遗址考古发掘现场

(资料来源:浙江省文物局)

---

① ［晋］陈寿:《三国志》卷四八《吴书二》,中华书局1964年版,第1170页。

② ［宋］陈耆卿:《嘉定赤城志》卷二十《山水门二·山·黄岩·灵石山》,嘉庆戊寅年(1818)刻本,《宋元方志丛刊》(第七册),中华书局1990年版,第7434页。

③ ［唐］姚思廉:《陈书》卷三五,中华书局1972年版,第486—487页。

唐代,温州和台州的辖区固定下来,从而加强了区域的行政管理,推动了社会经济的发展。唐代,台州人口发展到 83868户,人丁 489015 口。① 在农业方面,农田水利建设的成效初步凸显。温州甘蔗、柑橘等经济作物和鲛鱼皮等渔业产品成为土贡产品。台州始丰(今天台)、乐安(今仙居)两地的水稻种植面积也有所扩大。唐代陆羽在《茶经》说,产于台州天台县赤城山的茶叶已与安徽歙县的徽茶齐名。此外,永宁江的感潮河段成为柑橘产地,与章安所产干姜都被列为贡品。② 台州蚕丝、苎麻的生产在隋唐就已兴起③,唐代台苎在国内被列入第七等产品④。手工业方面,瓷器的生产也有了新的进展。西山窑烧制的瓷器,不仅继承了两晋的优良传统,还吸取了越窑秘色瓷的许多特点。此外,温州制造蠲纸和酿酒也非常有名。唐代温州的纺织业也有了很大发展。永嘉、豫章等地"一年蚕四五熟,(妇女)勤于纺织,亦有夜浣纱而旦成布者,俗呼为鸡鸣布"⑤。唐代瓯江上游多深山密林,盛产木材,为温州造船业的发展提供了有利的物质条件,这也是唐代温州海外交通贸易兴起的重要基础。到唐代,温州港已经成为中国沿海的对外贸易港口之一,海上交通有了一定发展。唐代著名诗人孟浩然于开元十九年(731)冬,自越州(今绍兴)到永嘉游览并看望在乐清的张子

---

① 〔宋〕欧阳修、宋祁:《新唐书》卷四一,中华书局 1975 年版,第1063 页。

② 〔宋〕欧阳修、宋祁:《新唐书》卷四一,中华书局 1975 年版,第1063 页。

③ 唐启宇:《中国作物栽培史稿》,农业出版社 1986 年版,第 474 页。

④ 岑仲勉:《隋唐史》(下册),中华书局 1982 年版,第 574 页。

⑤ 〔唐〕魏徵等:《隋书》卷三一《地理下》,中华书局 1973 年版,第887 页。

容,就是取道海上的。①

　　在海外交通方面,唐代温州和台州与日本之间保持了一定的海上贸易往来。日本齐明天皇五年(唐高宗显庆四年,公元659年),日本朝贡使节在途中碰到逆风,幸存者到达永嘉县。②日本仁明天皇承和九年(842),中国商人李处人在日本花了三个月时间建造海船一艘,于八月二十四日从日本出发,二十九日抵达温州,进行贸易活动。③ 这次航行改变了过去沿着中国沿海海岸航行的方法,首次开辟了由日本值嘉岛直达温州的新航线。④ 在温州对日贸易的海上航线中,中国运往日本的货物以经卷、佛像、佛画、书籍、药品、香料等为主;日本输入中国的货物有砂金、水银、锡、绵、绢等。⑤ 此外,部分日本高僧顺便搭乘商船前来温州,其中比较有名的日本僧人有惠运(慧运)。⑥随着人口的迅速增加和地区经济发展的调整,地处台州心脏地带的临海港和温黄平原中心的黄岩港成为唐代台州的主要贸易港口。如唐僖宗乾符四年(877),商人崔铎等63人于六月一日,从临海港出发前往日本,于七月二十五日到达日本的筑前,其中日本商人多治安江带去很多香药等货物。⑦ 五代十国时

---

① 陈贻焮:《唐诗论丛》,湖南人民出版社1980年版,第35—37页。

② 〔日〕木宫泰彦:《日中文化交流史》,商务印书馆1980年版,第91页。

③ 〔日〕木宫泰彦:《日中文化交流史》,商务印书馆1980年版,第109页。

④ 杜石然等:《中国科学技术史稿》(下册),科学出版社1982年版,第13页。

⑤ 〔日〕木宫泰彦:《日中文化交流史》,商务印书馆1980年版,第122—123页。

⑥ 〔日〕木宫泰彦:《日中文化交流史》,商务印书馆1980年版,第145页。

⑦ 〔日〕木宫泰彦:《日中文化交流史》"日唐间往来船舶一览表",商务印书馆1980年版,第732页。

期,吴越国为发展海外贸易,在温州和台州设有博易务,其出口
的主要产品有瓷器、茶叶、蠲纸等。另外,《赤城志·地理门》
载,黄岩还有个"新罗坊,在县东一里","五代时,以新罗国人居
此,故名"①。由此可见台州与朝鲜也有一定的海外贸易往来。

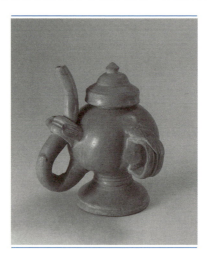

图 1-14　五代瓯窑青釉瓜形带盖小执壶（温州博物馆藏）

---

　　① ［宋]陈耆卿:《嘉定赤城志》卷二《地里门·坊市·黄岩》,嘉庆戊
寅年(1818)刻本,《宋元方志丛刊》,中华书局 1990 年版,第 7298 页。

第二章

宋元时期的浙江
沿海港群与海关

进入宋代,浙江沿海港口和对外贸易发展一个最明显的特征就是国家行政管理机构的设立和对港口、对外贸易的管理。宋元时期是浙江乃至全国沿海对外贸易发展的黄金时期。从国家到地方层面,皆积极鼓励沿海船只有序对外贸易。随着对外贸易发展的是浙江沿海港口规模的进一步扩大和造船技术的持续进步。宋元时期,浙江沿海港口成为中国对外贸易的重要节点。宁波港在对外贸易中持续发展,成为中国最重要的对外贸易港口之一。

一、宋元时期的杭州—嘉兴沿海港群与海关

公元 960 年,后周大将赵匡胤在陈桥发动兵变,推翻了后周柴氏政权,建立了北宋王朝。宋太宗(赵光义)太平兴国三年(978),吴越王钱俶上表纳土,宋政府接管两浙。以杭州港为中心的浙西港群在两宋时期疏浚航道,改善埠头,加强航运,建立市舶,终于达到了古代发展的鼎盛时期。

北宋治下的两浙,首先废除了沉重的赋税制度,减轻农民的负担,继而奖励农耕,推广农业新技术,推动杭州周围浙西区

域农业经济的发展。由于耐旱、高产、早熟的占城稻的引种,浙西区域粮食产量猛增,以茶、麻、桑等为主的经济作物种植面积扩大。《宋会要》食货二九载,两浙西路,临安府 2190632 斤,湖州 161501 斤,严州 2120160 斤。浙江产茶额为 5535313 斤,临安府约占 40%。[①] 浙西区域还是中国著名的海盐产区,其产地和产量分别是:临安仁和买纳场 87751 石、盐官买纳场 9011 石、上管催煎场 43277 石、蜀山催煎场 5545 石、岩门催煎场 5075 石、下管催煎场 20170 石、南路袁家黄湾新天催煎场 64942 石、西兴买纳场 15965 石、钱塘催煎场 4788 石、西兴催煎场 11177 石,总计 242729 石;秀州华亭买纳场 547350 石、青墩催煎场 95650 石、下砂催煎场 92901 石、袁部催煎场 133605 石、浦東催煎场 225193 石、海盐买纳场 132452 石、沙腰催煎场 96822 石、鲍郎催煎场 35629 石、广陈买纳场管下芦历催煎场 138894 石,总计 818697 石;平江江湾买纳场 60718 石、江湾催煎场 41298 石、跐催煎场 19540 石、黄姚买纳场 14880 石,总计 75718 石。[②]

宋代杭州港腹地丝绸产地以浙西的钱塘江、太湖流域为中心,其产品的品种和数量均超过前代,每年可输出几十万匹各种丝织产品。瓷器是杭州港腹地的另一个成熟产品。南宋的官窑为杭州港对外贸易输出生产了大量的各类瓷器,其产品为海外贸易的珍品。南宋官窑最具有代表性的就是位于钱塘江滨龙山闸附近的乌龟山坛下官窑。此外,杭州城还有大规模的官营手工作坊和大量的私营作坊,手工业生产技术也有提高。

---

① [清]徐松:《宋会要》食货二九,《续修四库全书》第七八二册《史部·政书类》,上海古籍出版社 2002 年版,第 445—446 页。

② [清]徐松:《宋会要》食货二三,《续修四库全书》第七八二册《史部·政书类》,上海古籍出版社 2002 年版,第 318 页。

杭州城以行业街区与卫星式市镇相结合的形式布局,既有手工业行业街区,也有综合性商业街区。发达的商业活动使得杭州成为中国最发达的消费城市之一,海内外的商品也汇聚于此,推动了商业和贸易的发展。

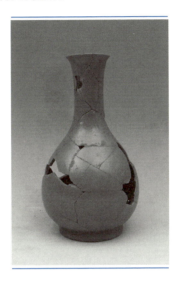

图 2-1　南宋官窑青瓷玉壶春瓶
（老虎洞窑址出土，西湖博物馆总馆藏）

　　依托杭州港的浙西海外贸易非常发达,客观上推动了政府对港口建设的重视。宋朝的杭州港分为海港和内河港两大部分。海港位置变动较大,先是位于城南钱塘江滨,后来一度改到候潮门外的运河旁(市舶司所在地)和盐桥大河北端的泛洋湖附近(市舶司新务所在地),最终移到钱塘江边。内河港分为城内、城外两个系统。城内港口埠头分布在盐桥大河、市河(今城中,已埋塞)、清湖河(即浣纱河,已埋塞)两岸;城外港口埠头则分布在龙山河、贴沙河、外沙河(已埋)、菜市河、茅山河(已埋)、下塘河、新开运河、下湖河、余杭塘河、奉口河、前沙河(已

埂)、后沙河、蔡官人塘河(已埂)、运盐河(已埂)及笤溪的沿线。
宋代,政府沿杭州湾两岸修建的海塘既可以防止潮溢,还可以
作为码头泊船,塘上堆货,塘路作脚夫搬运通道。宋初的海塘
工程主要是对吴越捍海塘的加固加高,不过随着北岸沙涨,后
来的工程主要是逐步向城东江涂增筑海塘,其修筑方法主要有
版筑法、埽岸法、柱石法和两堤法四种。由于宋代对海塘修筑
的重视,杭州六和塔至候潮门一带的钱塘江岸线基本稳定。海
潮冲击石堤,刷深了江道,使杭州港的海港区成了一个深水港,
可容纳吃水较深的万斛船。杭州港的船闸主要有龙山、浙江、
保安、清湖、铃辖司等。其中,除铃辖司闸、通江桥板闸外,其他
闸均为复闸。复闸的创建,调整了江河的水位差,大大改善了
杭州港的航道条件。作为杭州的主要交通通道,杭州内外河道
对于人员、货物的往来具有非常重要的意义。因此,两宋时期,
官府多次主持对杭州水道的疏浚工程。

图 2-2　杭州六和塔

　　杭州港的附属设施主要是馆驿和仓库(场)。馆驿有浙江
亭、都亭驿、怀远驿、北郭驿亭、仁和馆、邮亭驿、北关塌房、接待

寺等。浙江亭为政府官员在杭州港候船的驿所,位于城南跨浦桥南江岸。都亭驿和怀远驿都为接待外宾的场所,后者于绍兴七年(1137)接待过三佛齐国的贡使,绍兴二十五年(1155)先后接待过安南、交趾及占城等国的贡使,有的使团达一百余人。北郭驿亭、北关塌房主要接待来往商客,后者还可供商客存放货物。接待寺主要接待来杭云游僧人,兼作对一般客旅开放的旅社。杭州的仓库(场)主要是粮仓,其次是盐仓、竹木场、饲料场、杂货场以及与市舶有关的库场,其中粮仓属于官办仓库。

杭州的造船业十分发达,船厂主要设在荐桥门(今杭州清泰街章家桥西)外和东青门(今杭州菜市桥西)外的东北角。宋代杭州造的船主要有三类:海舶、河舟和湖船。杭州所造海舶,《梦粱录》中有"海商之舰,大小不等"①的记载:大者5000料(约相当于载重60万斤),载客五六百人;中者1000—2000料(约相当于载重12—24万斤),载客二三百人;小者名"钻风",载重5—12万斤,载客百余人;再小者名"三板船",又名网艇,专门用于打鱼。河舟的船型很多,有大滩船、绸船、舫船、航船、飞篷船、铁头纲船等。湖船主要是指西湖中的船,有百花、十样锦、七宝、金狮子、何船、劣驮、罗船、金胜、黄船、董船、刘船、乌龙等。杭州造船有专门的管理机构。政和六年(1116),两浙转运使应安道言:"杭州、镇江府已有专排岸兼管船场公事",又"应付装发御前物色至多,若今兵官兼管,委是不得专一,欲乞遂州各专置排岸一员,兼管船场公事"②。

宋代是杭州港海港历史的鼎盛时期。早在北宋前期,杭州

---

① [宋]吴自牧:《梦粱录》卷十二《江海船舰》,浙江人民出版社1980年版,第111页。

② [清]徐松:《宋会要》职官二六,《续修四库全书》第七七九册《史部·政书类》,上海古籍出版社2002年版,第68页。

港就出现了"浮商大舶,往来聚散乎其中"的繁忙状况。南宋时,杭州是国都,是外国使臣来中国朝见的目的地,也是外国商舶汇集地,这些都促使杭州港进入了它的黄金时代。有宋一代,到杭州港与宋交往的国家和地区有高丽、日本、大食、古逻、阇婆(今印度尼西亚爪哇岛)、占城(今越南)、勃泥(今印度尼西亚加里曼丹岛)、麻逸(今菲律宾)、三佛齐(今印度尼西亚苏门答腊岛)、宾同陇、沙里亭、丹流眉、安南、交趾(今越南)、真腊(今柬埔寨)、罗斛等国。宋代,从高丽输入杭州港的物品,主要有良马、兵器、方物、金银线、闟锦、袍、褥、鞍马、金银饰刀剑、弓矢、香药、金线龙凤鞍,并绣龙凤鞍、幞、乌漆甲、纻布、药物、金器、银器、香油、人参、铜器、硫磺、香鼠皮、日本车、金、银、绫、罗等。从杭州港转运到高丽的物品主要有经书、袭衣、金带、金银器、布、九经书印板、衣缎、羊、衣带、银、鞍勒马、书籍、缣帛、锦绮、金帛、金箔、铜钱等。杭州港到高丽的航线是:钱塘江出海东北行三日入东海,五日抵黑山(今大小黑山岛),折北行七日至礼成江,再三日至岸,全程需二十天左右。

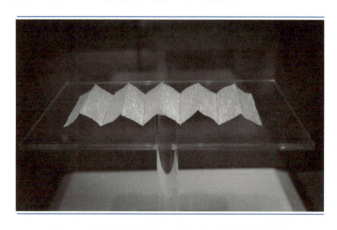

图 2-3　南宋"官巷前街"金叶子(中国港口博物馆藏)

　　宋代浙西的市舶管理机构可以分为三个级别,路一级的两浙市舶司,府州一级的杭州(临安府、行在)市舶司,县一级的澉浦市舶场(杭州市舶司派驻澉浦的分支机构)。北宋太宗太平兴国三年(978),朝廷在原吴越国博易务的基础上,设立两浙市舶司于杭州,全面管理两浙路的对外贸易事务。《宋会要》记载:"初于广州置司……后又于杭州置司。"[1]作为路一级的海外贸易管理机构,包括杭州港在内的浙西沿海港口及进出海船都在其管理之下。两浙市舶司设立不久,政府下令"诸蕃国香药、宝货至广州、交趾、泉州、两浙非出于官府者,不得私相贸易"[2]。江浙区域的出海船只,必须到两浙市舶司登记,领取许可证后才能出海贸易。淳化二年(991),宁波定海港的海外贸易已非常繁荣,两浙市舶司每年都要派官员前往定海从事舶货的抽解和征榷工作,非常不便。于是,淳化三年(992)四月,两浙市舶司移驻明州定海县(今宁波镇海区),旋迁至明州城内。次年,因主持市舶司工作的监察御史张肃认为管理不便,又将市舶司移回杭州。真宗咸平二年(999),两浙转运副使王渭曾上言取消明州的市舶征榷点,要求到明州的海商均来杭州抽解,遭到与明州进行贸易的海商的反对。因此,宋廷在杭州和明州分别设立市舶司,实行相对独立的管理模式,均隶属于两浙市舶司,海商可自由选择贸易港口。同时,两浙市舶司改为两浙路提举市舶司,依旧设于杭州。熙宁七年(1074),神宗批准高丽使团由明州入境后,明州成为宋丽官方贸易的主要门户。熙宁九年(1076),程师孟要求宋朝政府废除杭州、明州市舶司,只留广州

　　① ［清］徐松:《宋会要》职官四四,《续修四库全书》第七七九册《史部·政书类》,上海古籍出版社 2002 年版,第 503 页。

　　② ［清］徐松:《宋会要》职官四四,《续修四库全书》第七七九册《史部·政书类》,上海古籍出版社 2002 年版,第 503 页。

一司。为此,朝廷就市舶司的存废问题展开讨论。最终认为,
从长远利益上看,杭州、明州两市舶司罢废"恐逐州有未尽未便
事件"①,故不宜取消。

　　北宋前期,尤其是明州被规定为通往高丽、日本贸易的指
定口岸之后,出于国家安全的考虑,朝廷曾一度实行与高丽交
往的商禁政策。为防范商人名为前往高丽,实际和契丹进行贸
易,仁宗朝的《庆历编敕》《嘉佑编敕》以及神宗初年的《熙宁编
敕》等相关条令相继出台,明确禁止海路商贾前往高丽。然而
此种商禁实属无奈,是短暂时期的非常措施,是出于本国军事
防御的需要,而两宋朝廷本意还是鼓励海外贸易的。不过,就
浙江境内的市舶司而言,其机构沿革深受宋廷对高丽外交政策
的影响。元祐五年(1090),宋廷外交政策发生变化,限制商人
前往高丽贸易的政策得到执行。因此,在时任杭州知州苏轼的
多次建议下,浙江境内的杭州和明州市舶司均被关闭。崇宁元
年(1102)十月十一日,随着宋徽宗即位,宋廷再次调整外交政
策,主动修好与高丽的关系,诏"杭州、明州市舶司依旧复置"②,
以重新开展双边贸易。此外,宋徽宗大观三年(1109)七月二十
日,又"诏罢两浙路提举市舶官"③。政和二年(1112)五月二十
四日,"诏两浙、福建路依旧复置市舶"。这次复置的原因,正如
大观元年(1107)尚书左丞宇文粹所说:"市舶遗利,内赡京师,

---

　　① 〔清〕徐松:《宋会要》职官四四,《续修四库全书》第七七九册《史
部·政书类》,上海古籍出版社 2002 年版,第 503 页。

　　② 〔清〕徐松:《宋会要》职官四四,《续修四库全书》第七七九册《史
部·政书类》,上海古籍出版社 2002 年版,第 503 页。

　　③ 〔清〕徐松:《宋会要》职官四四,《续修四库全书》第七七九册《史
部·政书类》,上海古籍出版社 2002 年版,第 503 页。

外实边郡,间遇水旱,随以振济。"①

　　关于市舶司的职责,《宋史》云:"掌蕃货海舶征榷贸易之事,以来远人,通远物。"②《宋会要》云:"掌市易南蕃诸国物货航舶而至者。"③杭州市舶司的职责是,"凡海商自外至杭,受其券而考验之"④。北宋市舶司设有市舶使、市舶判官、主辖市舶司事、提举市舶、监市舶务等官,由所在州路知州、通判或转运使、提点刑狱公事等兼任。此外,市舶司还设有管干、书表、客司、专库、贴司、专称、手分及押香药纲使臣等专职人员。北宋中期,两浙市舶司一度委任江淮等路发运使或副使兼领两浙路市舶司。熙宁八年(1075),政府取消了江淮等路发运使或副使兼领两浙路市舶司的做法。元丰三年(1080)后,随着市舶收入的增加,开始由两浙路转运使或副使兼任市舶长官,从而结束了州郡长官兼任市舶使的管理体制,至此"州郡不复预"⑤。元祐元年(1086),杭州市舶司官员由转运使或知州兼职改为专职市舶司职官——承事即监杭州都酒务兼权市舶司唐之问。⑥乾道二年(1166),宋孝宗取消了专职市舶官制,两浙、浙西和浙东转运使又直接掌管了两浙市舶五务的工作。淳祐八年(1248),临

<hr>

　　① ［元］脱脱等:《宋史》卷一七八《食货志下一·会计》,中华书局1977年版,第4363页。

　　② ［元］脱脱等:《宋史》卷一六七《职官七》,中华书局1977年版,第3971页。

　　③ ［清］徐松:《宋会要》职官四四,《续修四库全书》第七七九册《史部·政书类》,上海古籍出版社2002年版,第503页。

　　④ ［宋］吴自牧:《梦粱录》卷九《监当诸局》,浙江人民出版社1980年版,第80页。

　　⑤ ［宋］马端临著,上海师范大学古籍研究所等点校:《文献通考》卷六二《职官考十六·提举市舶》,中华书局2011年版,第1868页。

　　⑥ ［明］李翥:《惠因寺志》卷六《惠因院教藏记》,杭州出版社2007版,第26页。

安府市舶务划归户部分掌,转运使不再插手市舶务的工作。

市舶司的主要职能有:负责接待贡使与外商;登记管理出入境从事贸易的船只与搭载人员;受理货物报关与发放出海许可证;负责进出口货物的抽解(类似征收关税)与出售、船舶货物交易的管理;执行政府海禁与防范走私贸易等事务。两浙市舶司衙门和杭州市舶司衙门最初在杭州凤凰山州城双门内,熙宁以后迁往现在杭州劳动路转运司桥一带。明州市舶署在行春坊县学西,下设市舶务。此外,北宋明州政府还兴建了不少馆亭用来接待高丽使者。元丰元年(1078),定海县在县城东南四十步修建"航济亭",作为赐宴高丽使团回国之用。明州城内还修建高丽使馆,作为接待高丽使团的主要场所。

图2-4 宁波城内疑似高丽使馆遗址

另外,明州市舶司成为宋政府指定的对日贸易的机构后,宋赴日的商船均需在明州市舶司办理登记手续,领取签证,即"公凭"。台州商人周文裔、福建商人陈文佑、泉州商人李充以及明州商人朱仁聪、孙忠、孙俊明等就是在明州办好手续下洋出海的。崇宁四年(1105),明州市舶务发给泉州商人李充的"公凭"载于日本文献,允许李充从明州发舶,详细记录商人出海的人员、船数、所载货物及去往国家,并规定从日本归航后还须返回明州抽解。① 可见宋廷对商人从事海外贸易的管理比较完善。兹将公凭原文转录如下:

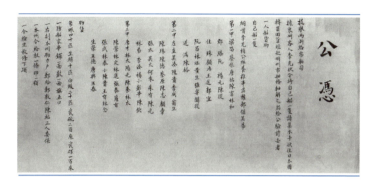

图 2-5 明州市舶司签发的公凭(局部)

提举两浙路市舶司公凭

(北宋崇宁四年六月)

提举两浙路市舶司:

据泉州客人李充状,今将自己船壹只,请集水手,欲往日本国,转买回货,经赴明州市舶务抽解,乞出给公验前去者。

一、人船货物:

自己船壹只。

纲首:李充;梢工:林养;杂事:庄权;部领:吴弟。

第壹甲:梁留、蔡依、唐祐、陈富、林和、郡滕、阮祐、杨元、陈从、住□珠、顾冉、王进、郭宜、阮昌、林旺、黄生、强宰、关从、送

① 《朝野群载》卷二十《大宰府附异国大宋商客事》,转引自王慕民:《宁波与日本经济文化交流史》,海洋出版社 2006 年版,第 67—68 页。

□满,陈裕。

第贰甲:左直,吴凑,陈贵,李成,翁生,陈珠,陈德,陈新,蔡
原,陈志,顾章,张太,吴太,何来,朱有,陈光,林弟,李凑,杨小,
彭事,陈钦。

第叁甲:唐才,林太,阳光,陈养,林太,陈荣,林定,林进,张
泰,萨有,张武,林泰,小陈贵,王有,林念,生荣,王德,唐兴,
王春。

物货:

象眼肆拾匹,生绢拾匹,白绫贰拾匹,瓷碗贰百床,瓷碟壹
百床。

一、防船家事:锣壹面,鼓壹面,旗伍口;

一、右刻本州物力户:郑裕、郑敦仁、陈祐叁人委保;

一、本州令,给杖壹条,印壹颗;

一、今检坐,敕条下项。

诸商贾于海道兴贩,经州投状,州为验实,条送愿发舶州,
置簿抄上,仍给公据,方听行,回日,公据纳住舶州市舶司。即
不请公据而擅行,或乘船自海道入界河,及往登、莱州界者徒贰
年[不请公据而未行者减贡□算],往大辽国者徒叁年,仍奏裁,
并许人告捕,给船物半价充赏(内不请公据未行者,减擅行之
半;其已行者,给赏外船物仍给官)。其余在船人虽非船物主,
各杖捌拾已上,保人并减犯人叁等。

斠会:旧市舶法,商客前虽许至三佛齐等处,至于高丽、日
本、大食诸番,皆有法禁不许。缘诸番国远隔大海,岂能窥伺中
国,虽有法禁,亦不能断绝,不免冒法私去。今欲除北界、交阯
外,其余诸番国未尝为中国害者,并许前去,惟不许兴贩兵甲器
杖,及将带女口、奸细并逃亡军人,如违,应一行所有之物并没
官,仍检所出引内外明声说。

　　斟会:诸番舶州商客,愿往诸国者,为检校所去之物及一行人口之数,所指诸国,给与引牒,付次捺印。其随船防盗之具,兵器之数,并置历抄上,俟回日照点,不得少欠。如有损坏散失,亦须具有照验,一船人保明文状,方得免罪。

　　斟会:商贩人前去诸国,并不得妄称作奉使名目,及妄作表章,妄作称呼,并共以商贩为名,如合行移文字,只依陈诉州具体例,具状陈述。如番商有愿随船来宋国者,听从便。该商贾贩诸番间(贩海南州人及海南州贩人贩到同)应抽买辄隐避者(谓曲避作匿,托故易名,前期传送,私自赁易之类),纲首、杂事、部领、梢工(令亲戚管押同)各徒贰年,配本城。即雇募人管押,而所雇募人倩人避免,及所倩人,准比邻州编管。若引领停藏、负载交易,并贩客减壹等,余人又减贰等,番国人不坐。即在船人私自犯、准纲法坐之,纲首、部领、梢工同保人不觉者,杖壹百以上,船物(不分纲首、余人及番国人,壹人有犯,同住人虽不知情及余人知情并准此)给赏外,并没官(不知情者以己物叁分没官)。诸海商舶货避抽买舶物应没官而已货易转卖者,计直于犯人名下追理。不足,同保人备偿。即应以船物给赏,而同于今转买者,转买如法。诸商贾由海道贩诸番者,海南州县曲于非元发舶州(住)舶者,抽买讫,报元发州,验实销籍。诸商海商冒越至所禁国者,徒叁年,配千里。即冒至所禁州者,徒贰年,配伍佰里。若不请公验物籍者,行者徒壹年,邻州编管。即买易物货而辄不注籍者,杖壹百,同保人减壹等。

　　钱帛案手分供　在判　注　在判　押案宜　在判　历　在判　勾抽所供

　　在判　孔目所验　在判　权都勾当　在判　都孔目所　在判

　　右出给公凭,副纲首李充收执,禀前项敕牒指挥,前去日本国,经他□回(国),赴本州市舶务抽解,不得隐匿透越。如违即

当依法根治施行。

　　崇宁四年六月　日给

　　朝奉郎通判明州军州管勾学事兼市舶　谢在判

　　宣德郎权发遣明州军州管勾学事提举市舶　彭在判

　　宣德郎权发遣提举市易等事兼提举市舶　徐

　　承议郎权提举市舶　郎①

　　南宋时期,浙江市舶司的职能与北宋基本一致,但市舶机构设置则多有变动。南宋初期,由于金兵南下,两浙市舶司遭到破坏。建炎元年(1127),宋高宗赵构认为"市舶司多以无用之物,枉费国用,取悦权近"②,是北宋朝廷的祸根,故下诏裁撤两浙市舶司,相应职能并入两浙转运司。不过,"并废以来,土人不便,亏失数多"③。次年五月二十四日,宋高宗又下诏"依旧复置两浙、福建路提举市舶司"④。绍兴元年(1131),杭州改升临安府,杭州市舶司改称临安市

图 2-6　宋高宗赵构像

---

　　① 杭州海关志编纂委员会:《杭州海关志》,浙江人民出版社 2003年版,第 473—474 页。

　　② [清]徐松:《宋会要》职官四四,《续修四库全书》第七七九册《史部·政书类》,上海古籍出版社 2002 年版,第 508 页。

　　③ [清]徐松:《宋会要》职官四四,《续修四库全书》第七七九册《史部·政书类》,上海古籍出版社 2002 年版,第 509 页。

　　④ [清]徐松:《宋会要》职官四四,《续修四库全书》第七七九册《史部·政书类》,上海古籍出版社 2002 年版,第 509 页。

舶务。同年,温州设置市舶司。绍兴二年(1132),两浙路提举市舶司迁到未受战乱破坏的秀州华亭县(今上海松江县)。同时,杭州和明州两个市舶司也降格为市舶务,与原温州、江阴军、秀州并为 5 个市舶务,归两浙市舶司统辖。市舶的收入是巨大的,既解决了长期的军费来源,又维持了宋金议和后的巨额赔款开支,连宋高宗赵构都不得不承认:"市舶之利最厚,若措置合宜,所得以百万计,岂不胜取之于民。朕所以留意于此,庶几可以宽民力尔。"①绍兴十六年(1146),高宗重申"市舶之利颇助国用,宜循旧法,以招徕远人,通货贿"②。由于最高统治者的重视,浙江市舶司得到了巩固和发展。

乾道二年(1166),因大臣反映两浙市舶司官员繁杂、官吏扰民,因而朝廷下令裁撤两浙提举市舶司,由转运司监管。③ 这实际上是把提举市舶司的职责划归转运司。临安府、明州、温州、江阴军和秀州等 5 个市舶务各自独立监管港口进出口贸易,课税则由地方衙门监督。同年,原本的专职市舶官员改为由地方行政长官知府或知州兼任市舶使,恢复到北宋初年的情况。绍熙元年(1190),由于杭州升为临安府后成为国都所在地,因此凡是来临安府市舶务课税的商船都在澉浦停泊。同年,朝廷罢废了临安府市舶务,澉浦作为杭州港的外港,开始全权接纳来杭的海舶。不久,光宗又"禁海舶至澉浦"④。绍熙四

---

① ［清］徐松:《宋会要》职官四四,《续修四库全书》第七七九册《史部·政书类》,上海古籍出版社 2002 年版,第 513 页。

② ［清］徐松:《宋会要》职官四四,《续修四库全书》第七七九册《史部·政书类》,上海古籍出版社 2002 年版,第 515 页。

③ ［清］徐松:《宋会要》职官四四,《续修四库全书》第七七九册《史部·政书类》,上海古籍出版社 2002 年版,第 517 页。

④ ［宋］胡榘、罗浚:《宝庆四明志》卷六《市舶》,《续修四库全书》第七〇五册《史部·地理类》,上海古籍出版社 2002 年版,第 2 页。

年(1193),明州改为庆元府,明州市舶务改为庆元市舶务。宁宗庆元元年(1195),温州、秀州、江阴军3处市舶务被裁撤,庆元港成为江浙地区唯一的对外开放口岸。嘉定六年(1213),临安府市舶务恢复设置。淳祐六年(1246),宋理宗在澉浦港派驻澉浦市舶官。淳祐八年(1248),又改临安府市舶务为行在市舶务。十年,澉浦市舶场设立,在镇东海岸,隶属行在市舶务。同时,庆元市舶务则一直保持运转至德祐元年(1275),在元军大兵压境的情况下被废止。杭州及其外港澉浦市舶机构的不断加强和重新设置,为招徕海商发挥了积极作用,不但使杭州的海上贸易得以持续发展,同时也促使外港澉浦成为"远涉诸蕃,近通福广,商贾往来"的"冲要之地"①。澉浦的繁荣还使它得到了"小杭州"②的美称。

元朝建立后,统治者对杭州的发展也十分重视。元人黄溍在其《江浙行中书省平章政事赠太傅安庆武襄王神道碑》中讲"江浙省治钱塘,实宋之故都,所统列郡,民物殷盛,国家经费之所从出,而又外控岛夷,最为巨镇"③。元代对盐官州海塘(今东部滨海地区)进行了修筑,捍卫了杭嘉湖平原;多次对太湖水利进行修治,对杭嘉湖地区农业生产的水旱防治起了积极的作用。粮食产量的增长,使杭州港腹地成为元代最大的粮仓。除粮食作物外,浙西桑、茶等经济作物的种植面积也有所扩大,山丘地带已普遍种植茶叶。农业经济的发展为杭州海外贸易打

---

① 《大元圣政国朝典章》卷五九《工部二·造作二·船只·禁治抢劫船只》,《续修四库全书》第七八七册《史部·政书类》,上海古籍出版社2002年版,第568页。

② [明]徐泰:《永安湖秋夜望月》,转引自吴侠虎:《东方大港澉浦岬》,大东书局1933年版,第49页。

③ [元]黄溍:《金华黄先生文集》卷二四《神道碑》,《续修四库全书》第一三二三册《集部·别集类》,上海古籍出版社2002年版,第326页。

下坚实的基础。在手工业方面，纺织、酿酒、印刷和制盐都比较突出。元初，"杭州税课所入，岁造缯缎十万(匹)以进"①。《元史》载，至元二十九年(1299)，"杭州省酒课岁办二十七万余锭"②。作为元代杭州港腹地经济的一个方面，江浙行省的制盐业仅次于江淮，居全国第二位。元政府认为："国之所资，其利最广者莫如盐。"③关于杭州的手工业之盛，著名的意大利旅行家马可·波罗说，杭州

图 2-7　马可·波罗像

经营的手工业有 12 种行业，"每一种工艺都有成千个铺子，每个铺子雇用十个、十五个或二十个工人工作。在少数情况下，能容纳四十个工人"④，"工匠的住宅也在附近，他们在自己的家里或铺子里，从事自己本行业的工作"⑤。马可·波罗谈到杭州商业的繁荣："城内，除了各街道上有不计其数的店铺外，还有十个大广场或市场。这些广场每一边长八百多米，大街在广场

---

①　[明]宋濂：《元史》卷十《世祖七》，中华书局 1976 年版，第 216 页。

②　[明]宋濂：《元史》卷九四《食货二·酒醋课》，中华书局 1976 年版，第 2395 页。

③　[明]宋濂：《元史》卷九四《食货二·盐法》，中华书局 1976 年版，第 2386 页。

④　〔意〕马可·波罗：《马可·波罗游记》第二卷第七十六章《雄伟壮丽的京师(杭州)市》，鲁思梯谦笔录，陈开俊等译，福建科学技术出版社 1981 年版，第 178—179 页。

⑤　〔意〕马可·波罗：《马可·波罗游记》第二卷第七十六章《雄伟壮丽的京师(杭州)市》，鲁思梯谦笔录，陈开俊等译，福建科学技术出版社 1981 年版，第 178 页。

的前面,宽四十步,从这座城市的一端,笔直地伸展到另一端。"①"每个市场,一周三天,都有四万到五万人来赶集,人们把每一种大家想得到的物品提供给市场。"②"每逢开市集日,市场上摩肩接踵,熙熙攘攘的小商贩满地摆着各种用船运来的货物。"③除了马克·波罗外,意大利旅行家鄂多立克也盛赞杭州的壮丽,称之为"全世界最大的城市""最好的通商地"。饮食、服务业的兴隆反映了杭州城市商业经济繁荣的另一个侧面。酒楼、菜馆、点心店、洗澡堂等充斥杭州。西湖上有许多游艇和画舫,大街上有街车,"每时每刻都有大批的车子,从沙道上奔驰而过"④。元代杭州港腹地农业、手工业和商业的发达和繁荣,成为杭州港贸易发展的经济基础。

元代杭州港的港口建设,侧重于港口航道的疏浚和开凿。一是重开龙山河,一是开凿城北新运河。龙山河在南宋时期因为紧挨皇宫,被禁止通行百余年,结果导致河道淤塞,堵塞了浙江闸口。这对海河联运的海上贸易中转港杭州港来说是极为不利的。特别是内河港埠,既失去了通航条件,又失去了靠泊条件。龙山河的疏浚工程于元仁宗延祐三年(1316)开始,共花

① 〔意〕马可·波罗:《马可·波罗游记》第二卷第七十六章《雄伟壮丽的京师(杭州)市》,鲁思梯谦笔录,陈开俊等译,福建科学技术出版社1981年版,第176页。

② 〔意〕马可·波罗:《马可·波罗游记》第二卷第七十六章《雄伟壮丽的京师(杭州)市》,鲁思梯谦笔录,陈开俊等译,福建科学技术出版社1981年版,第176页。

③ 〔意〕马可·波罗:《马可·波罗游记》第二卷第七十六章《雄伟壮丽的京师(杭州)市》,鲁思梯谦笔录,陈开俊等译,福建科学技术出版社1981年版,第178页。

④ 〔意〕马可·波罗:《马可·波罗游记》第二卷第七十七章《再谈大城市杭州的其他详细情况》,鲁思梯谦笔录,陈开俊等译,福建科学技术出版社1981年版,第181页。

费 42 天,由丞相康里脱脱亲自负责,动用民工 5252 人,修复后的龙山河全长 9 里 362 步(约 4 千米),河上造石桥 8 座,立上、下两闸。① 此外,元政府还对保安水门、候潮门外至浙江闸一带的河道进行疏浚,全长 7 里(约 3 千米)。龙山河的疏浚使得杭州港的内河通江航道又恢复了畅通,便利了贸易货物的转运和内销。元顺帝至正六年(1346),脱脱的儿子达识帖木儿又进一步对杭州运河进行了大规模的疏浚,从而保持了杭州港通江航道的畅通。元代晚期,张士诚占领杭州后,舍弃了南宋淳祐七年(1247)所开的北新、勾庄、奉口段运河(即今西塘河),利用杭州城北的三里漾、十二里漾等大的水泊,从五林港开河经北新桥到江涨桥。该河阔 20 余丈,被称为"新运河",又名"下塘河"。

元代杭州—嘉兴沿海港群的海上交通活动和宋代一样繁盛。元人黄溍在《江浙行中书省题名记》中说:"江浙当东南之都会,生齿繁夥,物产富穰,水浮陆行,纷轮杂集,所统句吴、于越、七闽之聚,讫于海隅,旁连诸蕃,椎结卉裳。"② 为此,元政府在杭州及其外港澉浦、乍浦设立了管理海外贸易的机构,以接纳世界各国到来的使臣和舶商,同时还鼓励和组织国内海商出海兴贩,沟通杭州港的中外交流。为发展杭州港的海外贸易,元政府采取了设立海站和官本船贸易的方式。海站,是杭州港通过钱塘江、杭州湾沿海岸线南下至泉州的保护海外贸易、转运舶货的水军防卫性机构。至元二十六年(1289),尚书省官员向元世祖上奏:"行泉府所统海船万五千艘,况新附人驾之,缓急殊不可用。宜召集乃颜及胜纳合儿流散户为军,自泉州至杭

---

① ［明］宋濂等:《元史》卷六五《志第十七上·河渠二》,中华书局 1976 年版,第 1642 页。
② ［元］黄溍:《金华黄先生文集》卷八《碑文》,《续修四库全书》第一三二三册《集部·别集类》,上海古籍出版社 2002 年版,第 174 页。

州立海站十五,站置船五艘、水军二百,专运番夷贡物及商贩奇货,且防御海道之便。"①官本船贸易是一种官方贸易形式,是元政府扩大和扶植海外贸易所采用的一项积极措施,从至元二十一年(1284)开始,元政府拿出船只、本钱,置办货物,由政府挑选精通航海、谙练商业活动的人从事海外贸易,在杭州和泉州两地试行。官本船归市舶司直接掌管,官本船到达国外,可以代行市舶机构的权力,可与国外商人洽谈贸易。②除杭州港外,至元十四年(1277)杭州的外港澉浦已成为"远涉诸蕃,近通福广,商贾往来"的"冲要之地"③。意大利旅行家马可·波罗在他的游记中写道:"离该城(指杭州)四十二公里远的地方,沿东北方向,就是大海,这里有一个优良的港湾。所有从印度来的货船,经常都在这里停泊。"④这个优良的港口指的就是澉浦港。元代,杭州港及其外港澉浦、乍浦是浙西区域对外联系的门户。元顺帝至元二年(1336),杭州人张存起家贩船,一次就过了六年的航海国外的贩船生涯。⑤杭州外港澉浦人杨发出身于海上贸易世家,曾总领浙东、浙西舶事,其子杨梓、孙杨耐翁、重孙杨枢均是航海贸易的行家。大德八年(1304),杨枢与西洋贡使邮

①　[明]宋濂等:《元史》卷十五《世祖十二》,中华书局 1976 年版,第 320 页。

②　[明]宋濂等:《元史》卷九四《志第四十三·食货二》,中华书局 1976 年版,第 2402 页。

③　《大元圣政国朝典章》卷五九《工部二·造作二·船只·禁治抢劫船只》,《续修四库全书》第七八七册《史部·政书类》,上海古籍出版社 2002 年版,第 568 页。

④　〔意〕马可·波罗:《马可·波罗游记》第二卷第七十七章《再谈大城市杭州的其他详细情况》,鲁思梯谦笔录,陈开俊等译,福建科学技术出版社 1981 年版,第 181 页。

⑤　[明]田汝成:《西湖游览志余》卷十九《术技名家》,上海古籍出版社 1980 年版,第 348 页。

怀同行,于大德十一年(1307)到达忽鲁模斯(今伊朗霍尔木兹)
购买白马、黑犬、琥珀、葡萄、酒、番盐等以归。①

　　元代的海洋贸易由元政府直接管理。《元史》记载:"元自
世祖定江南,凡临海诸郡与蕃国往还互易舶货者,其货以十分
取一,粗者十五分取一,以市舶官主之。"②元世祖至元十四年
(1277),南宋临安被攻取后,元政府就在泉州、庆元、上海、澉浦
等地设立市舶司。作为杭州的外港,凡是来杭州贸易的海商均
停泊在钱塘江口的澉浦港,接受市舶官员的验证、稽查和抽解,
再将舶货转运至杭州。元政府委派通晓航海贸易的海商世家、
祖居澉浦的福建安抚杨发兼领市舶主官。其家复筑室招商,港
口仍颇繁盛,时舶舟远涉诸蕃,近通福广,并与日本、朝鲜诸国
往来。澉浦虽是良港,与杭州毕竟还有数十公里的距离。至元
二十一年(1284),在江浙行省治所从扬州迁往杭州的同时,元
廷设市舶都转运司于杭州,以便对日益增长的海外贸易活动进
行管理。同时,在温州、广州设立市舶司。浙江境内共有 3 处
市舶司,由杭州的市舶都转运司统管。市舶都转运司是级别较
高的市舶管理机构,不但管理舶货的征榷抽分,而且还负责转
储广州、泉州、庆元、上海、澉浦等地市舶司抽解的舶货,并负责
官本船的管理。至元二十九年(1292),杭州市舶司主管的税收
收入划入杭州商税务课额,市舶机构隶专掌海运的江浙行省泉
府司掌管。第二年,元廷对全国市舶机构进行大规模调整,杭
州市舶司并入杭州税务司,杭州的海外贸易收入列为杭州税务
的一项重要内容。各地市舶司的舶货转运收纳任务由设在杭

---

　　① ［元］黄潛:《黄文献公集》卷八上《松江嘉定等处海运千户杨君墓志
铭》,《丛书集成新编》(第六十六册),新文丰出版公司 2008 年版,第 283 页。
　　② ［明］宋濂等:《元史》卷九四《食货二·市舶》,中华书局 1976 年
版,第 2401 页。

州的江浙行省泉府司经办。《元典章》载："附近杭州各司舶货……起解赴杭州行泉府司官库交割。"①杭州港设有巨大的舶货官库以供收储、转运之用。与此同时，元政府还颁布《市舶则法二十三条》②，以加强法制管理，兹将该法条原文转录如下：

市舶则法二十三条

（至元三十年八月二十五日）

......

一、议得市舶抽分则例，若依亡宋例抽解，切恐舶商生受。比及定夺以来，止依目今定例抽分：粗货十五分中一分，细货十分中一分。所据广东、温州、澉浦、上海、庆元等处市舶司。舶商回帆已经抽解讫物货，并依泉州见行。体例从市舶司，更于抽讫物货内，以三十分为率，抽要舶税钱一分。通行结课般贩客人从便。请给文遣买到已抽经税货物，于杭州等处货卖。即于商税务内投税，凭所赍文遣数目，依例收税验。至元二十九年，杭州市舶司实抽办物货价钱，于杭州商税务课额上依数添加作额恢办，将杭州市舶司革罢。将元管钱帛等物，行泉府司明白交收为主。为此，于至元三十年四月十三日，奏过事内一件：江南地面里，泉州、上海、澉浦、温州、庆元、广东、杭州七处市舶司，有这市舶司里要抽分呵，粗货十五分中要一分，

---

① 《大元圣政国朝典章》卷二十二《户部八·课程·市舶》，《续修四库全书》第七八七册《史部·政书类》，上海古籍出版社 2002 年版，第 266 页。

② 《大元圣政国朝典章》卷二十二《户部八·课程·市舶》，《续修四库全书》第七八七册《史部·政书类》，上海古籍出版社 2002 年版，第266—268 页。

细货十分中要一分。有泉州市舶司里,这般抽分了的后头,又三十分里,官要一分税来。然后,不拣那地面里卖去呵,又要税。有其余市舶司里,似泉州一般三十分要一分税的,无有。如今,其余市舶司依泉州的体例里要者。温州的市舶司并入庆元,杭州市舶司并入杭州税务里的,怎生商量来奏呵。那般者圣旨了也。

　　一、议得拘该市舶去处,行省、行泉府司、市舶司权豪势要之家兴贩舶舡,不依例抽分,持势隐瞒作弊。为此,于至元三十年四月十三日,奏过事内一件:行省官人每、行泉府司官人每、市舶司官人每、不拣甚么官人每、权豪富户每、自己的舡只里做买卖去呵,依着百姓每的体例与抽分者私下隐藏着,不与抽分呵,不拣是谁首告出来呵,那钱物都断没。做官的每根底重要了罪过勾当里教出去,于那断没来的钱物内三分中一分,与首告人充赏呵,怎生商量来奏呵是也。拟定那般者,圣旨了也。

　　一、议得拘该市舶司去处行省官、行泉府司官、市舶司官,在先往往勒令舶商户计稍带钱本下番,回舶时将贵细物货贱估价钱,准折重取利息及不依例抽解官课,又通同隐瞒亏损公私。为此,于至元三十年四月十三日,奏过事内一件:行省官人每、行泉府司官人每、市舶司官人每、百姓每的做买卖去的船里,交稍带着自己的钱物去回来呵。那钱物内不与官司抽分。私下要有那舡每也,则他每占着抽分,全不交与官。有今后这般百姓的舡里,稍带去的禁治呵,怎生不拣是谁,别了这言语稍带将钱物去呵。有人告呵,将那

钱物断没了,把他每重要了罪过教勾当里出去了。首告的人,根底断没了的钱内,三分中一分充赏与呵。怎生商量来奏呵是也,那般者圣旨了也。

一、议得使臣并大小官吏、军民人等,因公往海外诸番勾当,皆是官司措办气力、舡只前去,却有因而做买卖之人。今后回舡之时,应有市舶物货,并仰于市舶司照例抽分纳官。如有进呈希罕贵细之物,亦仰经由市舶司见数泉府司,具呈行省。行省开坐移咨中书省,闻奏仍仰今后应有过番使臣,却不得以进呈物货为名,隐瞒抽分。如违,并以漏舶治罪,物货没官。为此,于至元三十年四月十三日,奏过事内一件:或是这里差去的使臣每,那里拜见上来的么道,因着那般夹带着百姓每的钱物,不与官司抽分,那般行的多有。今后,但那来的依着百姓每的体例里要抽分,若有拜见的物呵。那里行泉府司里、行省里,明白这些个物件拜见上去么道,写了数目,把那写来的数目与将这里来者,似在前一般不与抽分,背地里隐藏上来的有罪过者,商量奏呵是也,那般者圣旨了也。

一、议得和尚先生也里可温答失蛮人口,多是夹带俗人过番买卖,影射避免抽分。今后和尚先生也里可温答失蛮人口等过番兴贩,如无执把圣旨许免抽分明文,仰市舶司依例抽分。如违,以漏舶论罪断没。为此,于至元三十年四月十三日,奏过事内一件:和尚先生也里可温答失蛮每,但做买卖去呵,依着百姓每的体例里与抽分者,商量求奏呵。这的言语不曾了来,那甚么疑定。那般者圣旨了也。

一、诸处市舶司舶商,每遇冬汛北风发时,从舶商经所在舶司陈告,请领总司衙门元发下公据、公凭,并依在先旧行关防体例填付。舶商大舡请公验,柴水小船请公凭,愿往番邦,明填所往是何国土经纪,不许越过他国;至次年夏汛南风回帆,止赴元请验凭发舡舶司抽分,不许越投他处舶司。各舶司亦不许互拍他处舶司。舶商如本处舶司依见定例抽税讫从,舶商发卖与贩客人亦依旧例。就于所在舶司请给公遣,从便于各处州县,依例投税货卖。其元指所往番邦国土,如有不能得到所指去处,委因风水打往别国,就博到别国物货。至回帆抽分时,取问同伴,在舡人等相同,别无虚诈,依例抽分。如中间诈妄,欺瞒官司,许诸人首告是实,依例断没,告人给赏。

一、舶商请给公验依旧例,召保舶牙人保明。牙人招集到人伴几名,下舡收买物货,往某处经纪公验,开具本舡财主某人、纲首某人、直库某人、梢工某人、杂等某人、部领等某人、人伴某人,舡只力胜若干、樯高若干、舡面阔若干、舡身长若干。每大舡一只,止许带小舡一只,名曰柴水舡。合给公凭,如大小舡所给公验、公凭,各仰在舡随行。如有公验或无公凭,即是私贩,许诸人告捕给赏,断罪所载柴水船,于公凭内备细开写,亦于公验内该写力胜若干、樯高若干、船面阔若干、船身长若干。不到物力户某人委保,及与某人结为一甲,互相作保。如将带金、银、违禁等物下海,并将奸细歹人回舡,并元委保人及同结甲人一体坐罪。公验后,空纸八张,泉府司用讫印信于上,先行开写贩去物货各各名件、斤重若干,仰纲首某人亲行填写。如到彼国博易物货,亦仰纲首于空纸内,就地头

即时日逐批写。所博到物货名件、色数、斤重，至舶司以凭照数点秤抽分。如曾停泊他处，将贩到物货转变渗泄作弊，及抄填不尽，或因事发露到官，即从漏舶法断没。保明人能自首告，将犯人名下物货，以三分之一给与充赏。如舶司官吏容庇，或觉察得知，或因事发露到官，定将官吏断罢，不叙所给公验。行泉府司置半印勘合文簿，立定字号，付纲主某人收执，前去某处经纪，须要遵依前项事理。所有公凭小舡，并照公验，一体施行。

一、番船、南船请给公凭、公验回帆，或有遭风被劫事故，合经所在官司陈告，体问的实移文。市舶司转申总府衙门，再行合属体复。如委是遭风被劫事故，方与消落元给凭验字号。若妄称遭风等搬换舡货，送所属究问，断没施行，或有沿途山屿滩岙海岸，停泊汲水取柴，恐有梢碇水手搭客等人，乘时怀袖偷藏贵细货物上岸博易物件，或有舶商之家回帆，将市舶司私用小舡推送食米接应舶舡，却行辄取贵细物货，不行抽解，即是渗泄。并许诸人告捕，余行断没，犯人杖一百七下，告捕人于没官物内三分之一给赏。行下沿海州县出榜晓谕，屿屿等处，责在官吏巡检人等，常切巡捉，催赶舡只，随即起离彼处，不许久停，直至年例停泊。如东门山等，具申各处市舶司廉能官封堵坐押赴元发舡。市舶司又行差官监搬上舶检空舡只，搜检在舡人等，怀空，方始放令上岸。如在番阻风，住冬不还者，次年回帆，取问同舡，或同伴舡只人等是实，依例抽分。若便妄称风水不便，转指买卖，许诸人首告，依例断没，告人给赏。

一、海商不请验凭，擅自发舶舡，并许诸人告捕，犯人断罪，舡物没官。于没官物内，以三分之一充赏，犯人（杖）一百七下。如已离舶司，即于沿河所在官司告捕，依上追断给赏。

一、海商所用兵器并同锣作具，随往舶处。具数申所属，依例寄库，起舶日给。

一、海商每舡募纲首、直库、杂事、部领、梢工、碇手各从便，具名呈市舶司申给文凭，舡请公印，为托人结五名为保。

一、海商贸易物货，以舶司给籍用印关防，具注名件、斤数。纲首、杂事、部领、梢工、书押回日，以物籍公验纳市舶司。

一、海商自番国及海南买贩物货到中国，虽赴市舶司抽分，而在舡巧为藏匿者，即系漏舶，正行没官。仍许诸人告首，依例给赏，犯人断罪。

一、金、银、铜、铁货，男子、妇女人口并不许下海私贩诸番物。如到番国不复前来，亦于元赍去公验，空纸内明白开除，附写缘故，若有一切违犯，止坐商舶舡主。

一、市舶司招集舶商、舡只行省行下衙门无得差占，及有新造成舶舡之家本欲过番兴贩经纪，亦是抽收课程，并仰籍定数目。今后，并不得将上项舡只差占，有妨舶商兴贩经纪，永为定例，以示招徕安集之意。

一、各处市舶司每年办到舶货，除合起解贵细之物外，据其余物色必须变卖者，附近杭州各司舶货，每年不过当年十二月终，起解赴杭州行泉府司官库交

割。舶司尽时开数具呈行省，令有司随即估体时价比，至次年正月终，须要估体完备，行省预为选收。

一、见令舶商去来不定，多在海南州县支泄细货。仰籍定姓名，仍令海南、海北、广东道沿海州县、镇市地面官司，用心关防。如遇回舶舡只到岸常切催赶起离，前赴市舶司抽分。如官吏知情受赂容纵，如或觉察得知，定是依条断罪。

一、舶商、梢水人等，皆是赶办课程之人。落后家小合示优恤，所在州县并与除免杂役。

一、夹带南番人将带舶货者，仰从本国地头于公验空纸内，明白备细填附姓名、物货、名件、斤重，至市舶司照数依例抽税。如番人回还本国，亦于所坐番舡公验内，附写将去物货，不致将带违禁之物，仍差谙练钱谷廉干正官发卖。其应卖物货，将民间必用，并不系急用物色验分数，互相配答，须要一并通行发卖。管限四月终了毕，并不许见任官府、权豪势要人等诡名请买，违者许令诸人首告，得实将见获物价尽数没官断罪。于没官价内，一半付告人充赏。仍令拘该肃政廉访司体察外，有泉府、广东两处市舶司，相离杭州地里窎远，依上差官，就彼一体发卖。

一、行省、行泉府司、市舶司官，每岁若至舶舡回帆时月，预期前去抽解处所，以待舶舡到来，依例封堵，检次先后，随时抽收，不得因而走透作弊。其监抽官员亦不得违期前去停滞舶商人难。

一、舶商下海开舡之际，合令市舶司轮差正官一员，于舶舡开岸之日，亲行检视各各大小舡内有无违禁之物，如无夹带，即时开洋，仍取检视官结罪文状。

如将来有人告发,或因事发露,但有违禁之物及因而非理骚扰舶商取受作弊者,检视官并行断罪,肃政廉访司临时体察。

一、抽分市舶关防节目,若有该载不尽合行事理,行省、行泉府司就便斟酌事宜,从长施行。

一、定到舶法抽分,则例关防节目,仰行省、行泉府司各处市舶司所在官员奉行谨守,不得灭裂违犯。行御史台廉访司常加体察,毋致因循废弛。

除海洋贸易港外,杭州—嘉兴沿海港群也是元代国内沿海贸易的中转港。自江南河开浚以来,杭州一直是海、河贯通的贸易吞吐中转港。元政府定都大都(今北京),迫切需要通过京杭大运河转运江浙地区的粮食和财赋,以维持政权运转,"元都于燕,去江南极远,而百司庶府之繁,卫士编民之众,无不仰给于江南"①。为此,元政府进行沟通京杭大运河的一系列工程,保证内陆水路运道的畅通。同时,元政府还采用海运的方式运输江南的漕粮。杭州港早期的北方航线是:出钱塘江,经崇明州、黄沙连头、万里长滩、盐城西、西海

图 2-8　至元《市舶则法》
（中国海关博物馆藏）

————————

① ［明］宋濂等:《元史》卷九三《食货一》,中华书局 1976 年版,第 2364 页。

州、海宁州(今江苏省连云港市)、密州、膠州、灵山洋、成山、刘岛、芝罘(今山东省烟台市)、沙门岛、莱州、利津、界河口,最后到达直沽杨村码头(今天津市)。至元三十年(1293),千户殷明略开辟了一条新的航线,从崇明州向东放洋至黑水洋直达成山。《元史》称:"当舟行风信有时,自浙西至京师,不过旬日而已。"①元代杭州港的内河航运,主要是漕粮、浙盐、舶货等货物的输出及商品粮、淮盐、手工艺品的输入和中转。

二、宋元时期的宁波—舟山港群与海关

北宋时期,明州农业、手工业和造船业的发展是宁波港口建设和对外贸易的基础。北宋天禧年间(1017—1021),在甬江平原东部,李夷庚疏浚东钱湖和广德湖。② 庆历七年(1047),鄞县知事王安石提出重浚东钱湖。之后的嘉祐年间(1056—1063),历时七年,东钱湖经历大整修,修建大量水利设施,防止海水倒流,使农田免受盐害。此外,平原西部的广德湖被不断围垦。政和七年(1117)废湖为田,开垦官田八百顷,其地租收入充作高丽使节的接待费。随着水利设施的完善和耕作技术的提高,明州地区的农业生产得到新的发展。明州的手工业,如丝织、制瓷、造船等行业也有了相应的发展。如奉化所产的

---

① [明]宋濂等:《元史》卷一五六《董文炳传》,中华书局1976年版,第2365—2366页。

② [宋]胡榘、罗浚:《宝庆四明志》卷一《叙郡上·郡守》,《续修四库全书》第七〇五册《史部·地理类》,上海古籍出版社2002年版,第17页。

绖,成为明州特产。① 此外,宋代余姚上林湖、白洋湖、鄞县小白、郭家峙等处仍烧制越窑青瓷。这些手工制品都是宁波港口贸易的重要商品。

在唐代造船业发展的基础上,宋代明州港的造船吨位和技术水平位居全国前列,明州成为全国重要造船基地之一,不仅能生产漕运船、海船、渔船,甚至能制造使团出行乘坐的"万斛船",东亚各国的许多使团、商人来到明州,乘坐的也是明州所造之船。据《宋会要》载,至道末年(997),全国诸州岁造运船为3337 艘,天禧末年(1021)造 2916 艘,其中,明州造 177 艘。② 宋哲宗元祐五年(1090),"正月四日,诏温州、明州岁造船以六百只为额"③。直到北宋末年,明州仍维持这样的造船额度。纵观北宋年间,从造船数量上看,明州港翻倍增长;从造船比例上看,明州港占全国造船的比重明显上升,位居全国首位。

最能反映明州港造船水平和工艺精妙的船舶是北宋朝廷为出使高丽而在明州打造的大型使船神舟。北宋时期,朝廷三次遣使通高丽,均由明州港出发。根据徐兢《宣和奉使高丽图经》的记载,第一次和第三次出使高丽的均是明州港打造的使船,皇帝赐名神舟,使至高丽,受其国人的拥戴欢迎。

元丰元年(1078),宋神宗遣安焘为国信使出使高丽,"造两舰于明州,一曰凌虚致远安济,次曰灵飞顺济,皆名为神舟。自

---

① ［宋］胡榘、罗浚:《宝庆四明志》卷四《叙产·布帛之品》,《续修四库全书》第七○五册《史部·地理类》,上海古籍出版社 2002 年版,第 62 页。

② ［清］徐松:《宋会要辑稿》食货四六之一,中华书局 1957 年版,第5604 页。

③ ［清］徐松:《宋会要辑稿》食货五○之四,中华书局 1957 年版,第5658 页。

定海绝洋而东,既至,国人欢呼出迎"①。宣和五年(1123),宋徽宗诏遣给事中路允迪往高丽,"更造二舟,大其制而增其名,一曰鼎新利涉怀远康济神舟,二曰循流安逸通济神舟"。这是第三次出使。本次出使的神舟体制比第一次更大,"巍如山岳,浮动波上,锦帆鹢首,屈服蛟螭",随使高丽的徐兢对神舟的规模、技艺评价甚高,"丽人迎诏之日,倾国耸观""欢呼嘉叹",神舟更是让高丽人叹为观止。② 这次出使除两艘神舟外,还有六艘客舟。根据惯例,"顾募客舟,复令明州装饰,略如神舟,具体而微"。明州的造船场还有很重要的装修船舶的功能。客舟的规模"长十余丈,深三丈,阔二丈五尺,可载二千斛粟",材质为"全木巨枋",形制"上平如衡,下侧如刃,贵其可以破浪而行",是适合海行的航海船舶。又神舟"之长、阔、高、大,杂物器用、人数,皆三倍于客舟也",据客舟的体量可以推算出神舟的载重更为庞大,结构也更为合理,确实属当时世界一流的船舶。

明州设立专门的机构管理官营船场。北宋在城外甬东厢设有船场指挥营,负责船舶的建造,额定人员为四百人,分船场和采斫两指挥。在城外一里甬东厢还设有造船监官厅事,文官任监官,负责监理造船。宋著名文学家晁说之,字以道,自号景迂,在大观、政和年间监理明州造船场,就曾在桃花渡建"超然亭"。③ 一日,朝廷派部使者来明州治船事,"诟责甚峻"。晁说之从容以对:"船待木乃成,伐木非钱不可致,今无钱致木,则无

① [元]脱脱等:《宋史》卷四八七《高丽传》,中华书局1977年版,第14047页。

② [宋]徐兢:《宣和奉使高丽图经》卷三四《海道一》,商务印书馆1937年版,第116—117页。

③ 《民国鄞县通志·舆地志·古迹》,上海书店出版社1993年版,第484、488页。

船乃宜。"说之对明州造船事了如指掌。淳熙十年(1183),襄阳王铉为监官,为说之立祠。①

皇祐年间,国家在温州和明州各设有造船场。大观二年(1108),造船场并归明州,买木场并归温州。于是明州有船场官两员,温州有买木官两员,并差武臣。政和元年(1111),明州复置造船买木二场,官各二员,仍选差文臣。二年(1112),"明州无木植,并就温州打造,将明州船场兵级、买木监官前去温州勾当"。七年(1117),明州知州楼异以"应办三韩岁使船",呈请徽宗依旧移船场于明州,以便工役。寻又归温州。宣和七年(1125)之后,两浙运司于镇江府、秀州通惠镇设监官二员,内一员监管买木,明州本地存留船场官。② 北宋末年,明州与温州的造船场、买木场机构设置多有更迭,明州也不一定设置监官,但明州始终设有造船场,且在南宋初年于明州复置监官。

两宋时期,明州最主要的外贸国是高丽和日本。明州商船去往高丽的线路在北宋熙宁以前多走北路。明州船只沿海岸北上至山东密州的板桥镇,因宋、辽敌对,不再北上,直接渡黄海到达高丽。熙宁七年(1074)以后,北路为辽国所阻碍,明州船只从镇海出发,横跨东海、黄海、途径黑山岛,沿朝鲜半岛南端西岸北上,到达礼成江口。应高丽使臣的请求,北宋接纳使臣登陆的港口也从登州改为明州,使臣沿浙东运河至杭州,走江淮运河到洪泽湖,经淮南东路的泗州转汴河,直达京城开封。南宋时期,明州登陆的商船离都城临安更近,便利的交通更巩固了明州在宋丽交往中的地位。明州去日本的航线,与唐五代

---

① 〔宋〕胡榘、罗浚:《宝庆四明志》卷三《叙郡下·官僚》,《续修四库全书》第七〇五册《史部·地理类》,上海古籍出版社 2002 年版,第 51 页。

② 〔宋〕胡榘、罗浚:《宝庆四明志》卷三《叙郡下·官僚》,《续修四库全书》第七〇五册《史部·地理类》,上海古籍出版社 2002 年版,第 51 页。

线路差不多,商船从明州出发,横渡东海,到达日本肥前值嘉岛,然后再转航到筑前的博多,一般搭乘能载六七十人的小型帆船。由于两宋政府大力提倡海外贸易,到南宋时期,明州与南洋阇婆、真里富、暹罗、勃泥等地来往频繁。明州南行航线与唐五代时相仿,商船经沿海到达泉州、福州或广州,在广州换船将货物转运南洋,也有船只经广州直航南洋。①

两宋时期,宋丽之间关系因双方与北方政权辽、金及蒙古的政治博弈而扑朔迷离,政治交往时好时坏。历经 320 年的双方关系中,约 160 年无官方来往。② 宋丽建交以来,以双方使臣为纽带、互赠礼物为形式的贡赐贸易(宋居于宗主国地位),是双方官方贸易的主要内容。除此之外,由宋商推动的民间贸易也是宋丽交往的途径之一。北宋熙宁七年(1074),神宗批准高丽使团由明州入境后,明州成为宋丽官方贸易的主要门户。明州政府还兴建了不少馆亭用来接待高丽使者。定海县修建的"航济亭","在县东南四十步,元丰元年(1078)建,为丽使往还赐宴之地"③。明州城内还修建高丽使馆,作为接待高丽使团的主要场所。"政和七年(1117),郡人楼异除知随州,陛辞,建议于明置高丽司,曰来远局,创二巨航、百画舫,以应三韩岁使,且请垦州之广德湖为田,收岁租以足用。"④明州政府对接待高丽来使非常重视,甚至出动卫兵和仪仗队,同时填湖造田充盈财

① 郑绍昌:《宁波港史》,人民交通出版社 1989 年版,第 39 页。

② 〔韩〕全海宗:《论丽宋交流》,《浙东文化》2002 年第 1 期,第 132—171 页。

③ 〔宋〕胡榘、罗浚:《宝庆四明志》卷十八《定海县志一·公宇》,《续修四库全书》第七〇五册《史部·地理类》,上海古籍出版社 2002 年版,第 282 页。

④ 〔宋〕胡榘、罗浚:《宝庆四明志》卷六《叙赋下·市舶》,《续修四库全书》第七〇五册《史部·地理类》,上海古籍出版社 2002 年版,第 80 页。

政,以应付来使。这也可从侧面显示来使的频繁和庞大的规模。

熙宁以后,宋丽之间的官方贸易借由明州实现。南宋绍兴六年(1136),高丽持牒官金稚圭在明州被拒,此后,宋丽官方断交,官方贸易随之消失。据不完全统计,两宋时期,高丽对宋使行近60次,宋对高丽使行近30次,伴随使节往来的是大规模的礼物互赠。而宋为高丽的宗主国,双方往往用"赐"和"贡"的名义进行交易。因双方为官方层面的礼物互赠,而使用物品的主体是帝王及官僚贵族,因此在物品的选择上多为生活奢侈品、高级工艺品和代表性土特产。高丽朝贡品多为价格昂贵的香油、松子、人参、生平布等土特产,金银宝物、兵器和高级工艺品。宋的回赐品,除诏书奖谕、加册、官爵外,主要有礼服、金器、银器、漆器、乐器、礼器、绢、缎、绫、缯、锦、龙凤团茶、御酒、各种高档药材以及大量书籍。[①] 高丽朝贡品数量最多的时期正是高丽将登陆地点改在明州的时期。高丽每次"贡方物"均价值不菲,而宋回赐品的数量和品种都要远远多于高丽的朝贡品。宋出使高丽也是一样。北宋元丰元年(1078),宋使安焘自明州放洋,出使高丽,"时与宋绝久,焘等初至,王及国人欣庆。除例赠衣带、鞍马外,所赠金银、宝货、米谷、杂物无算。将还,舟不胜载"。[②] 安焘带去赠给高丽王室的金银玉器、瓷器、乐器等手工艺品和生活用品,以及丝绸、茶叶、酒等上档土特产。而高丽文宗厚礼以还,回赠的物品"舟不胜载"。无论是宋使还是高丽使在对方国家进行的这种以互赠礼物为形式的官方贸易,其经济效益始终放在后位,与市场行为的等价交换不可相提并

---

① 傅璇琮:《宁波通史》宋代卷,宁波出版社2009年版,第99—100页。

② 〔朝鲜〕郑麟趾等:《高丽史》卷九《世家·文宗》,韩国首尔亚细亚文化社1990年版,第189—191页。

论,而应从王室体面、政治诉求等角度去考量。

在贡赐贸易之下,还有双方使节的夹带贸易。使节在代表国家出使时,利用舟楫之便,在去往京城的沿途从事商贸活动。宋丽双方政府对这种活动并不禁止,甚至鼓励和支持。元祐五年(1090),高丽李资义 269 人使团抵明州,自明州经姚江北上至钱塘江,再出运河到汴京,沿途高丽使馆都提供仓库为其存放货物,并设立互市场所,以供其交易。熙宁九年(1076),"高丽使至明州已久,虑引伴使臣纵其国人所过游观,以致留滞,将来阻闭汴口"①。名为游观误时,实为贸易所滞。可见夹带贸易对使臣的吸引力及贸易规模的庞大。夹带贸易一定程度上反映了两国贸易的市场需求,有助于商品经济发展。但也应看到使节直接减免税金,享受贸易特权,不利于健康的海外贸易市场的建立。

北宋前期,尽管明州被规定为通往高丽、日本贸易的指定口岸,但出于国家安全的考虑,朝廷曾一度实行对高丽交往的商禁政策。为防范商人"因往高丽,遂通契丹之患",仁宗朝的《庆历编敕》《嘉佑编敕》以及神宗初年的《熙宁编敕》等相关条令相继出台,明确禁止海路商贾前往高丽。② 然而此种商禁实属无奈,是短暂时期的非常措施,是出于本国军事防御的需要,而两宋朝廷本意还是鼓励海外贸易的。元丰三年(1080),神宗规定"非明州市舶司,而发日本、高丽者,以违制论"。明州成为发船高丽的合法港口,商禁的政策也在放宽,由宋商主导的民间宋丽贸易繁荣。韩国学者全海宗根据《高丽史》统计,咸平元

① [宋]李焘:《续资治通鉴长编》卷二七八,中华书局 1985 年版,第 6793 页。

② [宋]苏轼撰,孔凡礼点校:《苏轼文集》卷三一《乞禁商旅过外国状》,中华书局 1986 年版,第 889—890 页。

年(998)至祥兴二年(1279)年间,宋商往高丽约 150 次,每次人数少则数十,多则上百人。[①] 元丰三年以后,宋丽贸易的商队大多从明州进出。明州外地的商人均至明州办理发"引",而高丽想去泉州、广州等其他地区经商的商人也是取道明州。宝元元年(1038),明州商人陈亮和台州商人陈维绩等 147 人去高丽经商,商队规模近 150 人。记入史册的商队规模已不算小,实际规模可能会更大。

民间贸易的实际使用者为两国普通国民,因此其进出口货物种类与官方贸易有很大不同,以实用型生活用品、手工艺品及普通土特产为主。高丽输入的商品分粗色和细色,以本国生产的土特产为主。[②] 其中,青器(高丽青瓷)大量输入,彰显越窑青瓷烧造技术传播至朝鲜半岛对高丽手工业水平的提高的促进作用。现代宁波城市考古中出土的大量高丽青瓷印证着这一史实。明州输入高丽的商品一部分为中国本国出产的物品,茶叶、丝织品是大宗,另一部分为从东南亚、南亚等地转运过来的物品,如香料、犀角、象牙等。由商人承担的民间贸易,实现了物资的交换,搭建了宋丽文化交流、互通有无的桥梁。明州作为维系双方关系的城市纽带,确实也起到了不可磨灭的作用。

---

　　① 〔韩〕全海宗:《论丽宋交流》,《浙东文化》2002 年第 1 期,第132—171 页。

　　② 〔宋〕胡榘、罗浚:《宝庆四明志》卷第六《叙赋下·市舶》,《续修四库全书》第七〇五册《史部·地理类》,上海古籍出版社 2002 年版,第 80—81 页。

图 2-9　宋高丽青瓷瓶（宁波中国港口博物馆藏）

宋明州（庆元）与日本、高丽商船往来一览表
Schedule of Merchant Ships Coming and Going between Mingzhou (Qingyuan) and Japan or Korea during the Song Dynasty

船主等人	出港	出发时间	抵港	到达时间	搭乘者	备　注
福州商客郑首陈文佑、蔺蔵富求铺		1026年8月13日	明州	1026年9月9日		《小右记》
陈文佑、副刺章仁阔	明州·台州-明州	1027年7月4日	肥前值嘉岛-松浦部	1027年8月10日	志贺社司	《小右记》
孙忠	明州			1073年10月	赖缘	宋帝赠送日本朝廷金泥《法华经》、锦20匹,《参天台五台山记》
孙忠			明州	1078年1月25日	仲回	《宋史·日本传》《善邻国宝记》
孙忠	明州		越前敦贺	1080年8月		携来明州牒文,《扶桑略记》
孙忠				1082年5月		《百炼抄》
树百李充、梢工林养等	明州	1105年6月以前	博多津志贺岛	1105年8月20日		《朝野群载》两浙市舶司公凭
宋通事李德照	博多津	1168年4月18日	明州	同年4月25日	荣西	《千光祖师年谱》兴禅护国瑞
宋商回程船			明州	1169年		托明州舶首献上方物,《文献通考》
宋明州刺史				1172年9月		送来孝宗书信,平清盛回书信与宋,《玉叶》
日商			明州	1176年		《宋史·日本传》
日商			明州定海	1202年		
苏张六	明州	1211年2月	博多	1211年3月	俊芿	《泉涌寺不可弃法师传》
	明州	1231年5月	博多	1241年7月	圆尔	经由欧罗,《圣一国师年谱》
谢国明	博多		明州	1242年		经山失火,圆尔捐资赠送木材,《圣一国师年谱》
	明州		日	1279年5月	宋僧 无学祖元	《佛光禅师语录》

图 2-10　宋明州（庆元）与日本、高丽商船往来一览表

（资料来源：宁波中国港口博物馆）

　　两宋时期,中国始终没有与日本实现建交。尽管明州政府与日本大宰府因贸易关系屡次互送牒文,有断断续续的官方联系,但这与真正意义上的官方贸易还相去甚远。宋帝送给日本政府的牒文基本以地方官员明州刺史的名义寄出,实质上是为宋商在日贸易提供方便的介绍信。而日本的复函也都是用大宰府的名义。

　　因日本统治政权的更替,日对宋的贸易政策也有所调整。北宋时期,日本藤原时期的公卿政治实行闭关锁国政策,不准日本居民到外国贸易,但并不禁止宋商到日本贸易,因此往来于中日间的商船均属于宋商。据不完全统计,北宋 160 多年间,文献载宋船至日有六七十次,实际次数应该更多。明州商人及泉州、福州、台州等地商人先后多次往来于明州与日本之间。如明州商人孙忠先后六次来往于明州与日本,甚至曾侨居日本经商五年(1073—1078 年)。① 南宋时期,源氏与平氏的武家政治执政,一改闭关政策,大力鼓励海外贸易,尤其是平清盛上台后,看好宋日贸易所能带来的利益,在摄津的福原修建别墅,招揽宋人到别墅,并请白河法皇莅临,修建兵库港,开通音户的濑户,并于 1173 年回复明州刺史发来的牒文,表达对宋日贸易的欢迎。② 日中航线上逐渐初现日船的身影,每年夏汛,"倭人冒鲸波之险,舳舻相衔,以其物来售"③。1195 年之后,明州成为中日交通贸易的唯一港口,日本商船更加频繁地穿梭于明州与日本之间。

　　日本商船驶抵明州后,市舶司(或市博务)的官员即前来检查载货,进行抽分和博买。抽分是根据货物的粗细确定比例来

---

　　① 　乐承耀:《宁波经济史》,宁波出版社 2010 年版,第 90 页。

　　② 　〔日〕木宫泰彦:《日中文化交流史》,商务印书馆 1980 年版,第293—294 页。

　　③ 　[宋]梅应发、刘锡:《开庆四明续志》卷八《蠲免抽博倭金》,《宋元方志丛刊》,中华书局 1990 年版,第 6010 页。

征收进口税,税率随具体情况而变动。博买是由政府首先选购利润丰厚的禁榷物品(政府专卖品),比例甚至达总量的一半。经过这两个程序之后,才允许普通商人交易。① 宋代,明州市舶司(务)抽分和博买的比例不定,波动很大,与政府和商人的利益密不可分。宝庆二年(1226)以前"细色五分抽一分,粗色物货七分半抽一分",抽分过重而导致日商不至,影响到明州的市舶收入,因此改为"不分粗细,优润抽解,高丽、日本船纲首、杂事十九分抽一分,余船客十五分抽一分,起发上供"②,通过降低抽分比例而重新吸引日商。"市舶"条还记载,旧例抽解时,"各人物货分作一十五分……本府又抽三分,低价和买;两倅厅各抽一分,低价和买。共已取其七分"③,抽买的比例几乎占货物总量的一半,严重挫伤了商人的积极性,导致商人不至或走私贸易。时胡榘任明州知府,经请准户部后,宣布:"本府断不和买分文,抽解上供之外,即行给还客旅",还商人博买之利,重新赢回商人的信心,商船纷至。宋代抽买比例的不断调整,市舶司在海贸获利与保护商人积极性的平衡中实现政府对贸易的严格控制。

据《宝庆四明志》卷六《叙赋下·市舶》载,宋代,日本输入明州的贸易品分粗细:细色有金子、砂金、珠子、药珠、水银、鹿茸、茯苓等;粗色有硫磺、螺头、合蕈、松板、杉板、罗板等。宋代从日本输入黄金,实为日本产黄金而宋代黄金价格较高的缘

① 〔日〕木宫泰彦:《日中文化交流史》,商务印书馆 1980 年版,第299 页。

② 〔宋〕胡榘、罗浚:《宝庆四明志》卷六《叙赋下·市舶》,《续修四库全书》第七〇五册《史部·地理类》,上海古籍出版社 2002 年版,第 78 页。

③ 〔宋〕胡榘、罗浚:《宝庆四明志》卷六《叙赋下·市舶》,《续修四库全书》第七〇五册《史部·地理类》,上海古籍出版社 2002 年版,第 78 页。

故。"东奥州产黄金,西别岛出白银,以为贡赋。"①明州在南宋后期每年对黄金的抽博所得约两三万贯,日商为躲避高额抽解,将黄金藏匿起来,私自交易,成为漏舶之金。仅宝祐五年(1257)一年,明州市舶官员检查出的漏舶之金就高达 67000 余贯。② 宝祐六年(1258),庆元知府吴潜申请免去对日本黄金的抽博,为朝廷所接受。日商之黄金可自由贸易。③ 明州还从日本大量输入木材。宋赵汝括《诸蕃志》卷上《倭国》条载:"多产杉木、罗木,长至四十丈,径四五丈余,土人解为枋板,以巨舰搬运,至吾泉贸易。"④运至明州的木材规模应当比泉州更大。荣西助天童寺修建千佛阁,重源助阿育王寺修建舍利殿,湛海助白莲教寺修复门廊殿阁等,均使用日本的木材。硫磺作为一种常见药物,又是火药配方。宋廷重视硫磺的输入,甚至明州地方政府还要求主动收购硫磺。庆元知府吴潜也说:"倭商每岁大项博易,惟是倭板、硫磺颇为国计之助。"⑤日本的美术工艺品制作精巧,如莳绘、螺钿、水晶细工、刀剑、扇子等大量输入,很受宋人的欢迎。

明州市舶司成为宋政府指定的对日贸易的机构后,宋赴日的商船均需在明州市舶司办理登记手续,领取公凭。宋商抵达日本博多后,按例先由警固所向大宰府报告,由大宰府派府使、

---

①　［元］脱脱等:《宋史》卷四九一《外国列传》,中华书局 1977 年版,第 14131 页。

②　王慕民:《宁波与日本经济文化交流史》,海洋出版社 2006 年版,第 72 页。

③　［宋］梅应发、刘锡:《开庆四明续志》卷八《蠲免抽博倭金》,《宋元方志丛刊》,中华书局 1990 年版,第 6011 页。

④　［宋］越汝适:《诸蕃表》卷上《倭国》,《丛书集成初编》,商务印书馆 1937 年版,第 28 页。

⑤　［宋］梅应发、刘锡:《开庆四明续志》卷八《蠲免抽博倭金》,《宋元方志丛刊》,中华书局 1990 年版,第 6010 页。

通事等官员检查宋船,要求其出示宋朝公凭、人员名单、载货清单,呈请事由,并将情况申报朝廷。朝廷经过讨论,确定是否接纳宋船贸易。① 从日本史籍记载来看,确有宋商贸易被拒的情况发生,理由是往来过于频繁,增加日方接待负担。从一条天皇时代起,日本规定了宋商到日经商的年限,"宋人来朝,应定年期,业给官符有案",否则责令不许贸易返航。② 而宋商往往借口遭遇风暴、错过风期而获得日本的特殊对待。宋商多带来中国的孔雀、羊、鹅、鹦鹉等珍奇动物和药物进献给日本朝廷,以求庇护和顺利贸易。宋商被允许贸易后,被安排在博多鸿胪馆内,解决衣食住行问题。平安时代末期,鸿胪馆衰落,宋商在博多营造住宅,修建寺社,建立起聚居区——唐房(考古证明在博多西部),为宋商在日本贸易的新据点。③ 由京城派出交易唐物使办理贸易事宜,官方大宰府与宋商交易完后,才允许民间交易。

宋商输入日本的贸易品主要是铜钱、银锭、丝织品、瓷器、香药、书籍、文具、漆等。宋朝钱币大量流入日本,被日本国作为本国钱币流通。日本也曾自铸钱币,在 708—958 年的 250年间,曾铸币 12 次,但因政府将新铸币充当 10 个同样的旧钱,导致币值下跌、物价上涨,日本钱币完全停用,改用宋币。宋朝铜钱外流数目巨大,早在太祖开宝三年(970)就下令禁止外流。"南渡,三路舶司岁入固不少,然金银铜铁,海舶飞运,所失良多,而铜钱之泄尤甚。法禁虽严,奸巧愈密,商人贪利而贸迁,

———————

① 〔日〕木宫泰彦:《日中文化交流史》,商务印书馆 1980 年版,第246 页。

② 《小右记》,转引自王慕民:《宁波与日本经济文化交流史》,海洋出版社 2006 年版,第 68 页。

③ 刘恒武:《宁波古代对外文化交流——以历史文化遗存为中心》,海洋出版社 2009 年版,第 122 页。

黠吏受赇而纵释,其弊卒不可禁。"①甚至南宋时期还出现了"钱荒"。宋代输入日本的瓷器有越窑青瓷和白瓷,"李充公凭"中记载瓷碗、瓷碟达三百床。博多港遗址也出土了大量的瓷器。输入日本的沉香、麝香、丁子、衣比、甘松、龙脑等香料和金益丹、银益丹、巴豆、雄黄、槟郎子等药材②,有中国产的,但绝大多数是从南海输入明州再转运到日本的。明州特产"唐席"(或"明席")也输入日本。

宋代时期的宋日民间贸易较少受到两国官方政治往来的影响而发展起来,而处于市舶司及大宰府管辖下的双方贸易又体现了双方政府对海外贸易的控制。双方的海外贸易有力地促进了两国经济、文化的交流与互通,具有积极意义。

北宋元丰八年(1085),只由杭州、明州、广州发南海船舶,明确了明州与杭州、广州一样,是通往南海航线的正式出海口之一。两宋时期,明州积极向东南亚、西亚地区拓展,与这些地区建立起持久的贸易关系。东南亚地区的阇婆(印尼爪哇)、占城(越南)、暹罗(泰国)、勃泥(加里曼丹)、麻逸(菲律宾)、三佛齐(苏门答腊)以及西亚波斯(伊朗)等国与明州有贸易往来或互遣贡使。正史中记载的明州最为知名的南洋来使是淳化三年(992)十二月的阇婆使者。"朝贡使泛舶船,六十日至明州定海县",使臣随带阇婆的象牙、珍珠、绣花销金及绣丝绞、玳瑁、龙脑等珍贵土特产进贡,当使臣回国的时候,宋廷"赐金币甚

①　[元]脱脱等:《宋史》卷一八六《志第一百三十九·食货下》,中华书局1977年版,第4566页。
②　陈高华、吴泰、郭松义:《海上丝绸之路》,海洋出版社1991年版,第71页。

厚,仍赐良马戎具,以从其请"。① 在贡赐名义下的官方贸易之外,还有不少民间商人的交易往来。有波斯商人长驻明州,建立活动据点,甚至带来自身的信仰文化,宋咸平年间在舶务边的狮子桥以北建造了"清真寺",东渡门内波斯巷由此得名,其地名遗存是明州与波斯友好往来的见证。②

图 2-11　宁波波斯巷清真寺

根据《宝庆四明志》载"外化蕃舶"及"海南、占城、西平、泉、广州船"运来货物,从东南亚和西亚输入明州的物品,主要是香料,另外还有药材、木材、水果、矿石等特产。③ 从明州输出的货

---

① ［元］脱脱等:《宋史》卷四八九《外国列传》,中华书局 1977 年版,第 14093 页。
② 林士民、沈建国:《万里丝路——宁波与海上丝绸之路》,宁波出版社 2002 年版,第 240 页。
③ 具体物品参考［宋］胡榘、罗浚:《宝庆四明志》卷六《叙赋下·市舶》,《续修四库全书》第七〇五册《史部·地理类》,上海古籍出版社 2002 年版,第 81—82 页。

物,主要是瓷器和丝织品,另外还有金银铜铁等金属制品。在东南亚、西亚甚至非洲地区,均有宋越窑青瓷和景德镇青白瓷的考古发现。① 明州作为越窑青瓷的主要产地,从唐以来就是越窑青瓷的出口大港。而景德镇青白瓷,通过昌江、鄱阳湖到长江入海至明州,由明州远销海外。东南亚地区的菲律宾、印度尼西亚、马来西亚,南亚的巴基斯坦,北非的埃及、苏丹,东非的肯尼亚等地区均有景瓷广大的市场。② 而明州在景瓷及其他国内特产的外销中起到不可或缺的转运作用。

图 2-12 菲律宾出土的唐宋越窑青瓷

在传统的高丽、日本市场之外,明州不断扩大海外贸易的范围,将贸易船舶驶向了南亚、西亚,甚至波斯湾、北非、东非地区,为明州的商品开拓了更为广阔的市场,也为明州地区商品经济的发展起到了推动作用。

公元 1271 年,元朝建立。这个依靠武力建立起来的王朝

---

① 黄纯艳:《宋代海外贸易》,社会科学文献出版社 2003 年版,第 36—37 页。

② 林士民:《从明州古港(今宁波)出土文物看景德镇宋元时的陶瓷贸易》,《景德镇陶瓷》1993 年第 4 期,第 40—43 页。

　　拥有强大的政治和军事实力,并奉行开放的对外政策,这又为海外贸易的发展提供了有利的条件。元世祖至元十三年(1276),元军占领庆元,改庆元府为庆元路。元代庆元港的航运业与造船业持续发展。庆元港在元代一直都是对日本列岛和朝鲜半岛的贸易窗口,庆元商船时有发往东亚。庆元能制造不同功能的海船。庆元官营造船场仍沿用唐宋时期的旧址,一处在余姚江南侧,一处在灵桥门附近,会打造一些较大型的远洋海船。

　　庆元港是元代运输海漕的重要港口之一。漕船在余姚江南岸的甬东司码头出发,沿海向北,与刘家港等地的漕船汇合,组成超过百艘的漕船船队,运粮进京。庆元港的海漕船,元初时由南宋遗留的兵船改装而成,载重仅 300 斛左右,后主要由灵桥门附近的船厂修建,载重 1000 斛左右,两头各置一舵两桨,前后对称,是上盖望楼的尖底三桅帆船,可在危难时刻首尾互换,省去调头的风险。① 至顺元年(1330),江浙间运粮装泊船只的数量为 1800 艘,其中慈溪、定海、象山、鄞县桃花等渡,大高山、堰、头慈岙等地 104 艘。② 尽管漕运船数量不多,但打通了庆元与大都之间的航路,为南北船帮的形成奠定了基础。

　　作为造船、修船基地,庆元港大力发展战船的生产。蒙古族作为一个扩张的民族,不仅奉行向西扩张的侵略政策,同时频繁发动海上远征活动,其中与庆元港有关的有两次。元初至元十八年(1281),忽必烈第二次征日,南路从庆元港出发。本次出征规模为 4400 余艘战舰和 14 万水师。忽必烈为东征日本,曾摊派江淮两浙地区加紧赶制大量海船,庆元也是重要的造船基地,余姚江南侧的造船场就生产过战船。至元二十九年

---

① 郑绍昌:《宁波港史》,人民交通出版社 1989 年版,第 74 页。
② 桂栖鹏等:《浙江通史》第六卷《元代卷》,浙江人民出版社 2005 年版,第 138—139 页。

(1292),忽必烈发兵两万,战船千艘,出兵庆元,征讨爪哇。元末,方国珍据庆元,拥有 1000 多艘战船,政府将他招安掌管海漕运输,他的战船改为漕船。

元初,庆元市舶司几经沿革,与临近市舶司或分立、或合并,至成宗大德二年(1298),"并澉浦、上海入庆元市舶提举司,直隶中书省"①。庆元成为全国设立市舶司的三大港口之一(另外两个港口是泉州、广州),并且为江浙地区对外贸易的唯一港口。其后,庆元市舶司尽管经过三次"例革",但其存在时间远超过被废止的时间,对庆元外贸进行了有效的管理。外国商船到庆元,先停泊在定海县等候官员查验,对于能提供公验、公凭的"正规"商人,官员将其货物封存,押送至庆元市舶司,存入市舶库等待抽解,完毕后发还外商,准许贸易。外商离港前,仍需领取公验和公凭,并通过市舶司官员的违禁品检查方准离港。对于公验、公凭遗失等特殊情况,市舶司也提供酌情补发服务。对于本国商人外出贸易,政府的管理也非常严格。《市舶则法》规定,本国商人,需有保舶牙人担保,领取公验、公凭出海,对商人携带的贸易品种类都有明确规定,并列举违反规定的惩罚规则。另规定,本国商船回国只许回发证市舶司处接受检查。无论是外国还是本国商船,在庆元贸易前,都需要接受市舶司的抽解。"抽分舶商物货,细色十分抽二分,粗色十五分抽二分,再于货内三十分取一。"②元代的抽分比例稍有波动,主要以上述比例抽分。抽分结束后,商人可取回自己的货物进行贸易。

---

① [明]宋濂等:《元史》卷九四《食货二·市舶》,中华书局 1976 年版,第 2403 页。

② [元]王元恭修:《至正四明续志》卷六《市舶》,《续修四库全书》第七〇五册《史部·地理类》,上海古籍出版社 2002 年版,第 565 页。

庆元在元代进口舶货的种类相较于南宋时期多出了60余种。①据此可推断,元代庆元的海外贸易规模在南宋的基础上有了更进一步的发展。大量外商带来多种奇珍异宝及当地特产来贸易,为庆元贡献了大量的市舶税收。"是邦控岛夷,走集聚商舸。珠香杂犀象,税入何其多。"②尽管泉州、广州凭借地理位置优势大力发展与南洋及西洋国家的海外贸易,庆元在与这些国家或地区贸易中的比重有所下降,但仍有密切的往来。就庆元海外贸易的主要对象而言,仍旧是东亚的日本与高丽。

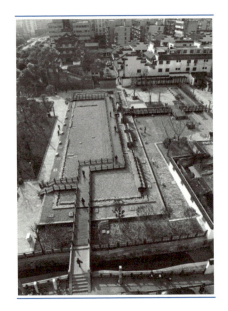

图 2-13　永丰库遗址公园

---

① 《至正四明续志》载进口舶货为 223 种,宋代《宝庆四明志》载有 170 余种。

② [元]张翥:《蜕庵集》卷一《送黄中玉之庆元市舶》,转引自潘承玉:《浙东文献所见当地妈祖信仰的两面性》,张伟主编:《浙东文化研究第 2 辑》,浙江大学出版社 2016 年版,第 38 页。

元代庆元港的国家航线与前代相比基本无甚变化。庆元与日本博多之间，仍旧以横渡东海为主要航线，航行天数在十天左右。庆元与朝鲜半岛之间的航线，承继北宋时期的路线，由庆元出港沿海岸线北行，经黑山岛至朝鲜半岛西岸礼成江江口，航行天数五到十天。通过文献和新安沉船的考古发现可知，元代还存在着一条庆元与博多之间绕道高丽的航线，日本出于与高丽贸易的需要，日商在回国时，先从庆元出港抵达高丽，再沿高丽西南海岸线南下，穿过高丽南端的济州海峡，东行至对马、壹岐，到达博多。[①] 至于庆元的南方国际航线，根据文献记载的进口货物种类可以推断，其线路仍旧远达非洲海岸。[②]

外商引入的进口舶货种类繁多，较前代有较大的增长。据《至正四明续志》载，细色凡 134 种，包含：奇珍异宝如珊瑚、玉、玛瑙、水晶、犀角、琥珀、象牙、玳瑁、翠毛等；金属如倭金、倭银、铅、锡等；珍贵药材如人参、鹿茸、五味子、茯苓、黄芪等；香料如丁香、木香、生香、麝香、脑香等。粗色凡 89 种，包含：木材如乌木、苏木等；普通香料如藿香、麝香等；普通药材如硫磺、石斛等。[③] 从具体品种可知，生产、生活用品明显增多，海外贸易越来越贴近人民的日常生活，产生了深远的影响。庆元出口的货物主要是铜钱、瓷器、药材、茶叶、香料和金属用器等。1975 年发现的韩国新安沉船自庆元起航驶往日本博多，在韩国新安郡附近海域沉没，它打捞上来的遗物反映了元代庆元输出货物的大致种类。打捞遗物中，铜钱最多，达 28 吨 18 克；陶瓷器

①　江静：《元代中日通商考略》，《中日关系史料与研究》（第一辑），北京图书馆出版社 2002 年版，第 127—128 页。

②　郑绍昌：《宁波港史》，人民交通出版社 1989 年版，第 73 页。

③　［元］王元恭：《至正四明续志》卷五《市舶物货》，《续修四库全书》第七〇五册《史部·地理类》，上海古籍出版社 2002 年版，第 545—547 页。

20661件,其中,青瓷类12359件,白瓷类5303件,数量也很庞大;金属制品有铁铤、铁和青铜铸造的匙和箸、锁等729件;刻有"x"和"0"标记的紫檀木107根,应是庆元转运东南亚的产品;香料有南方产胡椒、桂皮等。① 元成宗时有记载,真腊(今柬埔寨)的居民"地下所铺者,明州之草席"。② 元代庆元本地的土特产、手工业品大量输出,进入国外的寻常百姓家,而南方、东南亚产的香料、紫檀木等商品也通过庆元中转运往东亚,庆元在其中起到货物转运的作用。

元代建立后,为使日本臣服,忽必烈多次远征,发动"文永之役"和"弘安之役",均以失败告终。元日之间始终没有建立起外交关系,但双方民间贸易往来一直持续。在元日商船的往来中,日本商船的数量远远超过中国商船,据江静统计,1277—1367年间,日本商船有26次,中国商船仅有2次。③ 日本商船几乎垄断元日航线,其原因在于元是日本唯一的海外市场,而元积极开放,交往的国家和地区达140处以上④,不以日本为最重要的。考察所知日本商船停靠港和停靠次数分别为:庆元18次,温州5次,福州3次,太仓2次,福建某县1次。⑤ 庆元仍旧是元日贸易的主要渠道,但其他港口也陆续开辟了与日本的航线。日本来元商船中除了私商船舶,还有一种经幕府批准、获

———————

　　① 〔韩〕崔光南:《东方最大的古代贸易船舶的发掘——新安海底沉船》,郑仁甲、金宪镛译,《海交史研究》1989年第1期,第83—88页。

　　② 〔元〕周达观《真腊风土记》,中华书局1981年版,第165页。

　　③ 江静:《元代中日通商考略》,《中日关系史料与研究》(第一辑),北京图书馆出版社2002年版,第114页。

　　④ 陈高华、吴泰:《宋元时期的海外贸易》,天津人民出版社1981年版,第40页。

　　⑤ 江静:《元代中日通商考略》,《中日关系史料与研究》(第一辑),北京图书馆出版社2002年版,第116页。

幕府保障海上安全,并在返航后缴纳一定费用的官方商船——日本寺社造营料唐船,如建长寺船、住吉神社船及天龙寺船等①,该类船舶名为为宗教事业和慈善事业募集资金,实则通过海外贸易获取利益,是元日贸易商船的一种特殊形式。

　　元廷对待日本商船始终保持着警戒,这不仅体现在加强庆元的军事防守,大德七年(1303)浙东道宣慰使司都元帅府迁至庆元,还体现在加强对贸易过程的监督。至大二年(1309)日商焚烧庆元城,可以说是双方政治关系紧张所致。元日贸易的不和谐因素一定程度上遏制了双方贸易的进一步发展,但也需看到,贸易的扩大仍旧是主旋律。

图 2-14　元"苫思丁"铭残碑（苫思丁为浙东道宣慰使司都元帅名字）

---

　　① 〔日〕木宫泰彦:《日中文化交流史》,商务印书馆 1980 年版,第397—398 页。

三、宋元时期的温州—台州沿海港群与海关

北宋时期,温州和台州的社会经济得到显著发展。在农业方面,沈括在熙宁七年(1074)就指出:"温、台、明从东海滩盐地可以兴筑堤堰,围裹耕种,顷亩浩瀚,可以尽行根究修筑,收纳地利。"①温州和台州普遍栽种早熟耐寒的"占城稻",一年两熟,产量大幅度提高。当时台州黄岩所产的稻米,"一州四县皆所仰给,其余波尚能陆运,以济新昌、嵊县之阙"②。柑橘、茶叶也成了当地主要的经济作物。宋代台州的名茶更多。天台出产的茶叶,以紫凝茶为上品,魏岭茶次之,小溪茶为第三。紫凝茶产于普门,魏岭茶产于天封,小溪茶则产于国清寺附近。③ 在手工业方面,除了每年要向朝廷上贡 500 张的蠲纸外④,温州漆器成为另一种特色的手工制品。温州漆器的制作工艺精美,在北

① [清]徐松辑,刘琳等校:《宋会要辑稿》食货七之二七,上海古籍出版社 2014 年版,第 6130 页。

② [宋]朱熹:《晦庵先生文集》卷十八《奏巡历至台州奉行事件状》,宋庆元嘉定间浙江刻本,第 6a 页。

③ [宋]陈耆卿:《嘉定赤城志》卷三六《风土门·土产·货之属》,嘉庆戊寅年(1818)刻本,《宋元方志丛刊》(第七册),中华书局 1990 年版,第 7559—7560 页。

④ [宋]王存:《元丰九域志》卷五《两浙路》,《中国古代地理总志丛刊》,中华书局 1984 年版,第 215 页。

宋首都开封设有"温州漆器杂物铺"①。这一时期,台州罗绢等
织造业也相当发达,列入政府"预买"的货物之列。② 此外,宋代
台州用竹藤为原料所造的纸"玉版"已经非常有名。据说,吕海
可曾赠送黄岩"玉版"给大文学家苏轼。③ 在瓷器制造方面,青
瓷的制造中心逐渐转移到瓯江上游的龙泉一带,出现了驰名世
界的龙泉青瓷,其成为温州港的主要出口商品之一。在商品经
济逐渐发达的情况下,温州商业市场日益繁荣。杨蟠担任温州
知府时,曾作诗赞美温州:"一片繁华海上头,从来唤作小杭
州。"④温州商品经济的发达,在政府商税收入上就有所体现。
熙宁十年(1077),温州在城商税全年为 25390 贯 6 文,超过明
州(宁波)的 20220 贯 20 文。⑤

　　北宋时期,温州和台州的造船业达到一个新的水平,其产
业分为官营和私营两类。温州官营造船场设在温州城区附近
的郭公山下沿江一带。⑥ 台州的官营造船场设在临海崇和门外

---

① ［宋］孟元老:《东京梦华录》卷二"宣德楼前省府宫宇"条,商务印
书馆 1956 年版,第 53 页。
② ［宋］王存:《元丰九域志》卷五《两浙路》,《中国古代地理总志丛
刊》,中华书局 1984 年版,第 215 页。
③ ［宋］陈耆卿:《嘉定赤城志》卷三六《风土门·土产·货之属》,嘉
庆戊寅年(1818)刻本,《宋元方志丛刊》(第七册),中华书局 1990 年版,第
7560 页。
④ ［清］张宝琳修,王棻等纂:《光绪永嘉县志》卷二《水利》,清光绪
八年(1882)刊本,《中国方志丛书·华中地方》(第四七五号),成文出版社
1983 年版,第 236 页。
⑤ ［清］徐松辑,刘琳等校:《宋会要辑稿》食货一六之八,上海古籍
出版社 2014 年版,第 6325—6326 页。
⑥ 周梦江:《宋代温州手工业、商业初探》,《平准学刊》(第三辑)下
册,中国商业出版社 1986 年版,第 76 页。

30 步的东湖。东湖既是船场,又是水军营所在地。^① 至道年间
(995—997),宋太宗就命令温、台、婺、楚各州造运输船。至道
三年(997),台州临海造船场就造船 126 艘。^② 真宗天禧年间
(1017—1021),明州每年打造粮船额为 177 艘,温州每年打造
粮船额为 125 艘。^③ 仁宗景祐年间(1034—1037),台州造船厂
并归明州和温州。徽宗大观二年(1108),温州造船场并归明
州,明州的买木厂并归温州。政和元年(1111),温州、明州分开
各设造船、买木二场,各场设官二员,改派文臣担任。由于温州
造船业发达,其他各郡官舟多在温州建造。^④ 甚至北方澶州(今
河南濮阳县西南)需要浮桥用船 49 只,也到温州来打造。^⑤ 关
于温州所造海船的形制,《新元史》提到参加海上运粮的"温、台
船只尖底,食水深浚"^⑥。尖底船抗风力强,能破浪而行,航速较
快,这是造船匠师长期实践的经验总结。

---

① [宋]陈耆卿:《嘉定赤城志》卷二十三《山水门五·水》,《宋元方
志丛刊》(第七册),中华书局 1990 年版,第 7458 页。

② [明]席书编次,[明]朱家相增修,荀德麟、张英聘点校:《漕船志》
卷一,方志出版社 2006 年版,第 2 页。

③ [宋]马端临著,上海师范大学古籍研究所等点校:《文献通考》卷
二十五《国用考三·漕运》,中华书局 2011 年版,第 743—744 页。

④ [宋]赵岍:《温州通判厅壁记》,[清]黄汉纂:《瓯乘补》卷十一,
《中国地方志集成·浙江府县志辑》,上海书店 1993 年版,第 752 页。

⑤ [宋]李焘:《续资治通鉴长编》卷一○六,中华书局 1985 年版,第
2467 页。

⑥ 柯劭忞:《新元史》卷七五《食货志·海运》,上海古籍出版社 1989
年版,第 361 页。

图 2-15　元代温州画家王振鹏绘制的《江山胜览图》中的船舶

北宋时期,温州港的海上贸易渐趋活跃,其官营和私营造船场所造船舶不断往返沿海各地,漆器、茶叶、柑橘、丝织品、蠲纸、木材是温州港主要的出口产品。如真宗大中祥符元年(1008),开封增建玉清昭应宫,曾取木于温州等地。[①] 温州港的进口产品主要是南货和药材等物。

南宋初期,温州仍是一片安宁景象,大量中原南迁居民纷纷在温州安家落户。建炎四年(1130)正月至三月,宋高宗南渡至温州港,先后驻跸瓯头、江心屿和温州城内。南宋淳熙年间(1174—1189),温州人口增加到 910657 人。[②] 相比北宋崇宁年间(1102—1106)的 162710 人,温州的人口在短短七八十年间增长了三倍多,其中不少人都是外地移民。人口的增长极大地刺激了地方的消费需求,有力地推动了温州商业经济的发展。

---

① ［宋］李攸:《宋朝事实》卷七《道释》,中华书局 1955 年版,第 108 页。

② ［清］朱椿、徐绵总裁,［清］齐召南、汪沆总修:《乾隆温州府志》卷十《户口》,乾隆二十五年(1760)刊本,《中国地方志集成·浙江府县志辑》,上海书店 1993 年版,第 135 页。

绍兴年间(1131—1162),中书舍人程俱论及温州时便说:"其货纤縻,其人多贾。"①元代,温州更是"百货所萃,廛氓贾竖咸附趋之"②。南宋时期,台州的纺织、染造、酿造、印刷、造纸、军工、水产加工等及水产品贩运业,都已有一定规模。这些情况在淳熙八年(1181)朱熹弹劾台州知州唐仲友的奏状中,可以窥见一斑。他在奏状中说:"仲友在家开张鱼鲞铺。去年有客人贩到鲞鲑一船,凡数百箬,更不容本州人民货买,并自低价贩搬归本家出卖,并差本州兵级搬运。其他海味悉皆称是,至今逐时贩运不绝。"③元代,台州改为台州路,全境 196415 户、1003833 口。④

南宋时期,温州的农业也有了进一步发展。淳熙十四年(1187),修浚了长约 80 里自温州至瑞安的塘河,扩大了农田灌溉面积,便利了水上交通。⑤ 嘉定前,台州临海、黄岩、宁海开垦涂田 36582 亩。⑥ 宋理宗时,台州的稻米也有运销广东的,诗人戴复古有诗云:"当秋谷价贵,出广米船稀。"⑦正因为其他沿海

---

① [宋]程俱:《北山小集》卷二二《席益差知温州制》,宋写本,第 4b 页。

② [元]黄溍:《金华黄先生文集》卷九《永嘉县重修海堤记》,清景元抄本,第 17a 页。

③ [宋]朱熹:《晦庵先生文集》卷十八《按唐仲友第三状》,宋庆元嘉定间浙江刻本,第 15a 页。

④ [明]宋濂等:《元史》卷六二《志第十四·地理五》,中华书局 1976 年版,第 1498—1499 页。

⑤ [清]张宝琳修,王棻等纂:《光绪永嘉县志》卷二《水利》,清光绪八年(1882)刊本,《中国方志丛书·华中地方》(第四七五号),成文出版社 1983 年版,第 219 页。

⑥ [宋]陈耆卿:《嘉定赤城志》卷十三《版籍门》,嘉庆戊寅年(1818)刻本,《宋元方志丛刊》(第七册),中华书局 1990 年版,第 7389—7390 页。

⑦ [宋]戴复古:《石屏集》卷三《嘉熙己亥大旱荒庚子春麦熟之二》,《四部丛刊续编》(第六十六册),上海书店出版社 2015 年版,第 3 页。

各地对黄岩稻米的需求,遂产生走私漏海的弊端。"州艘邻舶旦暮移,去又漏而驰之海"①,反映了黄岩稻米外销的情况。此外,豆、麦、粟等粮食作物,南宋时在台州也普遍种植。② 元政府也非常重视农业生产,侧重台州平原地区的开发。大德三年(1299),黄岩州知州韩国宝继宋代浚河修闸后,用整整三年时间大兴修理温、黄平原的农田水利,使农田灌溉与水上交通的网络得以配套成龙。在经济作物方面,温州和台州的柑橘种植技术有了更大进步,南宋温州知州韩彦直还特地撰写了世界上第一部研究柑橘的专著《永嘉桔录》。韩彦直在《永嘉桔录》序言中说:"然桔亦出苏州、台州,西出荆州,而南出闽广。"稍后,黄岩人陈景沂评论《永嘉桔录》:"韩但知乳桔出于泥山(在浙江平阳),独不知出于天台之黄岩也。出于泥山者固奇也,出于黄岩者天下之奇也。"③南宋时期,台州黄岩乳橘被列为贡物之上品。当时,台州知州曾宏父有诗云:"一从温台包贡后,罗浮洞庭俱避席。"④而棉花种植自元代起开始在温州逐渐推广。

南宋时期,温州的手工业在继承北宋优良传统的同时,也有所发展。南宋首都南迁至浙江临安,便利了温州手工制品漆器的销售,出现了如"彭家温州漆铺""黄草铺温州漆器"⑤等专门售卖温州漆器的店铺。元代,温州漆器甚至远销到东南亚一

---

① 车若水:《黄岩社仓记》,[清]陈钟英等修,[清]王咏霓纂:《光绪黄岩县志》卷六《版籍志三·仓储》,清光绪三年(1877)刊本,《中国方志丛书·华中地方》(第二一一号),成文出版社1983年版,第458页。

② [宋]陈耆卿:《嘉定赤城志》卷三六《风土门》,嘉庆戊寅年(1818)刻本,《宋元方志丛刊》(第七册),中华书局1990年版,第7559页。

③ 转引自金陈宋:《海门港史》,人民交通出版社1995年版,第33页。

④ [宋]陈耆卿:《嘉定赤城志》卷三六《风土门》,嘉庆戊寅年(1818)刻本,《宋元方志丛刊》(第七册),中华书局1990年版,第7558页。

⑤ 吴自牧:《梦粱录》卷十三,清嘉庆十年(1805)学津讨原本,第5b页。

带。在真腊(今柬埔寨),温州漆器受到当地人民的欢迎。① 与漆器类似的还有丝织品和龙泉青瓷,这两种商品不仅是宫廷皇族所必需,也是外销的重要商品。此外,元代,温州的蠲纸仍然全国有名,号称"东南第一"②。在制盐方面,南宋绍兴年间(1131—1162),温州所属天富南监、天富北监、永嘉场、双穗场和长林场等五处盐场年产量为 194379 石 3 合③。南宋绍兴以后,政府每年购销台州三盐场食盐的数量大大增加,共 14 万余石,其中,黄岩买纳场 64654.92 石、杜渎场 43680 石、长亭场35978 石。④ 淳熙年间(1174—1189),台州三场海盐实销数量为 5029 袋,计 30174 石。⑤

① [元]周达观原著,夏鼐校注:《真腊风土记校注》二十一《欲得唐货》,《中外交通史料丛刊》,中华书局 2000 年版,第 148 页。

② [清]张宝琳修,王棻等纂:《光绪永嘉县志》卷六《物产》,清光绪八年(1882)刊本,《中国方志丛书·华中地方》(第四七五号),成文出版社1983 年版,第 624 页。

③ [清]徐松辑,刘琳等校:《宋会要辑稿》食货二三之一五,上海古籍出版社 2014 年版,第 6485 页。

④ [宋]陈耆卿:《嘉定赤城志》卷七《公廨门》,嘉庆戊寅年(1818)刻本,《宋元方志丛刊》(第七册),中华书局 1990 年版,第 7331、7332 页。

⑤ [宋]陈耆卿:《嘉定赤城志》卷十六《财赋门》,嘉庆戊寅年(1818)刻本,《宋元方志丛刊》(第七册),中华书局 1990 年版,第 7414 页。

图 2-16　温州蠲纸

　　南宋时期,温州的造船业仍很发达。原本外迁的造船场在南宋初期又重新设立,除每年承担打造大批战船外,温州造船场还承担粮船的建造任务,每年需打造粮船 340 只,其数量居全国前列。① 在造船技术方面,只要有"船样"(图纸),温州船场就可以建造船舶,如《宋会要辑稿》提到嘉定十四年(1221),"温州言:制置司降下船样二本,仰差官买木,于本州有管官钱内各做海船二十五只"②。除官营造船场外,南宋政府还积极鼓励私营造船场的发展,认为"凡滨海之民所造舟船,乃自备财力,兴贩牟利而已",必要时,政府可以征用用于海防。因此,南宋政

────────────

　　①　[清]徐松辑,刘琳等校:《宋会要辑稿》食货五十之一一,上海古籍出版社 2014 年版,第 7127 页。

　　②　[清]徐松辑,刘琳等校:《宋会要辑稿》食货五十之三四,上海古籍出版社 2014 年版,第 7139 页。

府不许州县巧立名目对私人造船场进行非法科征。① 宝祐五年（1257），南宋政府特立"义船法"，按比例征调船只。当时温州所属四县共有民船 5083 艘，其中宽度超过一丈（今约 3.07 米）的船只有 1099 艘。② 台州临海、黄岩、宁海三县征用船只有 6288 艘，占明州、台州和温州三州民船总数 19287 艘的 1/3，居三州之首。③

在漕运方面，温台所是元代海道运粮万户府下的五个运粮千户所之一，其他四个运粮千户所分别是庆元绍兴、杭州嘉兴、昆山崇明和常熟江阴。④ 各海道运粮千户所统辖的漕船在哪个港口装运并不是固定的。如延祐三年（1316），台州尽先用本路船只装运本路漕粮，不足的部分由温州漕船内划拨。此外，温、台装运后多余的船只，则调到庆元港装运。⑤ 按延祐七年（1320）的规定，台州路额定秋粮为 70341 石。⑥ 漕船靠泊在台

① ［清］徐松辑，刘琳等校：《宋会要辑稿》刑法二之一三七，上海古籍出版社 2014 年版，第 8303 页。

② ［宋］梅应发、刘锡纂修：《开庆四明续志》卷六《三郡隘船》，《续修四库全书》第七〇五册《史部·地理类》，上海古籍出版社 2002 年版，第 410 页。

③ ［宋］梅应发、刘锡纂修：《开庆四明续志》卷六《三郡隘船》，《续修四库全书》第七〇五册《史部·地理类》，上海古籍出版社 2002 年版，第 410 页。

④ ［明］宋濂等：《元史》卷九一《志第四十一上·百官志七·海道运粮万户府》，中华书局 1976 年版，第 2315 页。

⑤ ［元］赵世延、揭傒斯等：《大元海运记》卷下《漕运水程》，广文书局 1972 年版，第 100 页。

⑥ ［明］陈相著，［明］谢铎编纂：《赤城新志》卷五《版籍·田赋》，上海古籍出版社 2016 年，第 91 页。

州路治南门外的临海港,用小型船舶装运。① 至顺元年(1330),
台州路的漕船数与靠泊处有:黄岩的石塘等处 11 只,临海的严
奥、宁海铁场等港 23 只。② 此外,乐清湾(在今温岭县南界)的
白溪、沙屿等处还靠泊漕船 242 只。③ 元代,漕船的运费按照航
线远近来计算,其中福建运费最高,运糙粳每石 13 两,温、台、
庆元次之,运糙粳每石 11 两 5 钱。元代海道漕运促进了沿海
交通和贸易的发展,但对民船来说也是一种负担。如温州路船
户陈孟四将 13 岁的亲女儿卖与乐清县的傅县尉,用所得中统
钞五锭来雇佣船夫。④

　　南宋和元代,温州港的海上交通贸易得到迅速发展,成为
瓯江流域、浙南以及毗邻地区内外贸物资集散和中转的枢纽
港。南宋时期,大量温州商人从事海上贸易活动,如"温州巨商
张愿,世为海贾,往来数十年"⑤。另外,《夷坚志》记载:绍兴三
十二年(1162)七月十三日,台风侵袭温州港,"先是两日,有巨
商舣舟寺下"⑥。元代,温州已经吸引了不少外国人前来经商和
传教,成为"番人荟萃"的通商口岸。⑦ 作为庆元和泉州之间的
港口,温州的很多外销产品都是先转运到这两个港口之后再外

---

① 〔元〕赵世延、揭傒斯等纂修:《大元海运记》卷下《漕运水程》,广
文书局 1972 年版,第 106 页。

② 〔元〕赵世延、揭傒斯等:《大元海运记》卷下《艘数装泊》,广文书
局 1972 年版,第 106 页。

③ 〔元〕赵世延、揭傒斯等:《大元海运记》卷下《艘数装泊》,广文书
局 1972 年版,第 105—106 页。

④ 〔元〕赵世延、揭傒斯等:《大元海运记》卷上《镇抚所》,广文书局
1972 年版,第 69 页。

⑤ 〔宋〕洪迈:《夷坚丁志》卷三《海山异竹》,清影宋抄本,第 4 页。

⑥ 〔宋〕洪迈:《夷坚丙志》卷六《温州风灾》,清影宋抄本,第 10 页。

⑦ 张星烺:《中西交通史料汇编》第一册《元代中国各地教堂考》,华
文出版社 2018 年版,第 318 页。

销到周边港口和海外。1976年,在韩国新安郡附近海底发现的
一艘元代沉船就是从庆元出发,曾在朝鲜停泊,后在驶往日本
途中遇难沉没,其中出土的龙泉瓷器就是从温州中转庆元港后
再出口的。① 此外,南宋著名诗人翁卷的诗句"远自刺桐里,来
看孤屿峰"就描写了泉州商人前来温州贸易的情形。② 诗中的
"刺桐"指的是泉州,泉州因在建城初于城周边种植刺桐树而得
名"刺桐城";而"孤屿"指的就是温州港内的江心屿。海上交通
贸易的发达,推动了港口设施建设的加强。元代温州拱北门
(拱辰门)外沿江一带建有"以俟官舸"和"以达商船"两类码头,
分别供官船和商船靠泊。③ 南宋时期,台州与福建也有密切的
海上贸易往来,台州以福建入台州的商舶税收为地方政府"财
赋所赖"。孝宗淳熙年间(1174—1189),台州知军州事赵汝愚
在给宰相的信中提到"海船自闽□来者,皆为浙提举以私盐捕
送括苍(今丽水),余者悉凿舟溺货而去,望风不入天台之境者
凡数月矣。然则财赋所赖,惟有榷酤耳……"④。

————————

① 李德全等:《朝鲜新安海底沉船中的中国瓷器》,《考古学报》1979
年第2期,第245页。

② [宋]翁卷:《苇碧轩集》,[宋]徐照等撰,陈增杰点校:《永嘉四灵
诗集》,浙江古籍出版社1985年版,第188页。

③ [元]黄溍:《金华黄先生文集》卷九《永嘉县重修海堤记》,清景元
抄本,第17a页。

④ [宋]赵汝愚:《上宰执论台州财赋》,[宋]林表民编:《赤城集》卷
二,上海古籍出版社2019年版,第77页。

图 2-17　新安船出水的"使司帅府公用"款龙泉青瓷盘

（资料来源：《千年海外寻珍》）

图 2-18　新安沉船残骸

　　在出口方面,瓯江上游所产的木材是温州港出口的大宗物资,以便周边港口城市造船和建筑之用。南宋温州知州楼钥就

指出："良材兴贩,自处(州)过温,以入于海者众。"[1]同时,漆器、酒、柑橘、茶叶、青瓷也是温州的传统出口商品。此外,宋元时期,温州海洋渔业逐渐发展起来,大批"海鲜鱼蟹鲞腊等物,亦上掸通于江浙"[2]。

图 2-19　温州永嘉马鞍山元代龙泉窑遗址

　　宋元时期,温州的对外贸易对象主要是日本。南宋绍兴十五年(1145)十一月,日本商人男女 19 人,携硫磺、布匹等来温州贩卖,因风漂入平阳仙口港。[3] 元代,随着中日关系的

---

　　① ［宋］楼钥:《攻媿集》卷二一《乞罢温州船场》,上海涵芬楼藏武英殿聚珍版本,张元济等主编:《四部丛刊·集部》(第一百一十册),中央编译出版社 2015 年版,第 21 页。

　　② ［宋］吴自牧:《梦粱录》卷一二《江南船舰》,商务印书馆 1939 年版,第 109 页。

　　③ ［宋］李心传:《建炎以来系年要录》卷一五四,商务印书馆 1936 年版,第 2491 页。

紧张,中国商船没有驶往日本的,但有不少日本商船前来中国。温州从日本进口的物品除硫磺、布匹外,还有黄金、水银、砂金和各种工艺品等。如元惠宗至元五年(1339),即有一艘日本商船驶来温州经商。① 与日本贸易的同时,许多日本僧人前来温州进行文化交流。如延祐五年(1318),有一日本僧人乘坐商船漂流至温州,前往雁荡山等著名寺院朝拜巡礼。② 至元五年(1339),日本名僧无文元选、元通搭乘商船前来温州游历,再前往中国其他地方。③ 对于大量外国僧人前来温州的景象,南宋温州诗人徐照《题江心寺》诗就写道:"两寺今为一,僧多外国人。"④

除对日商贸外,元代的温州与真腊(今柬埔寨)也有经济文化往来。元贞二年(1296),元政府派遣友好使团前往真腊访问。⑤ 出发使团装载了大量龙泉瓷器,作为赠送给真腊国王的礼品。使团于是年二月离开明州到达温州,二十日自温州出发,同年七月到达真腊都城。据《真腊风土记》记载,这次远航已使用罗盘定位,熟练掌握了温州至东南亚的航海技术。温州人周达观作为使团成员在真腊逗留期间,深入调查了当地的典

---

① 〔日〕木宫泰彦:《日中文化交流史》,商务印书馆1980年版,第392页。

② 〔清〕朱椿、徐绵总裁,〔清〕齐召南、汪沆总修:《乾隆温州府志》卷三十《番航》,乾隆二十五年(1760)刊本,《中国地方志集成·浙江府县志辑》,上海书店1993年版,第651页。

③ 〔日〕木宫泰彦:《日中文化交流史》,商务印书馆1980年版,第448页。

④ 〔宋〕陈则翁:《东瓯诗存·上》,上海社会科学院出版社2006年版,第194页。

⑤ 〔元〕周达观原著,夏鼐校注:《真腊风土记校注·总叙》,《中外交通史料丛刊》,中华书局2000年版,第15页。

章制度、宗教信仰、山川物产、交通贸易等情况,撰写了《真腊风土记》一书。作为目前世界仅存的一部关于柬埔寨吴哥王朝历史和文化最完备的著作,《真腊风土记》是研究柬埔寨古代历史的重要文献。

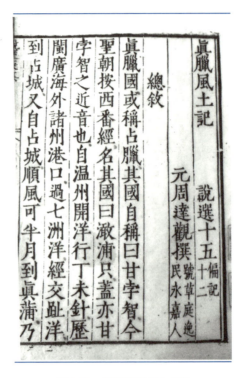

图 2-20 　《真腊风土记》书影

宋代,台州与日本、朝鲜均有一定的海上贸易往来。北宋时期,从事对日贸易的台州商人有周文裔。在北宋天圣四年(1026),周文裔从日本返航,日本天皇万寿三年就记录有:"七

月,宋朝台州商客周文裔回国。"①从台州临海港出海的贸易船
只大多是从明州港转口出国的。如仁宗天圣九年(1031),台州
商人陈惟忠等 64 人从明州港出发,赴高丽贸易。② 仁宗宝元元
年(1038),又有台州商人陈惟积与明州商人陈亮等 147 人到高
丽。据《嘉定赤城志》载,在海门港外的海域,高丽头山在临海
"县东南二百八十里,自此山下分路入高丽国,其峰突立,宛如
人首,故名"③。《嘉定赤城志》又载"东镇山","山上望海中突出
一石,舟之往高丽者,必视以为准焉"④。另外《嘉定赤城志》载:
"新罗屿,在县(临海县)东南三十里,昔有新罗贾人舣舟于此,
故名。"⑤宋代,在台州输日的商品中,比较值得注意的就是铜钱
走私。宋乾道七年(1171)前后,临海就有商人私运铜钱出海。⑥
为此,时任台州通判的楼钥就提到严禁铜钱走私,以"入海五
里"为限,越过这一警戒线就没收其资财。这一警戒线就是章
安港南北两岸管界与亭场两寨的连线。两寨的弓兵就在此水
域巡逻,以防船货漏海。⑦ 在文化交流方面,宋太宗太平兴国八

---

① 〔日〕木宫泰彦:《日中文化交流史》"和北宋的往来、商船的往
来",商务印书馆 1980 年版,第 240 页。

② 〔朝鲜〕郑麟趾:《高丽史》卷五。参见李金明、廖大珂:《中国古代
海外贸易史》,广西人民出版社 1995 年版,第 80 页。

③ 〔宋〕陈耆卿:《嘉定赤城志》卷十九《山水门一》,嘉庆戊寅年
(1818)刻本,《宋元方志丛刊》(第七册),中华书局 1990 年版,第 7428 页。

④ 〔宋〕陈耆卿:《嘉定赤城志》卷二十《山水门二》,嘉庆戊寅年
(1818)刻本,《宋元方志丛刊》(第七册),中华书局 1990 年版,第 7432 页。

⑤ 〔宋〕陈耆卿:《嘉定赤城志》卷十九《山水门一》,嘉庆戊寅年
(1818)刻本,《宋元方志丛刊》(第七册),中华书局 1990 年版,第 7430 页。

⑥ 〔宋〕袁燮:《絜斋集》卷十一《楼钥行状》,商务印书馆 1935 年,第
172 页。

⑦ 〔宋〕袁燮:《絜斋集》卷十一《楼钥行状》,商务印书馆 1935 年,第
172—173 页。

年(983)八月,日本高僧奝然率弟子成算、嘉因等 6 人"搭乘宋商陈仁爽、徐仁满等回国的船"抵达台州。① 次年三月,由台州使者陪同到汴京谒见太宗。② 公元 985 年,奝然仍由台州随台商郑仁德的船回国。③

---

　　① 〔日〕木宫泰彦:《日中文化交流史》"名留史册的入宋僧",商务印书馆1980 年版,第 255 页。

　　② 〔元〕脱脱等:《宋史》卷四九一《日本传》,中华书局 1977 年版,第14134 页;卢秀灿:《天台山与日本文化交流》,《东南文化》1990 年第 6 期,第 217 页。

　　③ 〔元〕脱脱等:《宋史》卷四九一《日本传》,中华书局 1977 年版,第14135 页。

第三章 》————
明清时期的浙江
沿海港群与海关

　　明清时期,随着江南地区商品经济的发展,对海外贸易的需求逐渐增多。尽管有海禁政策和朝贡贸易政策的束缚,但大一统王朝的建立有利于区域海洋经济的发展。明朝前中期,宁波港成为中国专通日本的对外贸易港口,宁波市舶司管辖浙江沿海所有港口的对外贸易事务。与官方朝贡贸易相并行的,是私人海上贸易的崛起和发展。尽管有政府管制,但经济发展的自身需求使得沿海走私贸易盛行,以双屿港为代表的走私贸易港口成为中外海商和海盗的聚集地。值得注意的是,由于环境因素影响,杭州古港逐渐衰落,已经无法承担对外贸易的功能。到了清代前期,杭州北边的嘉兴乍浦港逐渐发展起来,与宁波联动,成为对日贸易的主要港口。经历明中后期的严厉海禁,宁波港在清代前期曾一度开放对外贸易。随着清政府"一口通商"对外贸易政策的实行,宁波港逐渐成为国内沿海贸易的中转港。晚清时期,随着中国国门大开,宁波港、温州港先后成为浙江对外贸易的主要港口。与之相随,传统的市舶司逐渐被新式的海关代替。相比传统海关,新式海关的权力和职能都大为增加。

一、明清时期的杭州—嘉兴沿海港群与海关

明清时期,以发达的杭嘉湖市镇经济为依托的杭州港由海、河并举的河口海港向以内河港口为主的运河大港转变,杭州港的海港功能被作为外港的乍浦港取代。明清时期,浙西地区新增了很多市镇,这些市镇几乎全部出现在水、陆交通线上,形成了以港口码头为中心的市镇经济集散口。市镇经济的兴旺带动了港口码头的繁荣,编织成了一张繁盛的内河港口网。浙西市镇经济中最为主要的是纺织业,"杭东城机杼之声,比户相闻"①。丝织业的发展,带动了杭州印染和纺织造工具的改进。由于往来人口增加,带动了明清杭州商业服务网点的增多,出现了商店稠密的现象,"入钱塘境,城内外列肆几四十里,无咫尺瓯脱……五方辐辏,无窳不售"②,造成"杭俗之务,十农五商"③的局面。

在明代中期以前,杭州港的设施修建围绕着如何保持江、

---

① [清]厉鹗:《东城杂记》卷下《织成十景图》,《景印文渊阁四库全书》第五九二册《史部三五〇·地理类》,台北商务印书馆 1984 年版,第1015 页。

② [明]聂心汤修,[明]虞淳熙纂:《万历钱塘县志》纪疆《物产》,光绪十九年(1893)刊本,《中国方志丛书·华中地方》(第一九二号),成文出版社 1975 年版,第 98—99 页。

③ [清]龚嘉俊修,[清]吴庆丘等纂:《光绪杭州府志》卷六《市镇》,1922 年铅印本,《中国方志丛书·华中地方》(第一九九号),成文出版社1975 年版,第 316 页。

海、河贯通来进行;明代中期以后和清代的设施修建主要是为
了保持运河的畅通。明代前期,杭州港航道的兴修主要是内
河通江航道的整修。洪武七年(1374),参政徐本、都指挥使徐
司马发动全城军民,对龙山河、闸进行整修。清康熙二十四年
(1685),巡抚赵士麟发动军民,再次疏浚此河。康熙五十四年
(1715),藩司段享倡议捐奉开浚龙山河,"自正阳门至北关门,
清河闸止,淤塞既去,舟楫始通,杭民德之"①。雍正二年
(1724),又开浚"中河自凤山水门起,至武林水门止,计长十里,
内有淤浅滩共开一千六百二十八丈二尺"②。在开浚河道的同
时,明清两代都非常重视运河水源的疏导和接流。明景泰七年
(1456),镇守浙江兵部尚书孙原贞向英宗奏本,言"迩岁豪势之
徒,日逐堆叠,塍围包占,种植菱藕,蓄养鲜鱼,时遇干旱,湖已
先涸,旁田既无灌溉之利,而运河亦遂淤浅,公私舟船,往来不
通"③,提出革民圈占、深广浚湖的建议,从而使运河水源充足。
清代康雍乾时期,浙省官员主持了杭州港内河水源疏导工程,
使西湖济运水源进入运河,"引西湖之水自涌金水门及流福沟
而入城,北出武林水门,南出正阳水门,东南出候潮水门,复由
正阳、候潮门外合流而趋永昌坝,以供南榷之抽分,通北榷之商
货,再进而入清泰水门,落水于新坝以疏抽分之竹木,又溢于会

---

① [清]龚嘉俊修,[清]吴庆丘等纂:《光绪杭州府志》卷二十《山水
一》,1922年铅印本,《中国方志丛书·华中地方》(第一九九号),成文出
版社1975年版,第549页。

② [清]李卫等修,傅王露等纂:《西湖志》卷二《水利二》,清雍正十
三年(1735)刊本,《中国方志丛书·华中地方》(第五四三号),成文出版社
1983年版,第165页。

③ [清]李卫等修,傅王露等纂:《西湖志》卷一《水利一》,清雍正十
三年(1735)刊本,《中国方志丛书·华中地方》(第五四三号),成文出版社
1983年版,第113页。

安坝而入艮山水门,以通东路之粮食、场灶之盐船"①,保证了河道的水位,使杭州内河航道畅通无阻。

图 3-1　乾隆御碑表彰杭嘉湖一带通过运河按时交税纳粮

　　明代,杭州港的主要码头是银杏树码舣头,在永昌门(今杭州望江门)以东的大通桥旁的钱塘江滨,"为舣舟渡江之所"②,是杭州的海埠之一和横过钱塘江的主要渡口。银杏树码头旁有"瞰江楼",正德元年(1506)被改为"映江楼",为往来商旅渡江小憩之所。明代杭州港的驿、馆,所有很大发展,驿有水、马两种。关于水驿,《明会典》载:"凡水驿,设船不等。如使客通行正路,或设船二十只、十五只、十只;其分行偏路,亦设船七只、五只。大率每船该设水夫十名。于有司人户纳粮五石以上、十石以下点充,不拘

---

　　①　[清]李卫等修,傅王露等纂:《西湖志》卷二《水利二》,清雍正十三年(1735)刊本,《中国方志丛书·华中地方》(第五四三号),成文出版社1983年版,第152页。

　　②　[明]田汝成:《西湖游览志》卷十九《南山分脉城外胜迹·衢巷河桥》,明嘉靖二十六年(1547)刊本,《中国方志丛书·华中地方》(第四八七号),成文出版社1983年版,第608页。

一户、二户相合,俱验所该粮数,轮流应当。"①清代的驿站制度、职责与明代基本相同。《清史稿·职官三》载:"驿,驿丞,未入流。掌邮传迎送。凡舟车夫马,廪糗庖馈,视使客品秩为差,支直于府、州、县,籍其出入。"②明清杭州的水驿有浙江驿、吴山驿、武林驿、钱塘公馆、钱塘县驿、仁和县驿、递运所等。

明初,杭州港的海外交通和贸易在元代的基础上仍保持发展。洪武元年(1368),明太祖下令设立两浙市舶提举司,管理包括杭州港在内的两浙港口的海贸朝贡事宜。明代的杭州港是宁波朝贡贸易船舶进京的内河贡道上的一个重要的通过港,不过其对外贸易相比宁波港居于次要地位。清康熙二十三年(1684),清政府废除迁海令,在浙江设立浙海关,开放港址 18处(其中征税口岸 13 处,巡查口岸 5 处),乍浦港代替杭州港,成为这一时期浙西的主要对外贸易港口。清代海禁政策废止后,据《乍浦志》载:"今国家既驰海禁,珠香象犀玳瑁之属,贾胡囊载而至南关外,灯火喧阗,几虞人满。"③为适应乍浦港的对外开放,乍浦设立了不少会馆和互市市场,主要的会馆有三山、莆阳、鄞江、闽江、乍川等。乍浦还有专门的中外贸易商品互市市场,如姚氏园(又名陈永茂栈)、洋货场、潮圣祠以及澉浦六里堰市等。此外,随着海禁的开放,乍浦的陈氏、谢氏和林氏等海商家族迅速发展起来,从事海上贸易。如:乍浦东陈的"谢定三……商海外暹罗、广口诸国,以智略为其五,大臣所重,与为布

---

① ［明］申时行等重修:《明会典》卷一四五,中华书局 1976 年版,第736 页。

② 赵尔巽等:《清史稿》卷一〇六《职官三》,中华书局 1976 年版,第3359 页。

③ ［清］宋景关:《乾隆乍浦志》卷三《武备》,道光十九年(1839)刻本,《中国地方志集成·乡镇专志辑》,上海书店 1992 年版,第 25 页。

衣交。每舶舟,抽分之额独宽。其子崑源……商日本、暹罗、广口诸国"①。清代,杭州的乍浦港主要是中日两国贸易的对口港,从日本进口的货物主要有金、银、海参、鲍鱼、鱼翅等,以铜为大宗;从乍浦向日本出口的主要是丝、绸、缎、茶叶、药材等。不过,清政府对货物的出口限制非常严格,"浙江东洋办铜商船"按江苏例"每船岁准带绸缎三十三卷,每卷一百二十斤,其愿带丝斤者,许配带二、三蚕糙丝,每丝一百二十斤,抵绸缎一卷,仍不得过一千二百斤"②。清代乍浦港开埠初期,年关税额为 13000 两,雍正末年达到 39000 两。③

二、明清时期的宁波—舟山港群与海关

明朝初期,中日关系的紧张使得宁波对日本贸易直到永乐年间才最终确定下来。明朝朝贡贸易与海禁政策的实施,使得宁波成为专通日本的港口。在明朝前中期,宁波的海洋贸易为政府控制的日本单方面来华朝贡贸易。

① [清]陈甸:《乍浦东陈族谱稿》,浙江图书馆古籍部藏本 1948 年版,第 14 页。
② [清]昆冈等修,[清]吴树梅等纂:《钦定大清会典》卷二十三《户部·贵州清吏司》,《续修四库全书》第七九四册《史部·政书类》,上海古籍出版社 2002 年版,第 220 页。
③ 《史料旬刊》第四十册《浙江巡抚乌尔恭额奏折》,故宫博物院文献馆 1931 年版,第 477—478 页。

图 3-2　明宁波市舶提举司遗址

中日朝贡贸易因为需勘合凭证,又被称为中日勘合贸易。最初,勘合贸易船是由日本幕府自己直接经营的,此后寺社、大名也参加进来,但勘合的保管、发放之权仍操诸幕府之手。到后期,勘合贸易演变成为日本大名垄断,商人承包经营,幕府、寺社都被排除在外,连勘合也由大名掌握。

日本勘合贸易船前期多从兵库出发,经过濑户内海,在博多暂停,或直接从博多出发,开到肥前的五岛一带,等候春汛或秋汛,横渡东中国海,直驶宁波。从五岛至宁波,"隔海四千里,如得东北顺风,五日五夜至中国普陀山……纵风不便,不过半月有余"①。这条航路从日本奈良、平安时代,即中国唐代已经开辟,往来十分便捷,日本俗称"中国路"。整个勘合贸易的前期、中期走的都是这条航路。日本应仁之乱后,掌握幕府实权的细川氏与雄踞西部的大内氏间的争斗日趋激烈。大内氏率

---

① 　[明]李延恭等:《日本考》,中华书局 1983 年版,第 68 页。

兵攻占了原由细川氏占有的兵库,由此控制了由兵库经濑户内海至博多、平户、五岛的入明传统海路,即所谓"中国路"。为了避开大内氏控制的"中国"地区,细川氏另行开辟以自己控制的堺港为起点,经四国岛南部,绕九州岛至萨摩的坊津暂停,尔后横断东海前往宁波的新航路,即日本文献所称的"南海路"。

图 3-3　明·仇英《倭寇图卷》局部（日本东京大学史料编纂所藏）

图 3-4　日本遣明使（勘合贸易船）

（资料来源:《千年海外寻珍》）

图3-5　日本画僧雪舟所绘《宁波府城图》

从勘合贸易的物品种类来看,日本向中国输出的货物以刀剑、硫磺、铜、折扇、苏木、屏风、描金物、砚台等为主,其中刀剑最为重要。据木宫泰彦估算,从宣德八年(1433)到嘉靖二十七年(1548),日本前后 11 次经宁波向中国输出的刀剑总数不下20 万把,其中,成化二十年(1484),子璞周玮使团一次即携来3.7 万多把,平均每船 1.2 万多把。倭刀锻造精良,刃口锋利,据明代《笔精》一书记载,嘉靖中在宁波主持平倭军务的总督胡宗宪就有一把软倭刀,其长七尺,出鞘地上卷之,佶曲如盘蛇,舒之则劲自若。其次为硫磺、铜,如景泰二年(1451)东洋允澎使团一次输出硫磺 39.75 万斤,嘉靖十八年(1539)湖心硕鼎使团一次输出铜 29.85 万斤。[①] 中国经由宁波输入日本的货物主要有铜钱、白丝、丝绸、丝棉、书籍、字画以及棉布、瓷器、铁器、漆器、草席、水银、药材、脂粉等。以铜钱而言,仅吸纳 20 万把刀剑一项,即须支出铜钱 4000 万贯左右,这对日本国内的钱币流通和经济发展,势必产生很大影响。

尽管宁波为专通日本的港口,但不少东南亚和南洋国家的贡使抄近路从浙江沿海港口入境,使臣和随行人员在贡品之外,将所携的大量香料、苏木、胡椒、宝石等就地或在赴京沿途与中国商人交易。明人张邦奇曾说,甬东虽为海岸孤绝处,但"高丽、日本、暹罗诸蕃航海朝贡者,皆抵此登陆"[②]。

明代中期,随着朝贡贸易弊端的日渐显露和私人海上贸易的崛起,特别是葡萄牙人逐步在宁波双屿港建立私人海上贸易基地后,宁波的走私贸易逐渐兴盛起来,并逐渐取代朝贡贸易,

① 〔日〕木宫泰彦:《日中文化交流史》,商务印书馆 1980 年版,第580、575、577、578 页。

② 〔明〕张邦奇:《张文定甬川集》,〔明〕陈子龙:《明经世文编》卷一四七,中华书局 1962 年版,第 1465 页。

成为宁波海洋贸易的主要形式。经过葡萄牙和中国海商 20 年经营,双屿港迅速崛起,成为中外瞩目的国际商埠。

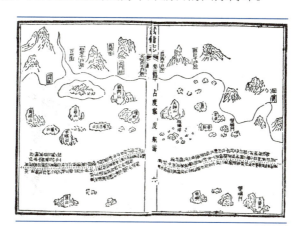

图 3-6　《武备志》书影——《郑和航海图》中的双屿门

从地域来看,来双屿贸易的有葡萄牙、暹罗、彭亨、阇婆、真里富、占城、琉球等国和日本诸岛的商人。他们"常年于南风汛发时月"①,装载着胡椒、苏木、象牙、香料、火器和刀剑、倭扇、黄铜、银锭等物品,"前来宁波双屿港内停泊"②。当北风汛发时,他们又满载购得的丝绵、绸缎、瓷器、药材等物返航。据载,这些夷商的船都造得十分高大,如有一次在九山洋被明军擒获的一艘就"长九丈,阔二丈四尺,高深一丈七尺",载有中外海商百名。③ 麇集双屿的中国私商,来自广东、福建、安徽、江苏和浙江的宁波、温

---

①　[明]朱纨:《甓余杂集》卷三《海洋贼船出没事》,《四库全书存目丛书·集部》(第七十八册),齐鲁书社 1997 年版,第 66 页。

②　《鄞县通志·第五食货志》戊编《通商史略》,1935 年铅印本,《中国方志丛书·华中地方》(第二一六号),成文出版社 1974 年版,第 2330 页。

③　[明]朱纨:《甓余杂集》卷二《捷报擒获元凶荡平巢穴以靖海道事》,《四库全书存目丛书·集部》(第七十八册),齐鲁书社 1997 年版,第 39 页。

州、台州、绍兴、杭州等地。根据朱纨的报告:许栋等在双屿港内招集海商"千余人",他们"各造三桅大船,节年结伙,收买丝绵、绸缎、瓷器等货,并带军器,越往佛郎机、满咖喇等国,叛投彼处番王别琭佛哩、类伐司别哩、西牟不得罗、西牟陀密罗等,加称许栋名号,领彼胡椒、苏木、象牙、香料等物,并大小铳、枪刀等器械",陆续引带番夷,前来双屿贸易。①至此,以浙东双屿港为主要中转基地的中、日、欧三角贸易圈初步形成。欧洲的银币、葡萄酒,东南亚的胡椒、香料,中国的生丝、丝绸、瓷器,日本的银、铜,都在此处交汇流

图3-7　朱纨像

通,商品贸易的品种、数量增加,质量提升。这在浙江乃至中国贸易史上都是前所未有的。正如斯波义信所言,在16世纪,宁波作为一个南方货物地区转运中心的作用变得愈来愈重要了。②

　　但违反中国法律的走私贸易注定无法长久,双屿走私贸易港随后被明政府军队捣毁。在严厉的海禁政策下及禁止对日朝贡贸易后,宁波失去了直接从事海洋贸易的资格。福建月港成为唯一对外开放港口,意味着中国海上贸易的重心由浙江向福建转移,明中期"曾一度跃升为中国第一大国际贸易商港"③的宁波港,便被封闭冻结,地位一落千丈。

　　①　[明]朱纨:《甓余杂集》卷四《三报海洋捷报事》,《四库全书存目丛书·集部》(第七十八册),齐鲁书社1997年版,第82页。
　　②　〔日〕斯波义信:《宁波及其腹地》,〔美〕施坚雅:《中华帝国晚期的城市》,叶光庭等译,中华书局2000年版,第133页。
　　③　万明:《明代嘉靖年间的宁波港》,《海交史研究》2002年第2期,第61页。

由于月港地处闽南一隅,丛山阻隔,港口腹地狭小,所能提供的外贸商品十分有限。与之相比,宁波及其江南经济腹地则有无与伦比的优势,所以,尽管宁波港已经失去了海外私人贸易的合法地位,但仍在国内转口贸易中发挥着重要作用。在经历恢复与调整之后,浙江和江南地区的海商又重新开始参与海外贸易。他们利用地处海洋贸易产品原产地的资源与地理区位优势,除小部分违禁下海前往日本从事走私贸易外,大部分通过与福建海商的合作,并在当地官府的默许之下,偷梁换柱,买取"船引",从宁波港出发,经月港前往吕宋等处就地贸易或转口前往日本。江南出产的商品多经这条线路销往福建、广东及东南亚国家与日本,其中日本是江南商品的主要外销地。据木宫泰彦统计,1612 年(万历四十年)7 月 25 日,明朝商船和从吕宋返航的日本商船共 26 艘,同时开进日本长崎港,载去中国湖州出产的白丝 20 余万斤。① 而明代中后期,以浙江为主要产地的中国丝绸从宁波港出发,经月港或澳门中转吕宋运往美洲的总值每年达到 300 万甚至 400 万比索。② 另外,在江南经济发展的强力支持下,尽管宁波的对外贸易在明代中后期由于政策原因受到沉重打击,但优越的地理位置使得它很快成为中国南北货物海运中转枢纽。宁波将专门经营东南沿海和岭南地区贸易运输的商业船帮称为"南帮"或"南号"。他们运来木材、铁、铜、麻布、染料、药材、纸、糖、干果、香料和杂货,把来自长江中下游的丝绸、棉花、纺织品、陶瓷、海货等运往南方诸港。而被宁波称为"北帮"或"北号"的北方商业船帮则专门经营长江以北各港口的贸易运输。他们从北方运来大豆、豆饼、牛骨、猪

---

① 〔日〕木宫泰彦:《日中文化交流史》,商务书馆 1980 年版,第 626 页。
② 〔德〕贡德·弗兰克:《白银资本》,刘北成译,中央编译出版社 2001 年版,第 154 页。

油、药材、染料、干鱼、干果,从宁波运出大米、糖、药材、棉织品、纸、竹、木材和杂货。[1]

清朝初期严格海禁政策,直到康熙二十三年(1684)逐渐松动。康熙二十四年(1685),清政府在宁波设立浙海关,其后又在定海设立浙海关分关,对在舟山停泊船只征税。整个清代,宁波的海洋贸易对象主要是日本。自 1688 年日本幕府决定将中国航日商船限定为 70 艘后,第二年宁波船就超过福州船,位列对日贸易船只数量的第一位。自 1695 年起,浙江航日商船也开始超过福建,并一直保持领先地位,其中 90% 为从宁波和普陀山出发的商船。仅以宁波和福州两港相比,1689—1722 年的统计数据表明,航日福州船为 97 艘,宁波船为 346 艘,约是福州船的 3.6 倍,若加上普陀山船则为 390 艘,约是福州船的 4 倍。在此情势下,相当一部分闽商转向浙江等地发展。到步入近代门槛前夕的 1830 年,"对日贸易仅限浙江宁波一地,而且船只限于 10 艘"[2]。

图 3-8　浙海关旧影

---

① 郑绍昌:《宁波港史》,人民交通出版社 1989 年版,第 99 页。
② 姚贤镐:《中国近代对外贸易史资料》,中华书局 1962 年版,第 60 页。

　　除直接对日贸易外,宁波也是东海、南海沿岸贸易圈中最为重要的中转港,而日本长崎则是这个贸易圈中位于最北端的港口。无论是福建、广东的商船,还是东南亚地区的商船,在往返长崎途中,往往要在宁波港停泊,购入利润高的丝货。

　　长崎县立图书馆至今藏有一册珍贵的《唐船夏冬航线绘图》。此图约绘于天保九、十年间(1838—1839),其中最重要的是一幅乍浦、宁波和普陀山至日本的水路图。同时,还附有从乍浦至长崎的道路,具体记录了由乍浦至金山、马迹山、镇海关、普陀山、乌拉山、汉洋大山、五岛、吸山、美人马、长崎等处的距离。

　　清代,宁波输往日本的商品主要有两类:一是浙江本地乃至江南地区所产物品,由宁波船和经宁波中转的奥船、中奥船输往长崎;二是福建、广东和南海诸国所产物品,由该地商船运至宁波,或由宁波船直接去产地购入,然后运往长崎。第一类商品主要为白丝、绉绸、绫子、绫缬、纱绫、南京缎子、锦、金丝布、葛布、毛毡、绵、罗、南京绡、茶、纸、竹纸、扇子、笔墨、砚石、瓷器、茶碗、药、漆、胭脂、方竹、冬笋、南枣、黄精、芡实、竹鸡、附子、药种、细用器、红花木犀、铁器、书籍、古画。[①] 第二类商品种类繁多,不胜枚举。如康熙二十八年(1689)有一艘宁波船先往广南购入当地所产的鲛皮、沉香、药物、鹿皮等货,然后在普陀山停泊,添载丝织品后,于翌年正月以十四号广南船驶抵长崎。此外,宁波船从本港起航时一般多以福建、广东所产的蔗糖作为压舱货。以康熙三十六年(1697)从宁波港起航赴日,船主为刘上卿的商船为例,其船上所载货物包括:白丝 47 包(每包 65

----

　　① 〔日〕木宫泰彦:《日中文化交流史》,商务印书馆 1970 年版,第673、674 页。

斤,计 3055 斤)、大花绸 1050 匹、中花绸 930 匹、小花绸 1600 匹、大红绉纱 61 匹、大纱 890 匹、中纱 1001 匹、小纱 2540 匹、色绸 56 匹、东京丝 116 斤、东京绸 402 匹、大卷绫 610 匹、东京绸 200 匹、中卷绫 705 匹、素绸 1310 匹、绵 400 斤、色缎 200 匹、金缎 32 匹、嘉锦 90 匹、杭罗 350 匹、大宋锦 13 匹、西绫 300 匹、花纱 211 匹、轻罗 100 匹、红毡 6110 张、蓝毡 310 张、银朱 800 斤、水银 700 斤、白术 6000 斤、东京肉桂 1100 斤、桂皮 500 斤、山萸肉 6000 斤、牛皮 350 张、山马皮 1000 张、鹿皮 5600 张、歇铁石 200 斤、鱼皮 200 枚、鱼胶 3000 斤、苏木 20000 斤、漆 3000 斤、沉香 4000 斤、朱砂 2000 斤、冰糖 10100 斤、木香 600 斤、白糖 70000 斤、三盆糖 40000 斤、乌糖 90000 斤、碗青 7000 斤、茯苓 香 1000 斤、排草 400 斤、黄芩 2000 斤、甘松 4000 斤、甘草 2000 斤、川芎 50 斤、蕲蛇 400 斤、麝香 40 个、人参 10 斤、小人参 50 斤、墨 3000 斤、古画 5 箱、书 60 箱、瓷器 60 桶、雄黄 1300 斤、料香 1000 斤、藿香 3000 斤、当归 5000 斤、伽楠香 6 斤、巴豆 800 斤、刀盘 10 枚、黄蜡 3200 斤、明矾 1000 斤、白铅 4100 斤、金钱 50 斤、色线 20 斤、古董 16 箱、巴戟 2000 斤、禹余粮石 1000 斤、铁锅 30 连、茴香 105 斤、砂仁 5000 斤、石青 100 斤、淫羊霍 200 斤、滕黄 2000 斤、羊皮 1050 枚、大黄 2000 斤、藁本 4000 斤、阿胶 200 斤、菜油 400 斤、贝母 1000 斤。[①] 从货物种类可以看到,宁波输往日本的商品除产自本港直接经济腹地外,还有一大部分来自中国其他地区和东南亚各国,如中南半岛和南海诸国的各种香料,今越南河内的丝绸、肉桂。同时,从装货数量来看,产自江南地区的生丝和丝织品是宁波输往日本的最重要商品。

---

① 《小西方淑觉书》,转引自〔日〕大庭修:《江户时代中国典籍流播日本之研究》,戚印平等译,杭州大学出版社 1998 年版,第 36、37 页。

除了丝和丝织品外,书籍这一特殊商品在宁波对日贸易中也占有重要地位。除上述刘上卿商船外,康熙四十八年(1709)第 40 号宁波船又载去书四箱。① 雍正三年(1725)二月,随第 6 号宁波船入长崎港的朱来章献给幕府将军《军乐》1 部 6 套、诗牌 1 箱、长江图 1 幅外,还载去 76 种约 500 册书籍用于出售,其中,《元亨疗马集》《折本医马书》为御用马医之书,十五省通志和《大清会典》也是"当时日本对其期望值很高的书籍"②。

宁波从日本输入的物品主要有铜、金、银和海参、鲍鱼、鱼翅等干海产品,其中最为重要的是铜。与铜相联系的还有日本铜钱的大批流入。乾隆十七年(1752),据尹继善、庄有恭等奏称:"宽永钱文乃东洋倭地所铸,由内地商船带回,江苏之上海,浙江之宁波、乍浦等海口,行使尤多。"③另外,清初,日本原从明朝输入的洪武铜钱大量流入舟山、宁波,乃至一时成为当地市场的主要流通货币。此外,在中日贸易中,中国还从日本输入植物。据《唐蛮货物帐》记载,仅康熙五十年(1711)一年,就有 5 艘宁波船从日本购载植物返航:其中,10 月 29 日返航的 4 号宁波船载"松、山茶、杜鹃十四筒";10 月 30 日返航的 5 号宁波船载松、山茶 19 桶;11 月 3 日返航的 30 号宁波船载松、山茶 25 桶;12 月 19 日返航的 27 号宁波船载山茶 3 桶;12 月 29 日返航的 42 号船载山茶 9 桶。④

---

① 王勇、〔日〕大庭修:《中日文化史交流大系》(典籍卷),浙江人民出版社 1996 年版,第 104 页。

② 〔日〕大庭修:《江户时代中日秘话》,徐世虹译,中华书局 1997 年版,第 137 页。

③ 《清实录·高宗实录》卷四一九,乾隆十七年七月条,中华书局 1986 年版,第 492 页。

④ 〔日〕大庭修:《江户时代中日秘话》,徐世虹译,中华书局 1997 年版,第 131 页。

图 3-9   明清时期赴日贸易的宁波船

除对日海洋贸易外,清代宁波沿海转运贸易也非常兴盛。根据地方志《镇海县志》记载,宁波外省通直隶、山东,省内通杭州、绍兴、嘉兴、台州、温州和处州各处。如南船常运糖、靛、板、果、白糖、胡椒、苏木、药材、海蜇、杉木、尺板;北船常运蜀、楚、山东、南直的棉花、牛骨、桃枣诸果、坑沙等货。从当时堆积在宁波江厦一带码头上的货物品种、产地和销路来看,当时宁波转运贸易极其繁盛。

三、明清时期的温州—台州沿海港群与海关

明清两代,台州椒江河口段两岸得到进一步开发。温黄平原修起一条条海堤,人们围垦滩涂,向大海要地,明弘治年间(1488—1505)筑成丁进塘。明代温州也兴修了蒲州埭、谢婆

堨、广化陡门、西郭陡门等水利工程①,再加上温州沿海一带卫所士兵实行的屯田制,使得温州的粮食产量有较大的提高。所以明代中期福州的粮食常取于温州,宁波的粮食常取于台州。清代的筑堤围垦比明代有很大进展。康熙十六年(1677),黄岩县在县城南 40 里修筑了张塘。② 明清两代所围垦的土地在温黄平原东端合计增加耕地近 28 万亩,海岸线向东推展了 9 千米。椒江以北的椒北平原,则围垦土地 15.9 万亩,海岸线向东南推展 8 千米。在水利建设方面,明嘉靖十八年(1539),台州知府周志伟命令黄岩、太平两县令,先疏通周洋、迁浦两干流及其支河,凡一百数十里,然后在周洋浦入海处,即黄岩下梁下蒋庄曹家渡(在新河东北 5 里)新筑三洞的永通闸③,以代替原来的周洋闸,蓄泄从黄岩东南乡来的永宁河诸河水。清雍正七年(1729),浙江巡抚李卫督促台州知府江承阶开浚百里大河的西从东屿、南到妥桥(今沿海乡三礁之北)、北至竹屿、东达轻盈山的一段;并在百里大河分流入台州湾的各个浦泾,重修或新建轻盈、三石、涂下、松浦、竹屿、推船沟等六闸,以资蓄水灌溉、泄

　　① ［清］张宝琳修,［清］王棻等纂:《光绪永嘉县志》卷二《水利》,清光绪八年(1882)刊本,《中国方志丛书·华中地方》(第四七五号),成文出版社 1983 年版,第 218 页、第 224 页。

　　② ［清］陈钟英等修,［清］王咏霓纂:《光绪黄岩县志》卷三《地理志三·水利》,清光绪三年(1877)刊本,《中国方志丛书·华中地方》(第二一一号),成文出版社 1975 年版,第 337 页。

　　③ ［明］袁应祺:《万历黄岩县志》卷一《舆地志上·水利》,宁波天一阁藏明万历刻本,《天一阁藏明代方志选刊》,上海书店 2014 年版,第 71 页。［清］陈钟英等修,［清］王咏霓纂:《光绪黄岩县志》卷三《地理志三·水利》,清光绪三年(1877)刊本,《中国方志丛书·华中地方》(第二一一号),成文出版社 1975 年版,第 321 页。

水排涝。① 此外,明代栅浦、莨芷两渡代替章安港、临海港和黄岩港的地位,成为台州海门港船舶靠泊与货物集散的主要码头。《万历黄岩县志》载:"因曹黄门疏凿栅浦一泾,以便南河趋之。"

在农产品种植方面,台州地区传统农作物的种类与品种空前增多。水稻中的"丹丘谷"已经发展成夏、秋、冬三熟,而且品种很多,夏熟称"早禾",秋熟称"中禾",冬熟称"晚禾"。② 在栽培技术方面,水稻收割后又种豆麦,形成"既获稻,乃艺菽,收菽种麦"的一年三熟制。③ 此外,台州已经有了用蛎灰施肥来降低水稻田土壤酸性,以提高单位面积产量的技术。当时,海门港上游的涌泉就是最著名的蛎灰产地。涌泉人用海蚌、海螺、蛤壳与牡蛎等烧煅成蛎灰,出售给农民粪田。明代,黄岩县就有用蛎灰粪田的记载:"蛎灰,蛎壳烧之,为圬者用,亦可粪田。"④

在新的农产品推广方面,海上交通的发达为新的农产品种输入提供了非常便利的条件。明代万历二十二年(1594),甘薯从吕宋被引进福建,并一路传播到浙江沿海。到清代初期,台

---

① [清]李卫:《重开杜渎场河记》,[清]嵇曾筠、李卫等修,[清]沈翼机等撰:《雍正浙江通志》卷五八《水利七·台州府·临海县》,清光绪刻本,《中国地方志集成·省志辑·浙江》,上海书店 1992 年版,第 1171 页。

② [明]曾才汉修,[明]叶良佩纂:《嘉靖太平县志》卷三《食货志·物产·谷之属》,宁波天一阁藏明嘉靖刻本,《天一阁藏明代方志选刊》,上海书店 2014 年版,第 130 页。

③ [明]曾才汉修,[明]叶良佩纂:《嘉靖太平县志》卷二《地舆志下·水利》,宁波天一阁藏明嘉靖刻本,《天一阁藏明代方志选刊》,上海书店 2014 年版,第 110 页。

④ [明]袁应祺:《万历黄岩县志》卷三《食货志·物产·货之属》,宁波天一阁藏明万历刻本,《天一阁藏明代方志选刊》,上海书店 2014 年版,第 180 页。又见[明]曾才汉修,[明]叶良佩纂:《嘉靖太平县志》卷三《食货志·物产·货之属》,宁波天一阁藏明嘉靖刻本,《天一阁藏明代方志选刊》,上海书店 2014 年版,第 148 页。

州已经开始大面积种植甘薯。乾隆年间,《本草纲目拾遗》的作者赵学敏就在玉环岛上看到居民"少谷食,多以茹(薯)为粮。彼土有地,率多种茹。土人云,其利十倍于谷,以茹粮多者为富。其收茹之法,多曝干切条,以竹席围如囤储之,久亦不蛀,用则以水煮代饭"①。此外,玉米、落花生、棉花等也在明代逐渐传入台州。据《本草纲目拾遗》引《万历仙居县

图 3-10　番薯线图

志》载:"落花生原出福建,近得其种植之。"②自此,花生油与菜油、茶油、麻油成为台州人民的几种主要食用油。③

　　在商品经济发展方面,一个最大的特色就是大量市镇的出现。如明代严峙在海门卫城之西,是临海县 60 个集镇之一,设有河泊所,管理出入口的渔船,征收鱼课米。④　明代,围绕海门港,台州温黄平原的滨海地段兴起了大量的市镇,如洪家场、灵香店、泉井等。清代兴起的市镇有横下陈市、水陡门市、长浦市、横塘市、下陈市、杨府庙市等。而在温黄平原的南端,即太

---

　　①　[清]赵学敏:《本草纲目拾遗》卷八《果部下·甘储》,《续修四库全书》第九九五册《子部·医家类》,上海古籍出版社 2002 年版,第 73 页。

　　②　[清]赵学敏:《本草纲目拾遗》卷七《果部上·落花生》,《续修四库全书》第九九五册《子部·医家类》,上海古籍出版社 2002 年版,第 39 页。

　　③　[明]袁应祺:《万历黄岩县志》卷三《食货志·物产·货之属》,宁波天一阁藏明万历刻本,《天一阁藏明代方志选刊》,上海书店 2014 年版,第 180 页。

　　④　[清]洪若皋编辑:《康熙临海县志》卷二《建置·公署》,清康熙二十二年(1683)刊本,《中国方志丛书·华中地方》(第五〇九号),成文出版社 1983 年版,第 163 页。

平县沿运粮河两旁,则有街衔头、肖家桥、塘下以及松门西郭市,其中,松门西郭市就是渔船集中交易的地方。①

经历宋元的繁荣后,明代温州港和台州港均出现衰落现象。明代实行的"海禁政策"和"朝贡贸易政策"直接剥夺了温州港直接对外贸易的资格,再加上沿海倭寇的侵扰,对温州港与台州港的国内沿海贸易也造成极大的影响。明初,方国珍投降朱元璋后,其余部散居海上,勾结倭寇,骚扰东南沿海。方国珍的侄子方鸣谦献策设立卫所,加强沿海防卫。朱元璋接受了他的建议,就派汤和巡视浙江沿海,在浙东西修筑卫所59处以防备倭寇。② 在浙东有9卫32所③,其中台州有2卫6所,分别是松门卫、海门卫、楚门所、隘顽所、新河所、海门前所、健跳所、桃渚所。④ 明初的海禁政策是不允许商船私自前往海外经商的,"敢有私下诸蕃互市者,必置之重法"⑤。同时,明政府对海外诸国的商民来华贸易也有诸多限制,规定只有"朝贡"的船只,在装载贡品的同时可以夹带其他物产来华贸易,其他外国

① [清]庆霖等修,[清]戚学标等纂:《嘉庆太平县志》卷三《建置志·坊市》,清光绪二十二年(1896)重刻本,《中国方志丛书·华中地方》(第五一〇号),成文出版社1984年版,第354页。

② [清]陈钟英等修,[清]王咏霓纂:《光绪黄岩县志》卷二一《人物志五·一行·方鸣谦传》,清光绪三年(1877)刊本,《中国方志丛书·华中地方》(第二一一号),成文出版社1975年版,第1638页。

③ [明]范涞:《两浙海防类考续编》卷二《各区战船》,明万历二十年(1592)刊本,《中国方志丛书·华中地方》(第四八二号),成文出版社1983年版,第189页。

④ [明]范涞:《两浙海防类考续编》卷二《沿海卫所巡司台寨烽堠》,明万历二十年(1592)刊本,《中国方志丛书·华中地方》(第四八二号),成文出版社1983年版,第131—132页。

⑤ 《明实录·太祖实录》卷二三一,洪武二十七年春正月甲寅条,台北"中央研究院"历史语言研究所1961年版,第3374页。

商船一律不允许来华。这就形成了"有贡船,即有互市;非入贡,即不准互市"的局面。① 此外,来华朝贡船只都只能停靠在特定的港口,温州和台州不属于特批港口,因此完全中断了正常的海外交通贸易往来。

图3-11　苍南蒲门明代烽火台遗迹

(资源来源:《温州邮电——分营纪念画册》)

不过,在海禁政策的实际执行中仍有特例存在。如洪武二十年(1387),有一艘暹罗(今泰国)贡船,违反明朝规定,驶来温州进行互市贸易,温州商民"市其沉香诸物"。根据明朝法律,这样的行为要以通番罪处以死刑,但明太祖认为:"温州乃暹罗必经之地,因其往来而市之,非通番也。"②洪武二十五年(1392)秋七月己酉,两浙运司报告朝廷:"商人赴温州各场支盐者,必经涉海洋。然着令军民不得乘船出海,故所司一概禁之,商人

---

　　① 　[明]王圻:《续文献通考》卷三十一《市籴考·市舶》,《续修四库全书》第七六二册《史部·政书类》,上海古籍出版社2002年版,第335页。

　　② 　[清]张廷玉等:《明史》卷三二四《外国五·暹罗》,中华书局1974年版,第8398页。

给盐不便。"①朱元璋不得不下旨要求沿海官兵区别对待,使所
有船只不许下海的禁令出现松动。与之相类似的是,台州沿海
的渔船也逐渐被放开,可以在沿海从事捕捞活动。如台州严屿
在明景泰(1450—1456)之前就有河泊所来管理出入口的渔船,
并征收鱼课米。②

　　明朝前中期,尽管政府严格海禁,但温州和台州的私人海
外贸易随着商品经济的发展其实一直都是存在的,而农业和手
工业的发展也为海外贸易奠定了基础。明代,随着温州农业经
济的发展,福建沿海宁德、福州等地的粮食常常从温州转运。
当时就有人说:"台、温闭籴,则宁、福二地遂告急矣。"③在温州
到福建这条海上运粮线上,很容易出现走私商品行为。在手
工业方面,明代温州官营和私营手工业均有一定的发展。在
温州德政坊(今温州市区县后巷)设有官营的织染局④,而私
营的纺织业也比较发达,已经出现专门从事纺织的"机户"和
雇工。温州的漆器和龙泉青瓷在海外是非常受欢迎的商品,
其中,漆器的制作仍然"精致之甚,奇彩异制,夺目光炬",闻

　　① 《明实录·太祖实录》卷二一九,洪武二十五年秋七月己酉条,台
北"中央研究院"历史语言研究所 1961 年版,第 3218 页。
　　② [清]洪若皋编辑:《康熙临海县志》卷二《建置·公署》,清康熙二
十二年(1683)刊本,《中国方志丛书·华中地方》(第五〇九号),成文出版
社 1983 年版,第 163 页。
　　③ [明]王士性撰,吕景琳点校:《广志绎》卷四《江南诸省》,《元明史
料笔记丛刊》,中华书局 1981 年版,第 75 页。
　　④ [清]张宝琳修,[清]王棻等纂:《光绪永嘉县志》卷四《公署》,清
光绪八年(1882)刊本,《中国方志丛书·华中地方》(第四七五号),成文
出版社 1983 年版,第 353 页。

名全国。① 永乐二年(1404)五月,琉球山南王遣使来贡方物,使者违反明朝制度,带了大量白银直接前往瓯江上游处州购买瓷器。兵部尚书李至刚请论其罪,明成祖说:"远方之人,知求利而已,安知禁令。朝廷于远人当怀之,此不足罪。"②结果,这批瓷器仍出口运往琉球。从线路上来讲,这批瓷器应是从温州转运宁波出口。

　　在无法从事直接的对外贸易活动后,明代的漕运成为温、台沿海贸易活动的重要组成部分,其向北的国内沿海贸易主要依托漕运航线展开。明洪武元年(1368),由于大量粮食需要海运至北方,以供北征士卒之用,明政府便命令温州等江、浙沿海军卫,建造大船百余艘,参加粮运。③ 天顺年间(1457—1464),全国额定漕船11770艘,由浙江都司承担2046艘,其中,台州承担289艘。④ 成化年间(1465—1487),浙江总运粮665311.34石,台州运军2882人,浅船262艘,领运漕粮84372.8石。⑤ 此外,台州本地各卫所的粮食供应也多由海路运输。伴随漕运和沿海的官方运输,海门港的海上私人贸易主要是在闽浙沿海。嘉靖

---

　　① ［明］王瓒、［明］蔡芳编纂,胡珠生校注:《弘治温州府志》卷七《土产》,《温州文献丛书》整理出版委员会编:《温州文献丛书》,上海社会科学院出版社2006年版,第116页。

　　② 《明实录·太宗实录》卷三一,永乐二年五月甲辰条,台北"中央研究院"历史语言研究所1960年版,第556页。

　　③ ［清］张廷玉等:《明史》卷八六《志第六十二·河渠四·海运》,中华书局1974年版,第2114页。

　　④ ［清］嵇曾筠、李卫等修,［清］沈翼机等撰:《雍正浙江通志》卷八十《漕运上》,清光绪刻本,《中国地方志集成·省志辑·浙江》,上海书店1992年版,第1496—1497页。

　　⑤ ［清］嵇曾筠、李卫等修,［清］沈翼机等撰:《雍正浙江通志》卷八十《漕运上》,清光绪刻本,《中国地方志集成·省志辑·浙江》,上海书店1992年版,第1497—1498页。

十九年(1540)前,台州商舶多往福建贸易,也有往广东、苏杭的。之后,往福建、温州贸易的增多,有的贩运黄鱼鲞去这些港口。①《万历黄岩县志》卷七《纪变》就记载:弘治以后(1488年以后),台州沿海安宁,没有倭患,黄岩就有"奸商巨贾阑出不禁"②,即从事未经政府许可的海上贸易。

漕运和沿海商、渔活动,使得明代台州沿海的造船业得以维持。明代漕运使用的船只为浅船,因其"阔欲承载之多,浅欲盘驳之易"③。浅船吃水浅,运量大,便于运河运输,搬运方便,而且造船材料省,人工少。④ 明政府将浅船分配到江西、湖广、浙江、南直隶各个卫所修造。⑤ 宣德(1426—1435)后,浙江浅船总数有2046艘,其中台州卫有浅船280艘,与宁波、温州各卫数量相当。⑥ 台州卫的浅船有军造和民造两种,因台州有"产木水便"的条件⑦,可以就地取材,下水方便。

① [明]曾才汉修,[明]叶良佩纂:《嘉靖太平县志》卷三《食货志·户口·民业》,宁波天一阁藏明嘉靖刻本,《天一阁藏明代方志选刊》,上海书店2014年版,第127—128页。

② [明]袁应祺辑:《万历黄岩县志》卷七《外志·纪变·皇明》,宁波天一阁藏明万历刻本,《天一阁藏明代方志选刊》,上海书店2014年版,第612页。

③ [明]席书编次,[明]朱家相增修,荀德麟、张英聘点校:《漕船志》卷三,方志出版社2006年版,第63页。

④ [明]席书编次,[明]朱家相增修,荀德麟、张英聘点校:《漕船志》卷六,方志出版社2006年版,第93页。

⑤ [明]席书编次,[明]朱家相增修,荀德麟、张英聘点校:《漕船志》卷六,方志出版社2006年版,第93页。

⑥ [明]席书编次,[明]朱家相增修,荀德麟、张英聘点校:《漕船志》卷三,方志出版社2006年版,第56页。

⑦ [明]席书编次,[明]朱家相增修,荀德麟、张英聘点校:《漕船志》卷三,方志出版社2006年版,第66页。

根据《漕船志》卷三记载,浅船的形制如下:

　　底长五丈二尺;头长九尺五寸;稍长九尺五寸;底阔九尺五寸;底头阔六尺;底稍阔五尺;头伏狮阔八尺;稍伏狮阔七尺。

　　梁头十四座;底栈每一尺四钉;龙口梁阔一丈、深四尺;两厫共阔七尺六寸;使风梁阔一丈四尺、深三尺八寸;后断水梁阔九尺、深四尺五寸。

　　每船合用料物:底板厚二寸;栈板厚一寸七分。共用大中小楠木九根。

　　以上共该"民七"木价银六十两。

　　杂木一根,银二两六钱五分。草鞋底一副,银八钱。脚夫,工银一钱五分。拆船匠,工银三钱。大木匠,工银五两。细木匠,工银三钱。雇牛拽木,工银一钱二分。锯匠,工银一两七钱。皮条四根,银八分。舱匠,工银七钱。牙人,用银五钱。宣打黄钉,工银五钱。攀头稍铁叶,银三钱。桐油三十斤,银六钱。画匠,工银一钱。菜蔬等项,银七钱七分。油灰五百五十斤,银三两。黄麻一百七十斤,银二两四分。钉锔六百二十斤,银十两二钱三分。饭米八石六斗,银五两一钱六分。以上共该"军三"料银三十五两。有底船者,准银二十两。

　　什物附:大桅一根,头桅一根,大篷一扇,头篷一扇,绰索三付,度绰三条,铁锚缆一条,锚顶绳一条,系水一条,纤篁一条,篏头绳一条,八皮四条,牵篁三条,抱桅索二付,橹四枝,脚索二付,招头木一根,篙子十条,桡子一把,水橛二根,榔头一个,跳板一块,橹跳四

块,橹绳四条,庠斗一个,铁锚一个,吊桶一个,挨篙木
二根,竹水斗一个,舵一扇,舵牙一根,舵关门棒一根,
锅二口,水桶一个,前后衬仓、盖篷、水基、竹瓦、芦席。

以上系纲运三修等银给买。①

除制造用于漕运的粮船外,温州和台州还建造了许多抗倭
用的战船。洪武五年(1372)八月,明太祖诏温州等浙、闽濒海
九卫,造海舟 660 艘,以御倭寇;同年十一月,诏各该卫改造多
橹快船,以备驱逐。②洪武八年(1375),明太祖命令靖海侯叶升
"巡行温、台、福、兴、漳、泉、潮州等卫,督造防倭海船"③。对于
督造战船的官营造船场,明政府有时给予奖赏,以鼓励军士的
造船积极性。如洪武二十五年(1392),明政府赏温州"磐石等
卫造防倭海船将士八千七百余人钞有差"④。明代温州制造的
战船除多橹快船外,还有鸟嘴船、壳哨船等。鸟嘴船的船首形
如鸟嘴,有风用篷,无风用橹,长四五尺。⑤壳哨船是温州捕鱼
船,船型极小,材简工约,但在抗倭战斗中发挥了重大作用。该
船出海抗倭时,"每载三人,一人执布帆,一人执桨,一人执鸟嘴
铳,布帆轻捷,无垫没之虞。易进易退,随波上下,敌船瞭望所

①　[明]席书编次,[明]朱家相增修,荀德麟、张英聘点校:《漕船志》
卷三《船式》,方志出版社 2006 年版,第 60—63 页。
②　孙正容:《朱元璋系年要录》,洪武五年八月、十一月条,浙江人民
出版社 1983 年版,第 231,233 页。
③　《明实录·太祖实录》卷九九,洪武八年四月丙申条,台北"中央
研究院"历史语言研究所 1960 年版,第 1680 页。
④　[明]王士骐:《皇明驭倭录》卷一《洪武二十五年》,《续修四库全
书》第四二八册《史部·杂史类》,上海古籍出版社 2002 年版,第 295 页。
⑤　陈懋恒:《明代倭寇考略》,人民出版社 1957 年版,第 176 页。

不及,是以近年赖之取胜,擒贼者多其力焉"①。

明代台州的海门卫和松门卫为浙东海防前哨,其中,海门卫为防御倭寇的中枢地带。御史屠仲律在嘉靖三十四年(1555)上疏称:"据海门之险,则不得犯温台。"②松门卫则为台州东南门户,有所谓"守门户,则堂奥自安"的意义和作用。正因为海门港军事地位的重要性,明初浙江设备倭都司1员,驻守海门卫,嘉靖年间,明廷设巡海道1员,巡视海道,兼理兵备。嘉靖三十一年(1552),松海备倭把总向民间雇用福船、苍山船(太平县苍山一带的渔船)等116艘。这些船只都是民间建造,政府租用,"俱官为给税"③。嘉靖三十五年(1556)十一月,由台州兵巡道呈准添造叭喇唬船10艘,添募民兵140名,

图 3-12 戚继光像

---

① [清]顾炎武:《天下郡国利病书》第六册《苏松》,《续修四库全书》第五九五册《史部·地理类》,上海古籍出版社 2002 年版,第 760 页。[清]张廷玉等:《明史》卷九十二《志第六十八·兵四·车船》,中华书局1974 年版,第 2269 页,"渔船至小,每舟三人,一执布帆,一执桨,一执鸟嘴铳。随波上下,可掩贼不备。网梭船,定海、临海、象山俱有之,形如梭。竹桅布帆,仅容二三人,遇风涛辄异入山麓,可哨探"。

② [明]李开先著,卜键笺校:《李开先全集(修订本)》中,上海古籍出版社 2004 年版,第 849 页。

③ [明]范涞:《两浙海防类考续编》卷二《各区战船》,明万历二十年(1592)刊本,《中国方志丛书·华中地方》(第四八二号),成文出版社1983 年版,第 189 页。

分派到松海总各哨使用。① 嘉靖三十九年(1560),戚继光以台金严参将驻守海门卫,下辖松海总备倭把总 1 员,共统领兵员 7075 名。其中,戚继光水陆亲兵 3169 名,战船 40 艘;松海备倭把总统率水兵 3 支,兵 3317 名,战船 113 艘。② 松海备倭把总的水师基地设在海门港,港内有水寨,战船由海门港水寨出发防御倭寇。嘉靖四十年(1561),戚继光在台州取得平倭胜利后,港口的交通贸易得以复苏。之后,松海总的水师仍在松门港与海门港常备不懈。

图 3-13　《浙江沿海山沙图》之台州府海防图

(资料来源:明·胡宗宪《筹海图编》,明天启四年胡维极刻本)

---

① 〔明〕范涞:《两浙海防类考续编》卷二《各区战船》,明万历二十年(1592)刊本,《中国方志丛书·华中地方》(第四八二号),成文出版社 1983 年版,第 193 页。

② 〔明〕范涞:《两浙海防类考续编》卷二《各区战船》,明万历二十年(1592)刊本,《中国方志丛书·华中地方》(第四八二号),成文出版社 1983 年版,第 350—360 页。

　　嘉靖中后期,台州何氏家族发迹。何宠、何宽兄弟先后得进士,哥哥任潮州知府,弟弟官至南京吏部尚书。他们在台州栅浦椒江岸线的西端兴筑石埠(即石砌的踏步码头),在距石埠东首约 300 米处又开凿径流,以停泊船只,前者称何埠,后者称何浦。① 何氏兴建的何浦为海门港新辟了一个港埠,成为当时临海县 36 埠之一。

　　隆庆年间(1567—1572),明政府有限开禁私人海外贸易,但日本仍在禁止贸易的行列。温州对外贸易直到万历年间浙江沿海倭患消解才逐渐恢复,和国内其他沿海港口的贸易逐渐频繁起来。如温州粮食"皆以风帆过海",运往福州一带。② 万历二十九年(1601),七只苏州商船驶来温州港进行贸易活动。③ 万历三十九年(1611),安南国(今越南)120 名商人,分乘两只船舶,前来温州沿海一带进行走私活动,被磐石卫查获,人员后被遣送回国。④

　　台州海门港的对外贸易产品最具有代表性的就是松门产的白鲞。此外,各种粮食也是海门港往来货运的重要商品。如福建惠安崇武千户所的商人就往来于海门港与崇武之间,"装

---

　　①　项士元:《海门镇志》卷二《桥梁津渡》,临海市博物馆编刊 1988年版,第 40 页。

　　②　[明]王士性撰,吕景琳点校:《广志绎》卷四《江南诸省》,《元明史料笔记丛刊》,中华书局 1981 年版,第 75 页。

　　③　[明]姜准撰,蔡克骄点校:《岐海琐谈》卷九,《温州文献丛书》整理出版委员会编:《温州文献丛书》,上海社会科学院出版社 2002 年版,第155 页。

　　④　[清]李登云、钱宝镕主修,[清]陈珅总纂:《光绪乐清县志》卷十六《杂志·丛谈》,1912 年补刊本,《中国方志丛书·华中地方》(第四七七号),成文出版社 1983 年版,第 2454 页。

载茹榔、米谷、苎麻"等物。① 温台与福建沿海的往来贸易船只都是沿海岸线行进的。福建至海门港的航线是：五虎门开洋往东南行驶，一日至王家峪海岛抛锚过夜，一日至北高山巡检司西洋山口抛锚过夜，一日至福宁县娘娘庙前抛锚过夜，一日至满门千户所，一日至金乡卫，一日至松门卫，一日至温州平阳巡检司海口中界山抛锚过夜，一日至松门港松门卫东港抛锚过夜，一日至海门卫东洋山，一日至桃青千户所圣门口抛锚过夜，一日至健跳千户所长亭巡检司，一日至石浦千户所东门，抵达宁波。②

明清交替，以郑成功为首的抗清力量，曾多次在温州一带取得粮食等军需物资。顺治十五年(1658)六月，郑成功大军抵达温州沿海，次年四月进行北伐。顺治十八年(1661)，清政府下令迁界，温州所属永嘉县一都至五都濒海居民内迁。③ 温州永嘉王至彪(1595—1677)在所著《玄对草·言愁集》中《失书叹》诗的序中记述道："严令遣徙，余从闽回，尚未至家，闻限十日为居民搬运蓄储，才至五日，兵丁拥集，抢掠一空。余家悬罄无可运，亦号能运，儿辈仅携书籍数篑。中途遇兵丁截路，搜遍

① [明]叶春及撰，泉州历史研究会等整理：《惠安政书》附《崇武所城志》，福建省地方志编纂委员会编：《福建地方志丛刊》，福建人民出版社1987年版，第42页。

② 佚名：《海道经》，《借月山房汇钞》(第五十三册)，南洋大学图书馆藏，博古斋1920年，第10页。[清]陈伦炯撰，李长傅校注，陈代光整理：《海国闻见录》"天下沿海形势录"，中州古籍出版社1985年版，第21—22页。

③ 陈光熙：《明清之际温州史料集》"明季温州抗清事纂"，《温州文献丛书》整理出版委员会编：《温州文献丛书》，上海社会科学院出版社2005年版，第13页。

无当意者,遂翻书入水,掠空箧而去。"①迁界后,界外的村庄船
只等一律烧毁,成为一片废墟。康熙三年(1664),临海人洪若
皋从家乡往福建沿海做官任上,循海岸而行,就当时温州和台
州一带"迁海"的情形有详细的描述:"自台至温,目击沿边一
带,当迁遣时,即将拆毁民房木料,照界造作木城,高三丈余,至
海口要路,复加一层二层,缜密如城隍。防兵于木城内,或三
里,或五里,搭盖茅厂看守。以是海寇不得阑入,奸民不得阑
出。"②康熙二年(1663),移右路水师镇驻黄岩,镇标下辖中、左、
右营,军官 42 名,兵 2575 名,战哨船 25 只。③ 康熙七年(1668)
规定:"非系贡期,概不准其贸易。"④在这样的情况下,清初温州
和台州的国内外海上交通贸易完全处于停顿状态。清初的迁
海和海禁使得温州沿海人口减少很多。康熙二十年(1681),温
州所属各县人口只有 191822 人,比明嘉靖时(1522—1566)的
352653 人减少近一半。⑤ 之后,随着台湾归清廷管辖,清政府
开始允许船只出海贸易。康熙二十四年(1685),浙海关在宁波
建立,下设口 15 处,其中:在温州境内的有温州、瑞安和平阳三

① 陈光熙:《明清之际温州史料集》"玄对草",《温州文献丛书》整理出
版委员会编:《温州文献丛书》,上海社会科学院出版社 2005 年版,第 432 页。

② 〔清〕洪若皋:《康熙临海县志》卷十二《艺文志·奏疏·遵谕陈言
疏(康熙三年)》,清康熙二十二年(1683)刊本,《哈佛中国旧方志集》,第
46 页。

③ 〔清〕陈钟英等修,〔清〕王咏霓纂:《光绪黄岩县志》卷十二《职官
志三·海防》,清光绪三年(1877)刊本,《中国方志丛书·华中地方》(第二
一一号),成文出版社 1975 年版,第 903—904 页。

④ 《清实录·圣祖实录》卷二五,康熙七年三月丁卯条,中华书局
1986 年版,第 354 页。

⑤ 〔清〕李琬修,〔清〕齐召南等纂:《乾隆温州府志》卷十《田赋·户
口》,清乾隆二十五年(1760)刊本,《中国方志丛书·华中地方》(第四八〇
号),成文出版社 1975 年版,第 590 页。

口;在台州境内的有白峤、海门和江下埠三口。① 温州口设立在府城镇海门(东门)外的岸边,便于"稽察海船出入",下设有旁口 4 个,分别是宁村口、状元桥口、黄华关口和蒲岐口。② 浙海关温州分口和台州分口的设立,标志着温州港与台州港的复苏和海上交通贸易的逐渐恢复和发展。

温州海关设立后,温州港的国内海上贸易逐渐活跃起来。温州及周边区域的土特产如木材、木炭、柑橘、茶叶、纸伞、药材、海产品等通过温州港运往国内其他沿海城市,而国内其他地方的土货如红糖、干果(红黑枣、桂圆、荔枝等)、木耳、金针菜、药材等也从其他沿海港口运来温州。不过,清代是禁止粮食出口海外的,即使国内沿海的粮食运输和贸易也有诸多限制。如乾隆十六年(1751),因浙东一带发生旱灾,农业歉收,清政府方允许江苏、福建两省商民从海道贩运粮食前往温、台、宁、处四府,并免除浙省各关口米税。③ 乾隆五十一年(1786),温、台两府商民前往鄞县(今宁波)购买大豆海运回本地时,需要按照福建之例,"令鄞县验明豆数,填给印票,并于船照内注明装豆数目、运回何处贸易字样,赴浙海关纳税。出口时,防汛口员弁印戳,挂验放行,仍按月造册,关会福建进口处所稽查,

───────────

① [清]嵇曾筠、李卫等修,[清]沈翼机等撰:《雍正浙江通志》卷八六《榷税》,清光绪刻本,《中国地方志集成·省志辑·浙江》,上海书店 1992 年版,第 786—787 页。

② [清]李琬修,[清]齐召南等纂:《乾隆温州府志》卷十三《关梁》,清乾隆二十五年(1760)刊本,《中国方志丛书·华中地方》(第四八〇号),成文出版社 1975 年版,第 701—702 页。

③ 《皇朝文献通考》卷二七《征榷考二·征商》,王云五:《万有文库》(第二集),商务印书馆 1936 年版,第 5092 页。

如有迟久不到,及到口查验无豆石者,即行查究"①。除浙江沿海贸易外,温州与北方也有海上交通贸易往来。乾隆二十八年(1763),清政府规定辽宁省的豆船,如驶往台州,"则由海门汛收口";驶往温州,"则由东关汛(即乐清黄华关)收口"②。除国内海上交通贸易外,一些温州船也前往日本从事海外贸易活动。康熙二十七年(1688),有一艘温州商船驶往日本长崎。③在《指南正法》(约成书于康熙末年)中,还记载了温州船舶驶往日本长崎的海道针路。④ 不过在清代,基本没有外国商船前来温州贸易的记载。

温州海上贸易的恢复和发展,推动了温州商品经济的发展。在农业方面,渔业解禁,大量木材、木炭从瓯江上游各地运来,这些农副渔业产品成为温州港的主要出口物资。水利设施的修建不仅扩大了耕地面积,也提高了单位面积的产量。如永嘉县新修筑长沙、山北两塘,"御咸蓄淡,为一方水利之要"⑤。此外,温州茶叶和柑橘等经济作物的产量也有所提高。在手工业方面,各行业的专业化分工程度不断提高,其中,纸伞、草席、棕器等手工制品经温州港出口到其他城市。在商业方面,随着

---

①　[清]昆冈等修,[清]刘启端等纂:《钦定大清会典事例》卷二三九《户部·关税·禁令一》,《续修四库全书》第八〇一册《史部·政书类》,上海古籍出版社 2002 年版,第 832 页。

②　《皇朝文献通考》卷三三《市粜考二·市舶互市》,王云五:《万有文库》(第二集),商务印书馆 1936 年版,第 5166 页。

③　〔日〕大庭修:《日清贸易概况》,《社会科学辑刊》1980 年第 1 期,第 93 页。

④　向达:《两种海道针经》,"温州望日本针路"条,中华书局 1961 年版,第 169 页。

⑤　[清]李琬修,[清]齐召南等纂:《乾隆温州府志》卷十二《水利·海塘》,清乾隆二十五年(1760)刊本,《中国方志丛书·华中地方》(第四八〇号),成文出版社 1975 年版,第 697—698 页。

沿海贸易的频繁，温州的商品以中药、南货、绸布和酱油为主，其中经商群体多为宁波、福建人，前者操纵了中药、绸布和酱油，后者多经营南货。① 在造船方面，温州和台州仍是中国沿海的重要造船地区之一，除了官营造船场外，私营造船场也打造商船和渔船。清代，温州造船场除了建造水䑸、赶艚、双蓬、快哨等大船外，还建造八桨、六桨、膨快等小船。为了保证造船质量，温州造船场还派员去厦门购买国外进口桅木。② 由于温州造船质量较好，北方旅顺、金州、天津等地的战船也请温州船厂代为建造。③ 台州境内的政府船场先设在临海东南五里的船坊桥畔④，后又迁到黄岩澄江岸线。⑤

台州家子口的海关，俗称"台大关"，原设在海门卫城内龙须巷（即后晏公巷）之北⑥，后来迁到面临港岸线的杨府庙南侧，即今天"大关前"的地方。家子口海关分关管理船舶丈量，并征收船钞。海门港海关分关设立后，船舶的发照和放行仍归地方

---

① 朱烈：《温州市的历史地理》，《温州市地理学会第一、二届年会论文集》，1964 年 8 月。

② ［清］张宝琳修，［清］王棻等纂：《光绪永嘉县志》卷八《武备志·战舰》，清光绪八年（1882）刊本，《中国方志丛书·华中地方》（第四七五号），成文出版社 1983 年版，第 730 页。

③ ［清］张宝琳修，［清］王棻等纂：《光绪永嘉县志》卷八《武备志·战舰》，清光绪八年（1882）刊本，《中国元志丛书·华中地方》（第四七五号），成文出版社 1983 年版，第 731 页。

④ ［清］张联元：《康熙台州府志》卷三《仓场驿铺》，清康熙六十一年（1722）尊经阁藏板，哈佛大学汉和图书馆藏本，第 64 页。

⑤ ［清］张联元：《康熙台州府志》卷十六《艺文二·记·皇清陈溥重建交礼桥碑记》，清康熙六十一年（1722）尊经阁藏板，哈佛大学汉和图书馆藏本，第 64—65 页。

⑥ 项士元：《海门镇志》卷二《关市》，临海市博物馆编刊 1988 年版，第 38 页。

官员和军事机关办理。如出入海门港的商船和渔船,都由地方政府发给执照,再由防守港口的黄岩镇右营验照放行。① 台州各港口的海上活动除官方的运粮与海上巡查外,各类海上生产与运输是当时私人海上活动的主要形式。与章安隔江相望的葭芷在明代陆续出现从事海上捕捞的艋艚船,葭芷的舻艚捕捞业也因此兴起。当时流传着:"葭芷对金鳌,代代儿孙张舻艚。"舻艚捕捞业是葭芷的大宗渔业,与椒北前所的对网业并驾齐驱。清雍正年间,葭芷被称为"渔船出入之所"②。另外,椒北一带的渔船每年春汛到舟山群岛的洋山捕捞黄鱼,六月后聚集在岱山捕捞带鱼。也有渔民到衢山捕捞乌贼和大小黄鱼。衢山盛产食盐,便于腌制咸鱼。渔民将腌制的鱼北上运到扬州仙女庙等地销售,再运回大米、布匹等,供衣食之用。③ 此外,各类官方和私人的沿海粮食运输也是台州港口民船的主要经营活动。雍正七年(1729),海门港实施船舶出入口的照票,由海门营汛逐船挨号稽查,加盖营汛的戳记。④ 方志载:"临、天、仙等县山多田少,郡城更人民辐辏,即岁稔之年,亦比借黄、太两邑之米源

　　① 〔清〕嵇曾筠、李卫等修,〔清〕沈翼机等撰:《雍正浙江通志》卷九六《海防二》,清光绪刻本,《中国地方志集成·省志辑·浙江》,上海书店1992年版,第1728—1729页。

　　② 〔清〕嵇曾筠、李卫等修,〔清〕沈翼机等撰:《雍正浙江通志》卷九六《海防二》,清光绪刻本,《中国地方志集成·省志辑·浙江》,上海书店1992年版,第1725页。

　　③ 李凤苞:《海洋山岛图说》,同治刊本。

　　④ 〔清〕嵇曾筠、李卫等修,〔清〕沈翼机等撰:《雍正浙江通志》卷九六《海防二》,清光绪刻本,《中国地方志集成·省志辑·浙江》,上海书店1992年版,第1728页。

源装运,以供民食,亘古为然。"①因此,当时稽查的重点是防止大米"偷越出口"。同年,浙江巡抚李卫奏准,为严密防止"偷运米石,夹带私盐出口"②,加设汛船,昼夜巡察水域。海门港的葭芷在海禁开放后成为闽浙海上贸易的港埠,既是闽商旅居和屯货之所,也是黄、太两县稻米输往临海、天台、仙居的中转埠。因此,台州黄岩镇派有弁兵在这里盘查,以防漏海。③ 除稽查外,台州沿海官弁还直接插手经济活动。如黄岩场有配销本地渔船盐斤,供腌制咸鱼使用。乾隆十六年(1751),黄岩镇中营与台州府知府会同稽核,每年渔汛期,黄岩镇委派弁目到石塘、石浦、凤尾三渔港,代盐商放卖渔盐。④

与温州港不同的是,清代台州港仍保持着一定的对外贸易与文化往来。乾隆三年(1738)六月十三日,有一艘琉球双桅商船遇到飓风漂到台州海门关口。浙江总督于十一月初六日将其遣送到福建,并于第二年夏至前后随琉球贡船回国。⑤ 乾隆六年(1741)三月二十六日,黄岩镇中营的哨船在海门关口外川

① [清]张联元:《康熙台州府志》卷十七《艺文三·告诫·申三江口永禁盘查米谷文》,清康熙六十一年(1722)尊经阁藏板,哈佛大学汉和图书馆藏本,第80页。

② 台湾"中央研究院"历史语言研究所:《明清史料(庚编)》第六本《和硕怡亲王允祥等奏稿》,中华书局1987年版,第1065页。

③ [清]张联元:《康熙台州府志》卷十七《艺文三·告诫·申三江口永禁盘查米谷文》,清康熙六十一年(1722)尊经阁藏板,哈佛大学汉和图书馆藏本,第80页。

④ [清]陈钟英等修,[清]王咏霓纂:《光绪黄岩县志》卷六《版籍志三·盐法》,清光绪三年(1877)刊本,《中国方志丛书·华中地方》(第二一一号),成文出版社1975年版,第503—504页。

⑤ 台湾"中央研究院"历史语言研究所:《明清史料(庚编)》第四本《闽浙总督郝揭帖》(乾隆三年十二月二十一日),中华书局1987年版,第667—668页。

礁洋面发现朝鲜船一只。船上有 20 人,装有马鞍、海荠菜、篾丝帽等。船主自称是因"中途遇风,失去桅木樯楫,随风漂到"海门港。台州知府将他们接到临海,并在两个月后垫给他们海荠菜和船舶的价值。然后将他们护送到杭州,再转到北京,交朝鲜使者带回本国。① 此外,琉球来中国朝贡的中国登陆港口虽是福建泉州港,但由于其船只可直指海门港外的松门港,再南下泉州港,故有多次,使者都是在台州登陆。同时,从福建回国的琉球使者,也是由闽浙总督派水师护送到石塘洋面(松门港水域),由三蒜岛放洋长行回国。②

---

① 台湾"中央研究院"历史语言研究所:《明清史料(庚编)》第四本《闽浙总督德揭帖》(乾隆六年九月初六日),中华书局 1987 年版,第 683—687 页。

② 台湾"中央研究院"历史语言研究所:《明清史料(庚编)》第四本《闽浙总督三宝题本》,中华书局 1987 年版,第 748—750 页。

第四章 ∭

晚清时期的浙江
沿海港群与海关

晚清,宁波和温州两个港口先后开埠,成为浙江从事对外贸易的主要港口。伴随现代轮船航运业的兴起和新式动力船只的投入使用,传统木帆船码头已经逐渐不适用。宁波、温州港口都有先后向外扩张的迹象。宁波新修建的码头大多集中在江北岸和镇海口,传统木帆船仍主要停靠在三江口码头。对于国外进口船只及商品,在西方国家的要求下,清政府成立新式海关,专门管理涉及外国进出口的货物,并对其征收关税。早期的浙江沿海海关主要是由外国人管理的,这种中外联合的海关管理模式一方面推动了中国海关管理的现代化,另一方面却成为西方国家插手中国事务的一个途径。宁波和温州的先后开埠便利了浙江沿海商品和人员的流动,两个口岸的进出口贸易在晚清时期多呈现出增长的态势。不过相比之前的历史时期,宁波在江南地区的主要贸易港口地位逐渐为上海港所取代。

一、晚清时期的浙江沿海港口建设与航运

晚清宁波开埠后,宁波再次拥有直接对外贸易的资格。对于宁波的重新开埠,西方人最初的态度是非常乐观的。同治三

年(1864)的浙海关贸易报告中就记载了当时欧洲人对宁波港口再次开放的态度。

> 人们不难想象，当初英国人为他们的商人开辟了宁波港的时候，对它的未来是抱着极大希望的。那时候，杭州湾没有一处地方准备建造港口，宁波自然备受注目。通过甬江及其运河，贸易可做到绍兴乡间；并且以大城市杭州为龙头，做到钱塘；钱塘江有一条支流流入安徽，贸易可通过钱塘江，穿过安徽，一直延伸到江西。因此宁波的贸易可以辐射到很远，而它的活动中心地带可以放在绍兴。我敢说，没有亲眼见到过这个地方的人是难以想象它的美景的。自然界赋予绍兴丰富的物产，人们用手工挖出了美丽的运河，运河两边筑起石围堤护岸，与欧洲都市的运河河岸一样整齐美观。从山上俯瞰乡野，城、镇、集市错落有致，那里充满生机，隐藏着财富。当初杭州被誉为人间天堂（现在已不是了），其实绍兴也称得上人间天堂。
>
> 宁波港所具有的优越性，浙江的其他两个港口（温州和台州）是没有的。这两个港通往内地的河流是被山脉隔断的。①

随着各国领事馆在宁波的设立和新式商船的进出港口，传统的港口设施也发生改变。咸丰四年(1854)，宁波港出现了中

---

① 〔法〕日意格(P. Glquel)：《同治三年(1864 年)浙海关贸易报告》(1864 年 12 月 31 日)，中华人民共和国杭州海关译编：《近代浙江通商口岸经济社会概况：浙海关、瓯海关、杭州关贸易报告集成》，浙江人民出版社 2002 年版，第 98 页。

154

国近代引进的第一艘轮船——宝顺号。从此,宁波从一个单纯的帆船港口转变为轮船与帆船混合港口。轮船逐渐成为进出宁波港的主要船型,由于其吨位大、航速快的特点,传统的岸线码头已无法适用。随着轮船进出港口的增多,与新式轮船配套的码头、仓库、航标等现代港航设施也同步发展起来。

图 4-1　宝顺轮模型（宁波中国港口博物馆藏）

宁波传统的港口岸线集中在余姚江和奉化江的交汇处,这里一直是宁波早期帆船的主要停靠港区,其中,奉化江北岸靠近江厦街的区域是鱼盐货物装卸的主要码头。为避免和传统帆船码头混杂,再加上宁波外国人居留地在江北岸,新式的轮船码头区域便集中在甬江北岸三江口至下白沙一带。这里河道水深稳定,港池和航道条件都不错,可供 3000—5000 吨级的轮船出入。更重要的是,当时宁波的外国人集中居住在此区域,各国领事馆也修建在此,往来各国轮船报关可以就近办理。以宁波外国人居留地为中心,沿甬江岸线形成了一个新的轮船码头,与传统的三江口码头共同构成近代宁波港口的形态。宁波港从江东帆船码头发展到江北轮船码头,船舶的载重能力上升了一个数量级。从这里,我们既可以看到自然与经济技术条

件对港口发展的制约,也可以看到经济政策和新技术的使用对自然条件的改造。宁波港的江北岸轮船码头,正是在近代中国重新开放的经济环境及现代轮船航运与港口技术应用下对传统港口自然条件进行改造的一个典型案例。不过,对江北岸码头建设中产权问题的模糊处理,导致这些岸线实际并未全部掌握在地方政府手中,为20世纪30年代宁波的收回"白水权"运动埋下伏笔。

图 4-2　清末宁波江厦海运码头

(资料来源:哲夫《宁波旧影》)

图 4-3　1875 年停泊在甬江北岸的蒸汽轮船"CHSAU"(舟山号)

(资料来源:哲夫《宁波旧影》)

　　道光二十四年(1844)宁波正式开埠后,随着江北岸外国人居留地的建造,宁波的江北岸一带修了一些仓库和小型的石勘式码头(俗称道头),专门供驳船①和洋式帆船使用。对大吨位无法直接停靠到码头的货船而言,其作业方式是驳运上栈。大约在同治元年(1862),美商旗昌轮船公司(又名美商上海轮船公司)开始建造趸船式浮码头②,为开通定班货轮做准备。随着新式码头的运转和宁波贸易的逐年上升,运输工具"由许多只原始落后之木船而进步到了少数负载量庞大、航行迅速安全之汽轮,其卸装时间也大大地缩短,仅在港内停泊数小时又乘风破浪地向目的地去矣"③。同治三年(1864),清政府镇压太平天国运动后,英国商人就在宁波投入一艘轮船用于航运,初名"孔夫子"号,行使一月后因没有乘客和货物又改名为"西太后"号,紧接着又改名为"杨恩棠"号,"先后凡三月,一无收入,因而停驶"④。同治十二年(1873)9 月 24 日,成立仅一年的招商局轮

---

　　①　"驳船"本身无自航能力,是需拖船或顶推船拖带的货船。其特点为设备简单、吃水浅、载货量大。驳船一般为非机动船,与拖船或顶推船组成驳船船队,可航行于狭窄水道和浅水航道,并可根据货物运输要求而随时编组,适合内河各港口之间的货物运输。

　　②　郑绍昌:《宁波港史》,人民交通出版社 1989 年版,第 142 页。"趸船"为无动力装置的矩形平底非自航船,通常固定在岸边,作为船舶停靠的"浮码头",以供船舶停靠、上下旅客、装卸货物。趸船初创于英国,获名"store ship"(水上仓库),近代中国五口通商后,趸船出现在各通商口岸港口。

　　③　〔英〕惠达(F. W. White):《同治十一年(1872 年)浙海关贸易报告》(1873 年 1 月 31 日),中华人民共和国杭州海关译编:《近代浙江通商口岸经济社会概况:浙海关、瓯海关、杭州关贸易报告集成》,浙江人民出版社 2002 年版,第 144 页。

　　④　《鄞县通志·第一舆地志》寅编《交通·水道》,1935 年铅印本,《中国方志丛书》(第二一六号),成文出版社 1974 年版,第 718 页。

船公司从上海驶来一艘小汽轮"永宁"号,"乃是该公司开辟沪甬定期低廉航班之先锋"①。根据现有资料,最早的栈式铁木结构的趸船码头是同治十三年(1874)由招商局轮船公司建造的,靠泊能力约为 1000 吨级,其后又继续扩建到 3000 吨级。②

图 4-4　宁波三江口趸船式浮码头

招商局轮船公司加入沪甬航线运行当中,与美商旗昌轮船公司的业务产生直接竞争。据浙海关贸易报告记载,光绪元年(1875)和光绪二年(1876)宁波港口的进出口船只吨位因此受到严重影响。"如 1875 年进口之吨位减少了 269475 吨,1876年减少了 243758 吨。悬中国旗之船只吨位 1875 年增长了

---

① 〔英〕惠达(F. W. White):《同治十二年(1873 年)浙海关贸易报告》(1874 年 1 月 31 日),中华人民共和国杭州海关译编:《近代浙江通商口岸经济社会概况:浙海关、瓯海关、杭州关贸易报告集成》,浙江人民出版社 2002 年版,第 153 页。

② 郑绍昌:《宁波港史》,人民交通出版社 1989 年版,第 142 页。

46280 吨,1876 年增长了 79296 吨。"①对于两家轮船公司的竞争,浙海关贸易报告就有详细的记载。

　　上海定期航班轮船——沪甬线定期航班之滥觞,系洋商上海航运轮船公司之两艘汽轮成立渡运业务。当初是每周日下午 4 时从上海、宁波各发一轮对驶至翌晨,在白天装卸完毕又于下午 4 时离岸。从此,渡运成为制度,以至客货业务两旺,从此宁波邻近地区也沾了光,日趋繁荣。多少年以后,上海就成为全国航运业之中心,而上海也变成了宁波的一个大市场。从此这家洋商上海轮船公司独揽了沪甬定期航班,气焰更为嚣张,排挤、扼杀所有异己,称霸一方。1871—1872 年怀特先生曾有文记载表白称:"甬江轮船犹如众星之月,前后鸭尾船、左右夹板船层层排列在甬江之一边,好繁荣热闹贸易盛景。"
　　外商独霸沪甬航线轮船行驶局面到 1873 年,有一家华商投入一艘汽轮互相颉颃,到了 1874 年华商又再投入一艘。结果,因失败而告终。到了 1875 年,又来了招商局轮船公司,并从其以前之劲敌那里购得一艘汽轮。直至 1877 年,洋商上海轮船公司与招商局两家在沪甬线上争得一个平分秋色之局面。
　　…………
　　到了 3 月,华商招商局把那家洋商上海轮船公司

---

① 〔英〕狄妥玛(T. Dick):《光绪二年(1876 年)浙海关贸易报告》(1877 年 1 月 19 日),中华人民共和国杭州海关译编:《近代浙江通商口岸经济社会概况:浙海关、瓯海关、杭州关贸易报告集成》,浙江人民出版社 2002 年版,第 170 页。

之所有汽轮都买了回来,并把那只江西号改名为海山号还是行驶沪甬线。此外,招商局还派遣一艘叫大禹号来沪甬线与海山号对驶。到 1877 年 3 月,原沪甬线悬洋旗之轮船从此就改归华商也。到了同年 4 月招商局又买下了一艘湖北号后改名江田号代替大禹号。从此以后海山号(574 吨)和江田号(1079 吨)就一直在沪甬线交叉行驶直至年底。①

沪甬航线的航运价值和丰厚利润使得大量轮船公司挤入这条航线。除上文所述两家轮船公司外,光绪元年(1875),丹麦的宝隆洋行在宁波修建华顺码头,开行"彭格海"号轮船。②光绪三年(1877)6 月 21 日,悬挂美国旗的"苏州"号(368 吨)也加入沪甬航线。9 月份,英商太古轮船公司的"北京"号(1274吨)接替原先的"东兴"号(610 吨)加入到沪甬航线的运行当中。到是年年底,行驶在沪甬航线上的现代轮船有三艘。③

---

① 〔美〕杜德维(E. B. Drew):《光绪三年(1877 年)浙海关贸易报告》(1878 年 7 月 12 日),中华人民共和国杭州海关译编:《近代浙江通商口岸经济社会概况:浙海关、瓯海关、杭州关贸易报告集成》,浙江人民出版社2002 年版,第 173 页。

② 《鄞县通志·第二政教志》辛编《交通·航政》,1935 年铅印本,《中国方志丛书》(第二一六号),成文出版社 1974 年版,第 1215—1216 页。

③ 〔美〕杜德维(E. B. Drew):《光绪三年(1877 年)浙海关贸易报告》(1878 年 7 月 12 日),中华人民共和国杭州海关译编:《近代浙江通商口岸经济社会概况:浙海关、瓯海关、杭州关贸易报告集成》,浙江人民出版社2002 年版,第 173—174 页。郑绍昌:《宁波港史》,人民交通出版社 1989年版,第 235 页。

图 4-5　由虞洽卿等人发起成立的宁绍商轮公司购入"宁绍轮"行驶于沪甬线上

（资料来源：哲夫《宁波旧影》）

　　除沪甬航线外，沪瓯线及广州香港至宁波的航线均有轮船往来行驶。行驶在沪瓯线上的是悬挂英国旗帜的"征服"号（317 吨），"每月停靠宁波两次，一次往南，另一次往北"。此外，光绪三年（1877）行驶在广州香港与宁波航线上的轮船是一艘悬挂英国旗帜的"厦门"号（814 吨）和悬挂德国旗帜的"中国"号（648 吨）。① 所以，在光绪三年（1877），宁波江北岸至少修建了 3 座铁木结构的千吨级码头，分别是宝隆行的华顺码头、招商局的江天码头和英商太古轮船公司的北京码头。

　　除三江口江北岸外，甬江沿线的镇海在光绪十六年（1890）设"海龙轮埠"，光绪二十四年（1898）设"云龙轮埠"，光绪二十六年（1900）设"镇海轮埠"，光绪三十年（1904）设"宁波轮埠"，光绪三十一年（1905）设"小平安轮埠"，光绪三十二年（1906）设"海宁轮埠"，光绪三十四年（1908）设"景升轮埠"，宣统三年（1911）设"瑞运轮埠"；穿山在光绪二十八年（1902）设"永川码

---

　　① 〔美〕杜德维（E. B. Drew）：《光绪三年（1877 年）浙海关贸易报告》（1878 年 7 月 12 日），中华人民共和国杭州海关译编：《近代浙江通商口岸经济社会概况：浙海关、瓯海关、杭州关贸易报告集成》，浙江人民出版社2002 年版，第 174 页。

头",光绪三十四年(1908)设"平安码头",宣统二年(1910)设
"可贵码头"。① 大量新式轮船的靠泊对宁波江北岸的码头建设
提出了更多的数量要求。随着大量现代码头的修建,宁波港初
步完成从传统帆船码头向轮船码头的转变。伴随码头建设的
是宁波港口市政建设的发展。光绪二十七年(1901)4 月,宁波
外国人居留地的公共市政委员会就开始推动建设江北岸码头,
并对到岸或离岸货物按每包 3 文铜钱征税。自从码头税开征
后,宁波港区建设逐渐加快,有 13400 元用于堤岸、码头、道路
的修建与拓宽。②

图 4-6　甬江入海口

[资料来源:(英)托马斯·所罗姆绘图,李天纲编著:《大清帝国城市印象:十九
世纪英国铜版画》]

①　洪锡范等主修,王荣商等总纂:《镇海县志》卷七《营建·轮埠》,
1931 年铅印本,《中国方志丛书·华中地方》(第四七八号),成文出版社
1983 年版,第 621—622 页。
②　陈梅龙、景消波译编:《近代浙江对外贸易及社会变迁:宁波、温
州、杭州海关贸易报告译编》,宁波出版社 2003 年版,第 73 页。

自光绪六年(1880)宁波海关对港口轮船进行统计之后,宁波港客运量从光绪六年(1880)的 125874 人次,增加到光绪二十六年(1900)的 342740 人次,短短 20 年间,宁波港各线客运人次增加了近 3 倍。这一时期运送的外国人也从最初的 578 人次,增加到 1056 人次。在宁波港沿海航线中,甬沪线的客运规模远超其他航线。以光绪二十六年为例,甬沪线的客运量有 285664 人次之多,而同期甬温(州)线及甬台(州)线的客运量仅 2329 人次和 54744 人次。① 截至 1911 年,宁波港外海和内河航线上运营的轮船总共有 22 艘,分属 13 家轮船公司,除宁绍商轮公司"宁绍"号与"甬兴"号以外,多数轮船为 1000 吨以下的小吨位轮船。同年,各国进出宁波港的轮船总计 1532 艘次,总吨位为 1879806 吨。其中,中国和英国分别占总吨位的 63.96％和 25.39％,数量分别是 1035 艘和 368 艘,其他为法、日、美、瑞典-挪威商船。从该数据可以看出,中国轮船公司在宁波港航线的经营上占优势地位。除此之外,在外海各航线帆船/机帆船与内河航运上,截至 1911 年,已经全部由中资帆船/轮船运营。同年,出入宁波港的帆船数量为 158 艘,总吨位为 20567 吨。同期出入内河航线的轮船、帆船及机帆船总数为 3914 艘,总吨位为 397012 吨。可见,相比外海轮船航运而言,内河航运的机帆船明显属于小吨位船只。这些数据还没有算上兼营航运的 2 万余艘渔船。这一时期轮船航运的总体情况是大型轮船优先投入外海主要航线,其次是内河主要航道,而众多的机帆船与帆船则往来于近海短程航线与内河支线。轮船的发展趋势呈现先外海后内江、先重要航线后次要航线、先货运后客运的特点。这与航运业的投入产出关系和边际资本

---

① 郑绍昌:《宁波港史》,人民交通出版社 1989 年版,第 248 页。

效益的要求完全吻合。这一时期宁波及周边地区的沿海及岛屿基本都通行轮船。在繁忙的航线上,众多形制不一的轮船往来于宁波与周边港口之间。

作为浙江南北航线的中转站,台州海门港在晚清时期就已经有非常发达的帆船航运。据晚清朱正元《浙江沿海图说》统计,台州海门港有商船 160 艘,葭芷北岸有商船 50 多艘。① 在众多帆船中,小型帆船主要北上上海及江苏南通的云台山、姚港、银加港、天生港和扬州的仙女庙及浙江的乍浦港,以贩运木材为主;南下船只主要前往福州、兴化、厦门。台州海门港帆船,"自台至闽,局促舟中达二十余日;自台至宁或十余日,几无人不兴行路难之叹"②。依照自然条件,船只一般每年出行两次:农历八月出港,十一月回港;农历正月出港,五月回港。光绪元年(1875),福建泉州和漳州的木帆船来台州,都是在葭芷港进行贸易,其后改到海门港。闽商为经营管理的需要,在海门设立福建会馆,管理福建木帆船贸易事务。

台州海门港的轮船运输始于 1897 年外海商轮局开通的椒甬线。光绪初年,甬台提镇设兵轮在海上运兵,海上商人"始知交通之便非创办商轮不可"。光绪二十三年(1897),宁波商人在考察海门口岸后创办"海门轮",这是台州的第一艘轮船,也

---

① [清]朱正元:《浙江沿海图说》海门卫《船只》,影印清光绪二十五年(1899)刊本,《中国方志丛书·华中地方》(第二○○号),成文出版社1974年版,第 35 页。

② 喻长霖等:《台州府志》卷五三《建置略四·交通·航政》,1936年铅印本,《中国方志丛书·华中地方》(第七四号),成文出版社1970年版,第 833 页。

是台州海门港创立近代轮埠之始。[①] 同年 11 月,台州本地商人路桥绅士杨晨官与陶祝华、王勤甫等集资创办"越东轮船公司"运营"永宁轮",并于第二年开通海门至宁波的航线。光绪三十年(1904),日本"载阳丸"开通海门至上海的航线。原本台州人去上海大都由海门先到宁波,再中转去上海。自"载阳丸"运营后,大量商人从海门直达上海。"载阳丸"运营不久后就停航,此后上海轮船"景茂"号运营该航线,但因船身狭小也很快终止。次年,越东轮船公司购买的"永利轮"开通椒沪航线。自光绪三十四年(1908),"永江轮"开通椒江至温州的航线。此后,上海与温州、宁波与温州之间的贸易货物均在海门港转口。截至 1911 年,行驶在海门港各航线上的轮船有:椒甬线的"海门轮""永宁轮""永川轮""海宁轮""湖广轮";椒沪线的"永利轮""可贵轮""平安轮";甬椒瓯线上的"新海门轮""宝华轮"。总计 3 条航线,10 艘轮船,最大的为越东轮船公司的"永利"号轮船(763.55 吨),最小的是"海宁"号轮船(106 吨),总吨位 4477.15 吨,其中载重超过 500 吨的轮船有 3 艘。截至 1911 年,台州外海轮船公司总共有 7 家,分别是:外海商轮局、越东轮船公司、平安轮船公司、永川轮船公司、锦章号轮船局、招商局、英商老公茂洋行。另有宣统二年(1910)成立的临海六埠拖轮公司经营内江航线。[②]

　　除台州—宁波、台州—上海和台州—温州等外海航线的先后开通外,台州的内江航线也先后开通。晚清时期台州开通的

---

　　① 喻长霖等:《台州府志》卷五三《建置略四·交通·航政》,1936 年铅印本,《中国方志丛书·华中地方》(第七四号),成文出版社 1970 年版,第 833 页。

　　② 据《1897—1914 年海门港各航线轮船表》数据整理,见金陈宋:《海门港史》,人民交通出版社 1995 年版,第 107—108 页。

内江航线有两条:临椒航线的开通始于光绪年间,由本地人集资购买的小轮"灵江"号,是台州首艘行驶在内江航线上的轮船,其航线自郡城南门外的江下至海门;黄椒航线的开通始于宣统元年(1909),黄岩商人组建永裕公司购买小轮"永裕"号,其航线自黄岩北门至海门。①

对浙江沿海航道,西方国家曾在 19 世纪中后期做过测量,晚清朱正元在其基础上对浙江沿海进行测量重绘,其中台州沿海的有健跳所、海门卫、松门卫三个区域。健跳所"狗头山与蓝嘴间仅深一二拓,亦有深不及拓者。入内,则三四拓至七八拓不等。大狗头与陆岸间曰'靖虹门'。西图作浅沙,并无水道,实则中小轮尽可出入"②。海门"口外水道虽宽,深仅一拓余。近口处,水受两山束约,流力颇劲,水道逐因之而深。口内,自城垣前上至葭芷镇,水道深自三四拓至四五拓不等。自葭芷以上,水道分为二支,一向西北至台州府,一向西南至黄岩县,小轮随潮可入"③。松门水道"近年渐淤,吃水六七尺之船,止能停泊十余里外之龙王堂。石塘山与松门衙间之水道亦为沙淤,潮涨时仅容小艇"④。

———————

　　① 　喻长霖等:《台州府志》卷五三《建置略四·交通·航政》,1936 年铅印本,《中国方志丛书·华中地方》(第七四号),成文出版社 1970 年版,第 834 页。

　　② 　[清]朱正元:《浙江沿海图说》健跳所《水道》,影印清光绪二十五年(1899)刊本,《中国方志丛书·华中地方》(第二〇〇号),成文出版社 1974 年版,第 57 页。

　　③ 　[清]朱正元:《浙江沿海图说》海门卫《水道》,影印清光绪二十五年(1899)刊本,《中国方志丛书·华中地方》(第二〇〇号),成文出版社 1974 年版,第 59 页。

　　④ 　[清]朱正元:《浙江沿海图说》松门卫《水道》,影印清光绪二十五年(1899)刊本,《中国方志丛书·华中地方》(第二〇〇号),成文出版社 1974 年版,第 63 页。

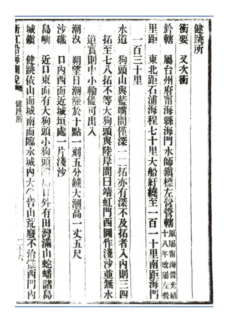

图 4-7　〔清〕朱正元《浙江沿海图说》书影

台州海门港区原本没有直通黄岩、太平的河道,原有河道"旧至海门乃堰岭止,行旅货物,俱登陆达海门。乃堰以上,别有河通葭芷,故葭芷商务甲于临海,非海门所能及也"①。相比海门,葭芷在航运方面的便利使得其港口贸易远高于前者。随着椒甬航线的开通,海门商业日益繁盛。为了满足日益发达的客货运输需求,光绪二十四年(1898),绅商王梦兰、蔡霖稟请县衙开凿新河,经过府县亲自勘察,海门镇官兵协助疏浚,按亩捐钱,集资一万元充经费。新河道"自下洋郑绕沙门至海门新道

---

①　陈懋森:《临海县志稿》"海门新河",项士元:《海门镇志》,临海市博物馆编刊 1988 年版,第 16 页。

头止,长五里"①,至此河与堰通,黄岩和太平的众多货物可以直接通过河道运到海门,极大地便利了商旅的往来。

　　光绪二年(1876)《中英烟台条约》签订后,温州的大门被英国殖民者打开,原有的帆船航运逐步为现代轮船航运所代替。不过根据《瓯海关十年报告(1882—1891年)》的记载,温州在此之前就已经有各国船只停靠。"1859年有17艘船舶在'坛子尖'(Jar Point)地方下锚,又在1862年,四艘外国船只在该处为英国炮舰所掳获,以在未开放口岸贸易的罪名押往福州,扣押好几个月之后,方才释放。次年直至开埠,据报告有许多船只停靠温州,但贸易因被太平军驱散,以后始终未恢复。"②瓯海关署税务司马吉在《光绪四年(1878年)瓯海关贸易报告》中也提到了瓯海关开埠前外国商人在这里的活动:

　　　　那得要说到温州开埠之前,大概是1860至1861年间,那时洋船来温州还有大买卖呢。不久太平叛军横扫台州,而温州虽未落入叛军之手,也已成了惊弓之鸟矣。商人们纷纷抽撤资金洗手不干,有的就逃回宁波、福州各自的家乡去矣。这事乃是有一位船主去年来此时透露的。其自1860至1878年这几年中来过温州达九次之多,不信可查核,其来访时总要在名胜古迹如寺庙等公共场合刻字留记以志纪念。但这位船

　　① 陈懋森:《临海县志稿》"海门新河",项士元:《海门镇志》,临海市博物馆编刊1988年版,第16页。
　　② 〔法〕那威勇(A. Novion):《瓯海关十年报告(1882—1891年)》(1892年8月31日),中华人民共和国杭州海关译编:《近代浙江通商口岸经济社会概况:浙海关、瓯海关、杭州关贸易报告集成》,浙江人民出版社2002年版,第409页。

主又老是悒悒不乐,1862年,他的船和另外三人(一名是德国人,另一名是丹麦人,还有一名就是暹罗人)均遭一艘英国炮艇扣押去到福州。最后连他的船桅也上了链,那是海上被停之意。但事有转机——时隔两月,英方"仁慈为怀",警告说"下不为例",也就连船带人予以释放矣。据该船主称,那时温州(贸易)商业相当繁荣,温州乃是沿海最佳港口之一。①

图 4-8　英国外交官阿尔巴斯特（Chaloner Alabaster）
于 1877 年拍摄的在华盖山上遥望东门永川路浦边码头的照片

（资料来源:https://www.sohu.com/a/139076447_355935）

早期温州港航线主要有温沪线(温州至上海)、温甬线(温州至宁波)、温椒线(温州至海门)和南洋线(温州至南方沿海各

---

① 〔英〕马吉(J. Mackey):《光绪四年(1878年)瓯海关贸易报告》(1879年3月28日),中华人民共和国杭州海关译编:《近代浙江通商口岸经济社会概况:浙海关、瓯海关、杭州关贸易报告集成》,浙江人民出版社2002年版,第478页。

地航线)4条。光绪三年(1877)4月温州开埠,英国怡和洋行的"康克斯特"号货轮驶抵温州,标志着温沪航线的开通。此后,轮船招商局与英国怡和洋行从上海前往福州航线的轮船,各安排一艘停靠温州,以便上海货物与人员在温州的转运。此后,该航线主要由轮船招商局经营。光绪四年(1878),英国轮船和招商局轮船航行次数分别为10次和6次。光绪五年(1879),瓯海关贸易报告显示该年度英国汽轮已经退出本航线,招商局的轮船航行26次,平均两周一次。对于招商局"永宁轮"准时定期航行在上海和温州之间,瓯海关署税务司马吉就称赞其"为本口贸易得以稳步发展立下了不可磨灭之功劳,尤其是它在运费上与民船竞争,载运本口廉价大宗出口货方面也确实起到了良好的推动作用,它正适合行驶像温州这样寒酸的口岸"①。对于"永宁轮"行驶瓯—沪杭线的原因,马吉在《光绪五年(1879年)瓯海关贸易报告》中也做了说明:

> 话得说到去年,那是夹板船吃香的一年,有一家匹头行,而且是来此夹板船之合伙人,那些夹板船只运那一家的匹头而拒载其他人家的匹头货,因此就垄断了温州的匹头市场。所谓欺人太甚,必有反抗,所有其他匹头行就联合想办法来打破垄断局面。为此,于去年年底选派了两名忠实可靠的得力代表到上海觅一合适船只。最后招商局于那年年底就考虑到派"永宁轮"定期行驶温州这一线。从此,夹板船的使命

---

① 〔英〕马吉(J. Mackey):《光绪五年(1879年)瓯海关贸易报告》(1880年1月31日),中华人民共和国杭州海关译编:《近代浙江通商口岸经济社会概况:浙海关、瓯海关、杭州关贸易报告集成》,浙江人民出版社2002年版,第480—481页。

到此结束,以后也只是装些煤油等以前所不愿多载之易燃品之类货物。温州开埠时,第一艘来本口之夹板船乃是悬丹麦国旗的。①

光绪九年(1883)7 月,一艘往来福州和温州之间的华商汽艇尝试搭客航运,最终因船小没有舱位及不适合出海航行而取消。② 光绪三十一年(1905),瑞安开办了一个内港行轮公司,其小轮船"湖广"号载重 96 吨,往来瑞安和宁波之间。③ 光绪三十二年(1906),一艘小汽艇按"内港行轮章程"往来温州、瑞安之间,一天一个来回。"这只小汽艇在小河里还拖有两艘船,以便搭客和载货。这艘小汽艇之客、货收费很低,听说其创办人还亏了本呢。"④光绪三十三年(1907)12 月,日本大阪航运株式会社开通温州前往台湾的商业航线,主要输送烟叶。同年,温州

---

　　① 〔英〕马吉(J. Mackey):《光绪五年(1879 年)瓯海关贸易报告》(1880 年 1 月 31 日),中华人民共和国杭州海关译编:《近代浙江通商口岸经济社会概况:浙海关、瓯海关、杭州关贸易报告集成》,浙江人民出版社 2002 年版,第 481 页。

　　② 〔法〕德当纳(G. d'Arnoux):《光绪九年(1883 年)温州口华洋贸易情形论略》(1884 年 1 月 15 日),中华人民共和国杭州海关译编:《近代浙江通商口岸经济社会概况:浙海关、瓯海关、杭州关贸易报告集成》,浙江人民出版社 2002 年版,第 510 页。

　　③ 〔英〕穆厚达(J. H. M. Moorhead):《光绪三十一年(1905 年)温州口华洋贸易情形论略》(1906 年 3 月 13 日),中华人民共和国杭州海关译编:《近代浙江通商口岸经济社会概况:浙海关、瓯海关、杭州关贸易报告集成》,浙江人民出版社 2002 年版,第 580 页。

　　④ 〔英〕穆厚达(J. H. M. Moorhead):《光绪三十二年(1906 年)温州口华洋贸易情形论略》(1907 年 3 月 2 日),中华人民共和国杭州海关译编:《近代浙江通商口岸经济社会概况:浙海关、瓯海关、杭州关贸易报告集成》,浙江人民出版社 2002 年版,第 582 页。

至瑞安航线"按内港行轮章程增添了一艘汽轮以供拉拽之用"①。光绪三十四年(1908)4 月,台州商贾集合公司购买"常川"轮船,重 261 吨,航行于温州与台州海门之间,每六日为一班,另置轮船一艘转往宁波与海门之间。"自有该轮行驶以来,大利客商,水脚又廉,是以货物人客大都乐就,惟于招商局之长期轮船难免不无牵掣。"②同年,温州又增加中国商业轮船公司的"德裕"号往返温州、厦门、宁波内港等处。宣统二年(1910),载重 815 吨的"嘉宁轮"加入瓯沪航线中,有时停靠宁波再去上海。"该轮驾驶等事均系华人主之,惜船身年久,机轴过老,不耐常行,频需修理,迄今尚难获利。"③轮船航运的发展带动了温州的现代港口建设,根据光绪四年(1878)温州关代理税务司马吉撰写的《光绪三年(1877 年)瓯海关贸易报告》可知,最迟在光绪三年,温州港就已经修建了现代码头和趸船供轮船靠泊使用,"码头停泊处相当合适良好,而且这条河可容吃水较深的汽轮停泊。有一艘趸船("水妖"号)停泊在离码头很近之对岸。这一带好长时间除了那只破船壳"水妖"号外,河面上就不见有

---

① 〔英〕穆厚达(J. H. M. Moorhead):《光绪三十三年(1907 年)温州口华洋贸易情形论略》(1908 年 2 月 28 日),中华人民共和国杭州海关译编:《近代浙江通商口岸经济社会概况:浙海关、瓯海关、杭州关贸易报告集成》,浙江人民出版社 2002 年版,第 584 页。

② 〔英〕沙博思(H. J. Sharples):《光绪三十四年(1908 年)温州口华洋贸易情形论略》(1909 年 1 月 14 日),中华人民共和国杭州海关译编:《近代浙江通商口岸经济社会概况:浙海关、瓯海关、杭州关贸易报告集成》,浙江人民出版社 2002 年版,第 586 页。

③ 〔英〕包来翎(C. T. Bowring):《宣统二年(1910 年)温州口华洋贸易情形论略》(1911 年 2 月 21 日),中华人民共和国杭州海关译编:《近代浙江通商口岸经济社会概况:浙海关、瓯海关、杭州关贸易报告集成》,浙江人民出版社 2002 年版,第 591 页。

其他船舶"①。随着轮船航运的开通,马吉在《光绪六年(1880年)瓯海关贸易报告》中对于温州港口的发展表现出谨慎乐观的态度。"总之,轮船时代已改变贸易方式和性质,也为温州商人带来了福利。开埠之前,1860 年有许多外国船只来到这个沿途停靠港进行交易,那时就预测到温州以后作为通商口岸不会辜负人们之所望。要说这个口岸比其他口岸小,或无所作为,还言之过早。"②

随着现代轮船航运的兴起,温州的帆船贸易开始减少,除了轮船航运的竞争,另一个很重要的原因就是当地木材的缺乏导致木材贸易的萎缩。因此,民船的木材贸易"就转向邻近口岸福州,木材在那里又多又便宜"。光绪八年(1882)至光绪十七年(1891),温州港共约有 60 艘民船往返于本口岸与北方的台州、宁波、上海和镇江之间。其中 5 艘是温州的,30 艘是宁波的,还有 25 艘是台州的。也有几条福建民船往返于温州和南方口岸,主要是福州、厦门和台湾。1891 年,温州港民船进出如下:宁波船 148 航次,台州船 251 航次,温州船 20 航次,福建船 25 航次。民船每一个航次要交付 1300 文给永嘉县知县,1100文交给二府,600 文交给城守。温州造的民船按八个字:永、嘉、海、贤、常、静、吉、庆,分等级注册登记。原注册费是永、嘉、海字的交 20 元,贤、常、静、吉、庆字的则交 10 元。每年续注册一

---

① 〔英〕马吉(J. Mackey):《光绪三年(1877 年)瓯海关贸易报告》(1878 年 2 月 25 日),中华人民共和国杭州海关译编:《近代浙江通商口岸经济社会概况:浙海关、瓯海关、杭州关贸易报告集成》,浙江人民出版社2002 年版,第 468 页。

② 〔英〕马吉(J. Mackey):《光绪六年(1880 年)瓯海关贸易报告》(1881 年 1 月 28 日),中华人民共和国杭州海关译编:《近代浙江通商口岸经济社会概况:浙海关、瓯海关、杭州关贸易报告集成》,浙江人民出版社2002 年版,第 491 页。

次,付费 4800 文给知县。①

就温州港而言,西方对其港口贸易发展并不乐观,那威勇在《瓯海关十年报告(1882—1891 年)》中就认为:

> 温州的地理位置处在福州、宁波和上海这三大商业口岸之间,而其出海口使稍大吨位轮船难以进入,直接出口和进口贸易不可能与邻近口岸竞争。本口岸唯一展望,看来是有可能增加土产的沿海口岸贸易,以及直接从上海进口洋货供应当地,并分运至周边地区,而目前仍是由宁波或许由福州来供应的。这一目标,不论怎样有希望,但只要本口岸与上海间保持高运费率,就不能达到。内地的零售商贩,仍会选择从宁波获取所需的洋货,这更有利可图。②

温州港的航道在道光二十三年(1843)就已经由英国海军部进行过勘测。③ 光绪四年(1878),一艘英国皇家海军的测量船在船长内皮尔的带领下,"对瓯江入口进行了一次颇有成效

---

① 〔法〕那威勇(A. Novion):《瓯海关十年报告(1882—1891 年)》(1892 年 8 月 31 日),中华人民共和国杭州海关译编:《近代浙江通商口岸经济社会概况:浙海关、瓯海关、杭州关贸易报告集成》,浙江人民出版社 2002 年版,第 421 页。

② 〔法〕那威勇(A. Novion):《瓯海关十年报告(1882—1891 年)》(1892 年 8 月 31 日),中华人民共和国杭州海关译编:《近代浙江通商口岸经济社会概况:浙海关、瓯海关、杭州关贸易报告集成》,浙江人民出版社 2002 年版,第 423 页。

③ 〔法〕那威勇(A. Novion):《瓯海关十年报告(1882—1891 年)》(1892 年 8 月 31 日),中华人民共和国杭州海关译编:《近代浙江通商口岸经济社会概况:浙海关、瓯海关、杭州关贸易报告集成》,浙江人民出版社 2002 年版,第 419 页。

的测量,至 8 月才测量完毕"。该船在离开温州之前,将白色岩附近河口入口处一个"荷见岛"上的寺庙彻底粉刷一新,使进瓯江之船只白天就能看到,使之成为一个很好的航标,以免过往船只搁浅触礁之虞,极大地便利了附近航行的船只。①

温州口岸的入口,自 1878 年修正后,很少发生变化,其中南部航道水位深,吃水不超过 12 英尺的船只能在任何时候到达下锚,军舰和三桅帆船初来温州的时候,通常在白礁(White Rock)外雇佣渔民导航。② 晚清时期,朱正元对温州航道做了更为详细和准确的测量:

玉环水道:"东面有浅沙,大船不能近。东南坎门(原注:黄坎二门也,舟人每浑而一之,称黄坎门)泊船处,深三四拓至五六拓不等。黄门深六拓外,黄门山南面深十余拓,老龙头与横址山间深二十余拓,西面深至十余拓。惟西北大青、小青间均系浅沙,潮退有仅深一拓余者。北面近楚门陆岸,则深至四五拓至六七拓不等。东北与陆岸间水道,曲窄流劲而漩,因曰'漩门'。必须潮力缓弱,乃可过此。中小轮船停泊坎门最宜,大轮须泊西面水深七八拓处。民船则停泊北面楚门港,可避各方之

---

① 〔英〕马吉(J. Mackey):《光绪四年(1878 年)瓯海关贸易报告》(1879 年 3 月 28 日),中华人民共和国杭州海关译编:《近代浙江通商口岸经济社会概况:浙海关、瓯海关、杭州关贸易报告集成》,浙江人民出版社2002 年版,第 478 页。
② 〔法〕那威勇(A. Novion):《瓯海关十年报告(1882—1891 年)》(1892 年 8 月 31 日),中华人民共和国杭州海关译编:《近代浙江通商口岸经济社会概况:浙海关、瓯海关、杭州关贸易报告集成》,浙江人民出版社2002 年版,第 419 页。

风。又东面冲担头,中小轮船亦可停泊。"①

铧锹埠水道:"瓯江口外北岸一带均系浅沙,惟铧锹埠潮退尚深至四五拓,大轮可由玉环西面之深水道向西北直达此埠。"②

温州水道:"瓯江水道甚浅,虽小轮必待潮涨,方能出入,且沙线变迁不常。论近时通行船路,从府城起碇,须向东北对准白庙而行,以避东门外之浅滩。即近白庙,即须折向东南,向七都涂以南,傍近状元桥、茅竹岭、龙湾三炮台而行。既过龙湾,即须折向东北,对准盘石炮台而行。然后,由盘石傍近北岸,直至黄华关,由大门出海。船身吃水在一丈内者,既过黄华关,趁潮亦可由大门山以北,或由霓屿以西之浅水道而行,或径由龙湾出南水道,但终须铅锤试探,方免误事。欲期稳妥,则无论行向南北,总以出大门为是。自府城以上,非熟习水道者,不可轻试。因多陡界,曾有吃水七尺之船,于府城以上五六里即误搁浅处,而以铅锤于一边探之,尚深两拓。"③

飞云江水道:"江面宽三四里,口门深约一拓。入内至炮台前,渐深至一拓半,隆山前二拓,西门外三拓,中小轮船可随潮而进,在此停泊。内河由瑞安北至温州七十里,南渡飞云江至

———————

① 〔清〕朱正元:《浙江沿海图说》玉环《水道》,影印清光绪二十五年(1899)刊本,《中国方志丛书·华中地方》(第二〇〇号),成文出版社1974年版,第65—66页。

② 〔清〕朱正元:《浙江沿海图说》铧锹埠《水道》,影印清光绪二十五年(1899)刊本,《中国方志丛书·华中地方》(第二〇〇号),成文出版社1974年版,第69页。

③ 〔清〕朱正元:《浙江沿海图说》温州《水道》,影印清光绪二十五年(1899)刊本,《中国方志丛书·华中地方》(第二〇〇号),成文出版社1974年版,第71—72页。

平阳三十里,水道亦颇宽深。"①

　　大渔口水道:"澳内深一拓余,近官山南北面均深二三拓,中小轮船于此停泊可避西北风,惟遇东风浪亦甚大。"②

　　南北关水道:"镇下关东西南三面悬水,西北为大澳。澳内均系浅涂,不能收泊。南面有南关、鼠尾两山为屏障,水深二三拓,为停泊民船之稳道。南北商渔船多于此寄碇以候风潮。西面虎头鼻与南镇山间为沙埕港,口窄而深,内宽三四里,深六七拓至十余拓不等,长约六七十里,可泊大轮数十号,出入不须候潮,为浙洋锚地之最。"③

　　尽管当时中外各国对温州航道做了详细的勘测,但温州沿海的航运事故仍时有发生,仅《瓯海关十年报告(1882—1891年)》中记载的就有四起:

　　　　1886 年 1 月 2 日,英国帆船"特克里"(Tekli)号,船籍新加坡,装满 390 吨明矾驶往香港,在瓯江内第二个岔口搁浅,虽尽力营救无法脱险。退潮时船梁折断,迅即消失于流沙之中。

　　　　1886 年 3 月 18 日,早晨浓雾,怡和轮船航运公司西沃(Seewo)轮,吨位 1090 吨,17 日满载货物驶离上

---

　　①　[清]朱正元:《浙江沿海图说》飞云江《水道》,影印清光绪二十五年(1899)刊本,《中国方志丛书·华中地方》(第二○○号),成文出版社 1974 年版,第 77 页。

　　②　[清]朱正元:《浙江沿海图说》大渔口《水道》,影印清光绪二十五年(1899)刊本,《中国方志丛书·华中地方》(第二○○号),成文出版社 1974 年版,第 79 页。

　　③　[清]朱正元:《浙江沿海图说》南北关《水道》,影印清光绪二十五年(1899)刊本,《中国方志丛书·华中地方》(第二○○号),成文出版社 1974 年版,第 81 页。

海往厦门,撞上台州北面的上礁(Shang Rock),整船
沉没。死亡华人旅客7名。

1886年8月15日,本地区又一灾难事故,英国轮
船马德拉斯轮,在长崎结关装煤往香港,为躲避台风,
在台州群岛中触上暗礁,随即全船沉没。船员28人
被渔民救起,后转搭招商局轮船公司钦东(Chintung)
轮和怡和轮船航运公司的大沽轮被送往上海。

1890年7月,太古轮船公司温州轮从厦门驶往上
海途中,船轴折断,在台州岛外丧失航行能力。船长
派通讯员乘本地小船来此电告上海,但在本口岸却无
电报局。所幸天气良好,经另一轮船相助,终于抵达
目的港。①

值得注意的是光绪二十一年(1895)10月,招商局轮船公司
"广其"号在温州至上海途中经石浦搁浅。尽管最后轮船被救
助浮出水面拖到上海修理,但船上部分货物在转运时受损,导
致船方和收货人发生了纠纷。之后,为避免类似情况,海运保
险被引入,"即由货主装货后按货值千分之二作为保险交轮船
公司转保"②。

温州港江心屿东面的象岩礁石威胁船舶航行和停泊的安

---

① 〔法〕那威勇(A. Novion):《瓯海关十年报告(1882—1891年)》
(1892年8月31日),中华人民共和国杭州海关译编:《近代浙江通商口岸
经济社会概况:浙海关、瓯海关、杭州关贸易报告集成》,浙江人民出版社
2002年版,第410—411页。
② 〔法〕那威勇(A. Novion):《光绪二十一年(1895年)温州口华洋
贸易情形论略》(1896年2月8日),中华人民共和国杭州海关译编:《近代
浙江通商口岸经济社会概况:浙海关、瓯海关、杭州关贸易报告集成》,浙
江人民出版社2002年版,第550页。

全,因此瓯海关于光绪四年(1878)7 月在该礁上竖立一根长 25
英尺(7.62 米)的铁杆,顶端上置一个直径 3 英尺(0.91 米)的
蓝罩,作为航行标志。这是温州港历史上最早的一座航标。光
绪二十年(1894),由于中日战争爆发,该灯塔在当地政府要求
下被临时撤除。光绪三十二年(1906)9 月 13 日开始,瓯海关在
象岩标上悬挂红色煤油灯一盏,作为夜航标志。光绪三十四年
(1908)10 月 31 日,瓯海关在冬瓜山西端造了一个灯塔,由三都
澳海关负责管理。该灯塔在天气晴朗时"堪照 63 海里,便益船
行,良非浅鲜"①。宣统二年(1910),瓯海关在沙洲最南部边缘
从象岩灯塔到河流下游放置了一个航道浮标,作为近海国内航
船向导。同年,瓯海关设置港口浮标,1914 年又在山北口设置
浮标,两处浮标于 1917 年被撤除。② 除此之外,自光绪十一年
(1885),瓯海关"在每一个四岔航道建立两个信号灯标,指示
上、下水船只的深水航道以来,未发现有必要增加助航设备。
偶尔信号灯标移动几百英尺,以指示航道的改变"③。不过这些
航道上的"用于指示各岔道的灯标,由于与日本的战争,应地方

---

　　① 〔英〕沙博思(H. J. Sharples):《光绪三十四年(1908 年)温州口华
洋贸易情形论略》(1909 年 1 月 14 日),中华人民共和国杭州海关译编:
《近代浙江通商口岸经济社会概况:浙海关、瓯海关、杭州关贸易报告集
成》,浙江人民出版社 2002 年版,第 586 页。
　　② 陈梅龙、景消波译编:《近代浙江对外贸易及社会变迁:宁波、温州、
杭州海关贸易报告译编》,宁波出版社 2003 年版,第 156、167、179、198 页。
　　③ 〔法〕那威勇(A. Novion):《瓯海关十年报告(1882—1891 年)》
(1892 年 8 月 31 日),中华人民共和国杭州海关译编:《近代浙江通商口岸
经济社会概况:浙海关、瓯海关、杭州关贸易报告集成》,浙江人民出版社
2002 年版,第 419 页。

当局要求于 1894 年拆除"①。

图 4-9　英国外交官阿尔巴斯特（Chaloner Alabaster）于 1877 年拍摄的江心屿
（资料来源:https://www.sohu.com/a/139076447_355935）

对于温州港对外贸易,瓯海关代理税务司李明良在《瓯海
关十年报告(1892—1901 年)》中表示悲观:

> ……毫无迹象预示在未来 10 年内贸易方面会有
> 任何重大改变。可能会有些增加,但本口岸的繁荣,
> 在现行征税和现行贸易的环境下,不太可能出现飞跃
> 的前进。商人资金很少,被迫等待轮船带来货物在上
> 海销售的最新消息,然后再运出货物。除少数中国三
> 桅帆船外,一艘外界的轮船两次试图建立一条轮船航
> 线,但未能成功。本口岸只能满足于一艘轮船,属于
> 招商局公司,如不去别处,就一个月来三个航次。该

---

① 〔英〕李明良(A.Lay):《瓯海关十年报告(1892—1901 年)》(1901
年 12 月 31 日),中华人民共和国杭州海关译编:《近代浙江通商口岸经济
社会概况:浙海关、瓯海关、杭州关贸易报告集成》,浙江人民出版社 2002
年版,第 428 页。

公司实际上垄断了运输业，在缺少竞争的情况下，运费就比较高。这情况在 10 年前就已如此。[①]

二、晚清时期的浙江沿海海关与关税

18 世纪中期以后，宁波失去直接对外贸易的资格，但负责管理沿海贸易的浙海关仍旧保留了下来，负责进出宁波的国内商船、人员和货物的管理与征税工作。中英第一次鸦片战争后，随着《南京条约》的签订，浙江的宁波成为五个通商口岸之一，于道光二十二年（1842）再次拥有了直接对外贸易的资格。不过这一时期的国际贸易形势已经发生改变，由西方主导的国际贸易与航运规则已遍布全球。因此，当宁波成为通商口岸后，原有的贸易管理方式并不适应西方主导的国际贸易与航运规则。作为被迫开放的中国，已经暂时失去国际贸易的主导权，面对日益增加的来华外商船只与商品，建立与西方贸易规则接轨的新式海关成为唯一可选择的方式。再加上，当时的清政府也希望将外国人和外国商品限定在一定区域内，由特定的机构去管理。因此，设立新式海关逐渐成为中外双方的共识。

咸丰五年（1855）夏天，在助理赫德（Robert Hart）的陪同

---

① 〔英〕李明良（A. Lay）：《瓯海关十年报告（1892—1901 年）》（1901年 12 月 31 日），中华人民共和国杭州海关译编：《近代浙江通商口岸经济社会概况：浙海关、瓯海关、杭州关贸易报告集成》，浙江人民出版社 2002年版，第 433 页。

下,英国驻宁波副领事会见海关监督、宁绍台兵备道①,提出在宁波口岸成立新式海关税务司用于征收洋税、管理进出口贸易的建议。有了江海关的事例在前,建立新式海关的建议得到道台的口头承诺。② 咸丰九年(1859)二月,总管各口海关总税务司的李泰国向上海道提出建立宁波、镇江等 11 口新关的书面建议,并要求聘用外国人为税务司。咸丰十一年(1861)五月,清政府新成立的总理各国事务衙门决定建立宁波新关,俗称"洋关"(本书中没有特殊说明的浙海关都是指"洋关"),称宁波浙海关税务司,专征国际贸易进出口税。浙海新关税务司的官署位于宁波江北外国人居留地的甬江北岸,今天宁波市中心的老外滩还保留了浙海关的遗址。随着浙海新关的成立,原本设立在宁波江东木行路的浙海大关被称为"常关",专门征收商税和民船船钞。

---

① 晚清时期浙海关监督这个职务是兼职,一般由担任宁绍台兵备道的道台兼任。清代,沿海各兵备道承担本区域的海防事宜,同时管理本区域沿海商船和货物的进出口贸易。

② 〔美〕凯瑟琳·F. 布鲁纳、费正清、理查德·J. 司马富编,傅曾仁等译校:《步入中国清廷仕途——赫德日记(1854—1863)》,中国海关出版社 2003 年版,第 177 页。

图 4-10　浙海关稽查员宿舍楼（1909）

（资料来源：哲夫《宁波旧影》）

图 4-11　浙海关税务司办公大楼（1865）

（资料来源：哲夫《宁波旧影》）

图 4-12　浙海关税务司公馆（1865）

（资料来源：哲夫《宁波旧影》）

图 4-13　始建于 1763 年，位于江东木行路的浙海大关

（资料来源：哲夫《宁波旧影》）

　　宁波新成立的浙海新关和原有的浙海常关都由浙海关监督来进行管理。浙海关监督的官署设在宁绍台兵备道的道台衙门内，外籍税务司的职责被定义为"帮办税务"，意为协助管理税务工作。浙海关首任税务司是英国人费士来（G. H. Fitzroy)和美国人华为士(W. W. Ward),副税务司是英国人休士(G. Hughks)。[①]

浙海关监督署和浙海关税务司署[②]的关系是:首先,主要的登记工作由浙海关监督署执行。浙海关监督署派出工作人员前往浙海关税务司署,作为行政人员计算关税收入,并负责非常事务登记簿管理。其次,浙海关税务司署负责估算税收,浙海关监督署负责收税及保管(由指定银号代理),海关经费支出的主要部分需要浙海关监督署批示。最后,浙海关外籍工作人员尽管由总税务司署任命,但需要浙海关监督署发委任状,才能在法律上得到正式承认。[③]《海关总税务司署通令第8号》(1864年6月21日)的规定中提到:"各口岸实由当地海关监督承担主管责任,税务司之地位因而必然从属于海关监督。"[④]设计很理想,但在实际操作层面上却困难重重。面对国外进口货物和新式的记账与税务统计方式,以及内部通行以英文为主的上下级公函,由传统官僚组成的浙海关监督署的职能其实被大大削弱了。

作为新式海关,浙海关的人员配置和薪酬体系与传统的旧

---

① 中华人民共和国杭州海关译编:《近代浙江通商口岸经济社会概况:浙海关、瓯海关、杭州关贸易报告集成》,浙江人民出版社2002年版,第862页。

② 浙海关监督署和浙海关税务司署分别是协助浙海关监督与浙海关税务司开展工作的政府机构。

③ 《宁波海关志》编纂委员会编:《宁波海关志》,浙江科学技术出版社2000年版,第59页。

④ 《海关总税务司署通令第8号》(1864年6月21日),海关总署《旧中国海关总税务司署通令选编》编译委员会编:《旧中国海关总税务司署通令选编(第一卷)》(1861—1910年),中国海关出版社2003年版,第28—34页。

式海关有很大区别,表现最明显的是雇佣了大批外国人员。咸丰十一年(1861)9月19日,浙海新关成立不久,宁波口的外班人员编制为头等验估1名、二等验估1名、头等验货1名、二等验货3名、头等钤字手2名、二等钤字手2名、三等钤字手4名。内班设有税务司1人,在出缺时以副税务司、代理税务司代理,或以帮办署理。高级帮办1人,低级帮办1人,通事2人,书办若干人。① 同治六年(1867)9月19日,根据总税务司署第14号通令《为外班之编制及调配事》,确认浙海关税务司外班人员为14名,其中头等巡总1名、三等巡总1名、四等巡总1名、一等验货3名、二等验货2名、一等钤字手2名、二等钤字手4名。② 光绪八年(1882),海关职员包括"税务司帮办三人、洋员外班九人、华员供事三人、文案和书办12人,此外还有些小雇员,人员一直无变化"。直到光绪十三年(1887),"帮办人数增至四人,外班人员增至13人,华员供事五人,文案和书办17人"。光绪十五年(1889),"补充华员供事一人,任警署译员"。光绪十六年(1890年),"书办人数增至21人,而帮办人数减至三人,乃为工作所必需"。③

浙海关成立时内班工资为:浙海关税务司月俸关平银

---

① 《宁波海关志》编纂委员会编:《宁波海关志》,浙江科学技术出版社2000年版,第74页。

② 《海关总税务司署通令第14号》(1867年9月19日),海关总署《旧中国海关总税务司署通令选编》编译委员会编:《旧中国海关总税务司署通令选编(第一卷)》(1861年—1910年),中国海关出版社2003年版,第28—34页。

③ 〔美〕墨贤理(H. F. Merrill):《浙海关十年报告(1882—1891年)》(1891年12月31日),中华人民共和国杭州海关译编:《近代浙江通商口岸经济社会概况:浙海关、瓯海关、杭州关贸易报告集成》,浙江人民出版社2002年版,第33页。

300—400 两,代理税务司 350 两,副税务司 200 两,一等三级供事 250 两,二等供事 200 两,三等供事 150 两。相比之下,外班薪水最高为头等验估,为月俸关平银 150 两,二等验估为 100 两,之后按级别依次递减 10 两,最低的三等钤字手为月俸关平银 50 两。[①] 浙海关监督的工资从海关税收中提取,每年为关平银 2.6 万两。随着海关税收的增加,浙海关的整体薪水也在上涨。如光绪二年(1876),浙海关税务司月薪增加到 750 两。光绪二十九年(1903),浙海关薪水做了适当调整,除税务司有所提高外,其他人员的薪水都有所降低。

浙海关的人事制度效仿英国的文官制度,外籍关员绝大多数都是海关总署从外国招考进来的。内班一般都是各国著名大学文、法、经济科出身,文化程度较高。这些人到中国后,按照海关自编的中文语言教材学习中文,并按中文考试成绩提升。因此,浙海关内班职员不但能使用中文作为交际会话,而且能看懂中文公函。而外籍外班关员多为水手出身,文化程度不高,但大部分也学中国话,能看懂中式账簿和码子。[②] 相比华人而言,外国人无论在工资还是晋升上都比华人占有优势。[③]

关税是晚清政府财政收入的重要来源,浙海关建立后所征收的关税主要由进口税、出口税、复进口税、船钞、内地进子口税组成。此外,浙海关于同治十年(1871)开始征收药土各税,

---

①　《宁波海关志》编纂委员会编:《宁波海关志》,浙江科学技术出版社 2000 年版,第 93 页。

②　陈善颐:《帝国主义控制下的浙海关》,浙江省政协文史资料委员会编:《浙江文史集粹(经济卷)》上册,浙江人民出版社 1996 年版,第 569—573 页。

③　马丁:《民国时期浙江对外贸易研究(1911—1936)》,中国社会科学出版社 2012 年版,第 43 页。

光绪十三年(1887)开始征收药土厘金。① 咸丰十一年(1861)，
浙海关关税总计为关平银 294682.780 两。光绪十九年
(1893)，浙海关关税收入达到最高峰，为关平银 1277986.481
两。此后，浙海关关税收入呈下降趋势，到宣统三年(1911)仅
为关平银 452080.959 两。

由鸦片贸易所产生的关税是晚清政府财政收入的重要来
源，但自光绪十三年(1887)开始，浙海关鸦片关税严重下降。
光绪十六年(1890)12 月，浙海关监督与驻宁波条约国领事一致
同意并颁布《土货外运子口税票的填发和回收规定》。"浙海关
的员工，在实行征收鸦片厘金新制度时有所增加，而且关税区
域随着 1887 年秋天，在靠近江苏的枫泾和南浔设立鸦片分所
而有所扩大。"②1892—1901 年这十年间，浙海关的鸦片关税和
厘金大跌。首先是光绪十三年(1887)开始加重厘金的影响，其
次因为杭州口岸于光绪二十二年(1896)开放对外贸易，该项贸
易转移到了杭州。同时，一向由宁波出口的徽州茶在光绪二十
三年(1897)找到了一条更便捷的路线经过杭州，造成口岸税收
的进一步损失。③

---

① 中华人民共和国杭州海关译编：《近代浙江通商口岸经济社会概
况：浙海关、瓯海关、杭州关贸易报告集成》，浙江人民出版社 2002 年版，
第 878—883 页。

② 〔美〕墨贤理（H. F. Merrill）：《浙海关十年报告（1882—1891
年）》(1891 年 12 月 31 日)，中华人民共和国杭州海关译编：《近代浙江通
商口岸经济社会概况：浙海关、瓯海关、杭州关贸易报告集成》，浙江人民
出版社 2002 年版，第 33 页。

③ 〔德〕穆麟德（P. G. VonMollendor）：《光绪二十三年（1897 年）宁
波口华洋贸易情形论略》(1898 年 2 月 17 日)，中华人民共和国杭州海关
译编：《近代浙江通商口岸经济社会概况：浙海关、瓯海关、杭州关贸易报
告集成》，浙江人民出版社 2002 年版，第 296—297 页。

　　光绪元年(1875),我国云南省边境发生了英国使馆人员马嘉里(A. R. Margary)被杀的"马嘉里事件"。英国政府以此事件为借口,向清政府施压。光绪二年(1876)9月13日,中英双方全权代表签订《烟台条约》,内容有增加温州等四处为通商口岸的条款。光绪二十一年(1895),清政府被迫与日本签订丧权辱国的《马关条约》,杭州等城市被列为通商口岸。随着瓯海关和杭州关的建立,浙海关的管辖范围和职能有所减少。在日常工作中,浙海关的职能包括港务、引水、航标、船舶登记、检验、丈量、卫生检疫、气象观测、邮政等许多在今天看来与海关关系不大的工作。这些职责在20世纪初期随着中国现代政府管理职能的完善逐步被分割出去,但也有不少在之后的权责划分中引起很大的纠纷。

　　作为浙江沿海最大最繁忙的港口,浙海关在光绪十九年(1893)对宁波港的甬江航道进行过一次细致的测量。当时主持测量的是浙海关水位观测员克列尼。他通过参考水位的变化对甬江航道进行勘探。从他的报告我们可以了解到19世纪末期甬江航道的大致情况。当时尽管甬江航道的某些河段较为狭窄,但其水深足以使一般贸易船只顺利通过。镇海的深水航道未发生明显变化,但招宝山下的沙滩正在向东、向南扩展,不过还没有影响到航运。到达宁波港的两条西部航线,一条在虎蹲岛和大陆之间,另一条在虎蹲岛和西霍山之间,但淤塞情况严重,吃水正常的帆船已无法通过。当时只有一条东部航线供外轮使用,其他两条全部停止。①

　　不过,晚清朱正元在浙江航道的测绘中,就指出西方测绘

---

　　①　陈梅龙、景消波译编:《近代浙江对外贸易及社会变迁:宁波、温州、杭州海关贸易报告译编》,宁波出版社2003年版,第75页。

在实际中的一些误差,很多航道在精确测量后是可以通航的。到 20 世纪初,宁波沿海航道情况如下:

蟹浦水道:"镇海口西北一带海岸,均有浅沙,入海甚远。惟蟹浦离岸一二里外即深二三拓至三四拓不等。"①

镇海水道:"大浃江上通余姚、上虞、慈溪、奉化诸县,自镇海至宁波江面宽约二百拓,招宝山与金鸡山间深二拓余,江南镇前深八九拓,自此以上均深二拓至五拓不等。镇海北面浅滩入海远至七里,潮退露水面者亦宽二里,此浅滩东与游山相连。轮船出口,须在虎蹲、游山以内行驶。欲向北行,既过游山东面之夏老太婆礁乃可折向东北,由七里屿与沥表嘴间而行;若向南行,则东经中门或大门(原注:嘉门亦名边门,下有暗礁,虽小轮,亦往往避之)。金塘洋、横水洋、猫港、旗头洋由双屿港或汀子港或米鱼洋出海(原注:此系大轮常行之路,若中轮则石硼、清滋诸港,均可行驶。惟海闸门较为浅窄,仅通小轮)。"②

宁波水道:"自镇海至宁波,河道长四十里,深二拓至五拓不等,中轮可至东门外江北岸停泊。自宁波至余姚,深浅不甚悬殊,惟河身曲窄,转舵为难,故仅通小轮。慈溪、奉化河道较浅,止通民船。"③

三山浦水道:"口门外水流甚急,亦无障风之处,商渔船只,

---

① [清]朱正元:《浙江沿海图说》蟹浦《水道》,影印清光绪二十五年(1899)刊本,《中国方志丛书·华中地方》(第二〇〇号),成文出版社1974 年版,第 19 页。

② [清]朱正元:《浙江沿海图说》镇海《水道》,影印清光绪二十五年(1899)刊本,《中国方志丛书·华中地方》(第二〇〇号),成文出版社1974 年版,第 21—22 页。

③ [清]朱正元:《浙江沿海图说》宁波《水道》,影印清光绪二十五年(1899)刊本,《中国方志丛书·华中地方》(第二〇〇号),成文出版社1974 年版,第 27 页。

均乘潮进新碶头停泊。"①

　　穿山水道:"北崎大榭,大榭与陆岸间名黄歧港,中小轮船在此停泊,可避各方之风。"②

　　象山港水道:"港长约九十里,宽五六里至十余里不等,深约四拓,入内深七八拓至十拓不等。港内南岸蛤蚆嘴有通象山县小河,北岸有通大嵩城小河,西面有通宁海县小河。"③

　　舟山水道:"南面道头,水深四五拓至十余拓不等。东面竹山门深三十余拓,螺头门深十余拓,蟹屿门深三四十拓,猫港深五六十拓,吉祥门深十余拓,西堠门深三四十拓。论大轮常行之路,由北至者,必经西堠门,折入蟹屿门;由东南至者,须入吉祥门,或畏礁险,绕越猫港,仍折入蟹屿门。蟹屿门之北,曰'蟹头门',为中小轮常行之路,然大轮亦能过之。东面十六门,船路曲折,小轮过此,亦待潮平。北面各澳,亦深七八拓至十余拓,然陆路至厅治,皆数十里。而遥西面岑港,惟中小轮可到。"④

　　沈家门水道:"沈家门港,宽约半里,深三四拓至五六拓不等。自此以西至定海,可傍近老山而行。除马秦山西三四里,

　　① 〔清〕朱正元:《浙江沿海图说》三山浦《水道》,影印清光绪二十五年(1899)刊本,《中国方志丛书·华中地方》(第二〇〇号),成文出版社1974年版,第31页。

　　② 〔清〕朱正元:《浙江沿海图说》穿山《水道》,影印清光绪二十五年(1899)刊本,《中国方志丛书·华中地方》(第二〇〇号),成文出版社1974年版,第33页。

　　③ 〔清〕朱正元:《浙江沿海图说》象山港《水道》,影印清光绪二十五年(1899)刊本,《中国方志丛书·华中地方》(第二〇〇号),成文出版社1974年版,第35页。

　　④ 〔清〕朱正元:《浙江沿海图说》舟山《水道》,影印清光绪二十五年(1899)刊本,《中国方志丛书·华中地方》(第二〇〇号),成文出版社1974年版,第39—40页。

及茶山与老山间均止深二拓左右外,余均深三四拓至十余拓不等。惟长屿与东蟹屿间,小岛错杂,船路曲折,名十六门。虽值潮平,亦必缓轮而过。鲁家屿与顺母涂间水道,深三四拓至六七拓,中小轮船均可出入。又马秦山东、西两面,亦各深二拓余。东面莲花洋洋面虽宽,深止一拓。余必行近普陀山,约三里方有深水。"①

爵溪水道:"爵溪澳门虽宽,水道甚浅,吃水六七尺之船亦仅能停泊十余里外。羊背山与陆岸间、羊背山与青门山间水道尤浅。"②

石浦水道:"石浦港有东、西两门,西之三门纡而浅,东之铜瓦门水道曲窄、流漩而劲。大船出入,必待潮平。下湾、东门两港,窄而多礁,无敢试行。石浦城西南面,深四五拓至十余拓,大小船只,均可停泊。船之尤大者,亦可泊于满山左右及金漆门之西,惟遇东南风浪甚大。"③

岱山水道:"岱山洋面皆深四五拓至七八拓不等,惟近螯篷山(原注:或名'铁敦山')深十余拓至二十余拓,南面官山一带尤深。中小轮船东沙角亦可停泊,若转西北风须移泊两

---

① [清]朱正元:《浙江沿海图说》沈家门《水道》,影印清光绪二十五年(1899)刊本,《中国方志丛书·华中地方》(第二〇〇号),成文出版社1974年版,第47—48页。

② [清]朱正元:《浙江沿海图说》爵溪《水道》,影印清光绪二十五年(1899)刊本,《中国方志丛书·华中地方》(第二〇〇号),成文出版社1974年版,第51页。

③ [清]朱正元:《浙江沿海图说》石浦《水道》,影印清光绪二十五年(1899)刊本,《中国方志丛书·华中地方》(第二〇〇号),成文出版社1974年版,第53页。

头洞。"①

长涂水道:"北面为衢港,南为黄大洋,均深七八拓。长涂港中段约深六七拓,北面转弯处深至二十拓;南口稍浅,约五六拓。港长十五里,宽一里至二里不等,为停泊中小轮船极稳锚地。"②

衢山水道:"南曰'衢港',深六七拓至八九拓不等;北曰'黄泽港',深十余拓。东面大洋,深十余拓至二十余拓不等。西面稍浅,止深四五拓。北面黄泽、小衢与衢山间为极稳锚地。"③

近代浙江海关的关税除用于海关本身的运作外,其余海关收入中的相当一部分用于浙江的各项建设,其中涉及航运安全的新式灯塔基本是由浙江海关负责修建与日常维护的。晚清时期,浙江沿海的航标一直属于各海关的管辖范围。当时,各海关对浙江沿海的海务管辖范围有明确的划分,杭州湾向北沿海属上海江海关管辖,杭州湾往南至台州海域属浙海关管辖,而自台州起向南沿海至福建霞浦县南关澳的海域属瓯海关管辖。1882—1891 年浙海关十年报告记载了这一时期宁波地区修建的三座灯塔:

在本 10 年期间,宁波地区有三座灯塔展光,即邦

---

① ［清］朱正元:《浙江沿海图说》岱山《水道》,影印清光绪二十五年(1899)刊本,《中国方志丛书·华中地方》(第二〇〇号),成文出版社1974 年版,第 85 页。

② ［清］朱正元:《浙江沿海图说》长涂《水道》,影印清光绪二十五年(1899)刊本,《中国方志丛书·华中地方》(第二〇〇号),成文出版社1974 年版,第 87 页。

③ ［清］朱正元:《浙江沿海图说》衢山《水道》,影印清光绪二十五年(1899)刊本,《中国方志丛书·华中地方》(第二〇〇号),成文出版社1974 年版,第 89 页。

翰岛(Bonham Island)灯塔、悬崖岛(Steep Island)灯塔，均于1883年建成，洛卡岛(Loka Island)灯塔，于1890年建成，以上均由江海关管理。建造洛卡岛灯塔时，宁波的福建商人，因为灯塔有益于宁波、福州的民船贸易而主动捐助了2000元。1886年夏天，由普陀岛上僧侣竖立一座小灯塔，塔为砖造，17英尺高，六角形，照明设备是10枝吊灯装两面反射镜，光射即约4英里。①

宁波港甬江口外的七里屿灯塔，系晚清时期修建，"系透镜，白光常明，灯光点距水面十丈五尺，晴时能照二十七里，并有雾钟"②。虎蹲山灯塔在外游山西南，"透镜，红光常明，灯光点距水面十二丈六尺，晴时能照十五里，并有雾锣"③。洛伽山灯塔系"透镜，红白二色常明，灯光点距水面十丈八尺，晴时白光能照四十五里，红光能照二十二里"④。鱼腥脑灯塔系"透镜，

---

① 〔美〕墨贤理(H. F. Merrill)：《浙海关十年报告(1882—1891年)》(1891年12月31日)，中华人民共和国杭州海关译编：《近代浙江通商口岸经济社会概况：浙海关、瓯海关、杭州关贸易报告集成》，浙江人民出版社2002年版，第27页。

② 〔清〕朱正元：《浙江省沿海图说》附表《镇海附近海岛表·七里屿》，影印清光绪二十五年(1899)刊本，《中国方志丛书·华中地方》(第二〇〇号)，成文出版社1974年版，第94—95页。

③ 〔清〕朱正元：《浙江省沿海图说》附表《镇海附近海岛表·虎蹲山》，影印清光绪二十五年(1899)刊本，《中国方志丛书·华中地方》(第二〇〇号)，成文出版社1974年版，第94—95页。

④ 〔清〕朱正元：《浙江省沿海图说》附表《舟山东面附近海岛表·洛伽山》，影印清光绪二十五年(1899)刊本，《中国方志丛书·华中地方》(第二〇〇号)，成文出版社1974年版，第118—119页。

白光常明灯,光点距水面八丈,晴时能照四十五里,并有雾炮"①。小板山灯塔系"透镜,渐明渐灭,灯光点距水面二十丈,晴时能照六十六里,并有雾炮"②。

图 4-14　虎蹲山灯塔站全景

[资料来源:班思德(Barister T·Roger)、李廷元《中国沿海灯塔志》]

台州海门港北鱼山灯塔位于东瓜山西北约 100 海里的北鱼山东南端高岩顶端,东经 122°15′40″,北纬 28°53′15″,塔高 300 英尺(约 91.4 米),灯高出海面 345 英尺(约 105.1 米)③,为浙江沿海最高的灯塔,系光绪二十一年(1895)修建,"透镜,白光,乍明乍灭,灯光点距水面二十九丈四尺,晴时能照七十八里"④。北鱼山灯塔在当时是远东最大的灯塔,抗日战争时期被日军炸毁。

---

①　[清]朱正元:《浙江省沿海图说》附表《岱山附近海岛表·鱼腥脑》,影印清光绪二十五年(1899)刊本,《中国方志丛书·华中地方》(第二〇〇号),成文出版社 1974 年版,第 122—123 页。

②　[清]朱正元:《浙江省沿海图说》附表《长涂附近海岛表·小板山》,影印清光绪二十五年(1899)刊本,《中国方志丛书·华中地方》(第二〇〇号),成文出版社 1974 年版,第 128 页。

③　童隆福:《浙江航运史(古近代部分)》,人民交通出版社 1993 年版,第 306—307 页。

④　[清]朱正元:《浙江省沿海图说》附表《海门附近海岛表·北鱼山》,影印清光绪二十五年(1899)刊本,《中国方志丛书·华中地方》(第二〇〇号),成文出版社 1974 年版,第 162—163 页。

图 4-15 北鱼山灯塔

除灯塔外,宁波沿海岛礁上还建有一些其他航运设施,以便来往船只航行。如,里游山旁的游山江礁有"红黑方格浮筒,上有黑球,筒下水深二丈五尺"①;虎蹲山西北的虎尾石,"潮涨即隐,上有黑色铁杆"②;大榭山西面"黄歧港口有土灯塔"③;担屿北面有礁"不露水面,土人垒石其上,以示舟行"④;普陀山北面"天灯冈诸峰之最高者,山僧置灯其上以示舟行"⑤;西鹤山西

① [清]朱正元:《浙江省沿海图说》附表《镇海附近海岛表·里游山》,影印清光绪二十五年(1899)刊本,《中国方志丛书·华中地方》(第二○○号),成文出版社 1974 年版,第 94—95 页。

② [清]朱正元:《浙江省沿海图说》附表《镇海附近海岛表·虎蹲山》,影印清光绪二十五年(1899)刊本,《中国方志丛书·华中地方》(第二○○号),成文出版社 1974 年版,第 94—95 页。

③ [清]朱正元:《浙江省沿海图说》附表《穿山附近海岛表·大榭山》,影印清光绪二十五年(1899)刊本,《中国方志丛书·华中地方》(第二○○号),成文出版社 1974 年版,第 96 页。

④ [清]朱正元:《浙江省沿海图说》附表《舟山南面附近海岛表·担屿》,影印清光绪二十五年(1899)刊本,《中国方志丛书·华中地方》(第二○○号),成文出版社 1974 年版,第 104 页。

⑤ [清]朱正元:《浙江省沿海图说》附表《舟山东面附近海岛表·普陀山》,影印清光绪二十五年(1899)刊本,《中国方志丛书·华中地方》(第二○○号),成文出版社 1974 年版,第 118—119 页。

面"有土灯塔"[1];乍浦大孟山上"有土灯塔"[2]。

　　光绪元年(1875),我国云南省边境发生了英国使馆人员马嘉里(A. R. Margary)被杀的"马嘉里事件"。英国政府以此事件为借口,向清政府施压。光绪二年(1876)9 月 13 日,中英双方全权代表签订《烟台条约》,内容有增加温州等四处为通商口岸的条款。光绪三年(1877)1 月 3 日,海关总税务司赫德委派英国人好博逊(H. E. Hobson)担任温州海关税务司。他在地方官员的协助下,最终将温州海关税务司署的地址选定在温州北门城外附近的沿江岸边。[3] 半年多以后,根据总税务司署的指示,温州海关改称瓯海关,对外正式名称为瓯海关税务司公署。[4] 瓯海关的主要职责是监督和管理进出港的对外贸易船舶及其所载货物,并征收关税。光绪三年(1877)4 月瓯海关设立后,当时的瓯海关监督是由温处道道台方鼎锐兼任的,其办公的官署称"瓯海关监督公署",瓯海关监督公署承担对瓯海关税务司署的监督职责。不过与浙海关监督公署类似,瓯海关监督公署对瓯海关税务司署的监督逐渐流于表面,瓯海关的行政管理权主要掌握在税务司的手中。除监督管理进出温州港的洋式船舶及其所载货物外,瓯海关还插手港务、引水、航标、船舶登记、检验、丈量、卫生检疫、气象观测以及邮政等许多与海关

---

　　① 〔清〕朱正元:《浙江省沿海图说》附表《长涂附近海岛表·西鹤山》,影印清光绪二十五年(1899)刊本,《中国方志丛书·华中地方》(第二〇〇号),成文出版社 1974 年版,第 130 页。

　　② 〔清〕朱正元:《浙江省沿海图说》附表《乍浦附近海岛表·大孟山》,影印清光绪二十五年(1899)刊本,《中国方志丛书·华中地方》(第二〇〇号),成文出版社 1974 年版,第 136—137 页。

　　③ 官署的地址就在今天温州解放北路和望江东路转角一带。

　　④ 《温州海关志》编纂委员会编:《温州海关志》,上海社会科学院出版社 1996 年版,第 9 页。

无关的工作。

图 4-16　瓯海关税务司署及瓯海关码头（1900）

（资料来源：中国海关博物馆《中国近代海关建筑图释》）

图 4-17　瓯海关理船厅及总巡公馆（1894）

（资料来源：中国海关博物馆《中国近代海关建筑图释》）

图 4-18　瓯海关古鳌头分卡

图 4-19　瓯海关税务司公馆（1892）

（资料来源：中国海关博物馆《中国近代海关建筑图释》）

　　瓯海关在设立之后即制订《温州口理船章程》(温州港港章)、《瓯海新关暂定试办章程》等章程,开始对温州港实施近代化的管理。《温州口理船章程》共有 5 条,具体条文如下:

第一条　各国商船进温州口者,行至龙湾外口炮台与对面之磐石炮台为界,过此即为进温州口。

第二条　各国商船在瓯江下游停泊者,自龙湾外口炮台起至蒲州止为停泊之所,若抵温州城,则自北水门(即水陡门,在今安澜轮渡码头附近)起至江心寺(江心屿)西塔止为停泊之所。

第三条　凡商船驶抵任何一处停泊之所时,必须显示其号码,以便本关升旗台能够升挂同样号码的旗帜。

第四条　凡进口商船如欲在下游停泊处停泊,必须在驶经温州岛(灵昆岛)时,在前桅升挂"约会旗(Rendezvous flag)",本关河泊司或其委派人员将在龙湾外口炮台至茅竹桥分卡之间上船,指定其泊位;如商船欲抵温州城,则本关上述人员将于上游停泊处之外界上船。

第五条　凡商船必须遵照本关河泊司或其委派人员的指示停泊,未经核准,一律不得移泊。①

从《温州口理船章程》第四条和第五条可以看出,瓯海关基本上垄断了温州港的引水业务。商船进港需要海关人员的引领并在指定区域停泊。海关的引水是要收费的,而且费用还不少。② 瓯海关开设之初没有专门的引水员,暂由两名对瓯江航道比较熟悉的水手兼任,有时进口船舶也会自行雇佣渔民充当

————————

①　周厚才:《温州港史》,人民交通出版社 1990 年版,第 46—47 页。

②　〔英〕马吉(J. Mackey):《光绪四年(1878 年)瓯海关贸易报告》(1879 年 3 月 28 日),中华人民共和国杭州海关译编:《近代浙江通商口岸经济社会概况:浙海关、瓯海关、杭州关贸易报告集成》,浙江人民出版社 2002 年版,第 470 页。

引水员。^① 不过，根据《光绪四年(1878 年)瓯海关贸易报告》记载,这两名负责领港的水手在光绪四年因瘟疫病故。^② 之后,温州港就一直没有持有执照的外国人或中国引水员,船只进港都是雇佣渔民导航。^③

光绪三年(1877),瓯海关公布《瓯海新关暂定试办章程》,其内容涵盖瓯海关管理区域、商船管理、船货管理、客商管理等诸多方面。相比《温州口理船章程》,共计 19 条的《瓯海新关暂定试办章程》更为详细地展示了瓯海关的办事流程。兹将该章程原文转录如下:

瓯海新关暂定试办章程
(1877 年公布施行)

一、凡各国商船进温州口者,行至龙湾外口炮台与对面之磐石炮台为界,过此即为进温州口。

二、停泊地界:各国商船在瓯江外口停泊者,自磐石炮台起至蒲州止为停泊之所。若抵温州城,则自水陡门(注:今望江东路安澜轮渡码头一带)起至江心寺西塔止,以江中间为停泊之所。两边仍让出深水江路,以便商民船只停泊进出。

<hr>

① 周厚才:《温州港史》,人民交通出版社 1990 年版,第 48 页。
② 〔英〕马吉(J. Mackey):《光绪四年(1878 年)瓯海关贸易报告》(1879 年 3 月 28 日),中华人民共和国杭州海关译编:《近代浙江通商口岸经济社会概况:浙海关、瓯海关、杭州关贸易报告集成》,浙江人民出版社 2002 年版,第 478 页。
③ 〔法〕那威勇(A. Novion):《瓯海关十年报告(1882—1891 年)》(1892 年 8 月 31 日),中华人民共和国杭州海关译编:《近代浙江通商口岸经济社会概况:浙海关、瓯海关、杭州关贸易报告集成》,浙江人民出版社 2002 年版,第 419 页。

三、本关设立分卡一处在于磐石炮台对江的茅竹桥地方,各船进口即由该分卡派铃字手(注:即稽查员)稽查看守。

四、凡商船进口应听候本关总巡(注:即监察长,一般都兼任港务长)指示停泊处所及泊船一切规矩,均须遵照办理。

五、商船从进本口界限时刻算起,尽二日内将该船牌(注:即船舶登记证书)及舱口单呈交领事官,如该国无领事官,则赴有和约之别国领事官或自行到关禀报。

六、凡船泊瓯江起下货物,应一切送到本关码头查验。其商船停泊后复欲移泊者,必须禀明本关方准移泊。

七、凡进口舱口单必须船主画押单内,详细开载该船舱内所有一切货物何字号、何货物、若干件各等情,不得丝毫隐漏。有递假舱口单者,船主照罚。有欲更正者,须尽本日陈明或所装有不在此口起卸之物,亦须于单内呈明。漏报之货入官。

八、凡商船只许在例准起货、下货之界限内起下货物及装压载,均须日间;日出以前、日落以后、礼拜日、给假封关之日均不准行,如偶遇欲行起下货物者,须禀请本关发给专单。

九、凡商船呈交进口货舱口单欲起货者,各商自备起货报单二纸(英、汉字各一),计总开载某字号、某货物、件数、斤两及估价数目等情,并将揽载纸(注:即起货单)呈交本关查阅盖印,即许照单将该货起入驳船,运至本关码头,候本关验丁(注:即验货员)查验之后,即行给发验单,以凭该商赴银号完税,掣取号收呈关。由本关发给放行单,方准将该货起岸。如无本关盖印之起货单,私行起动者,该货入官,船主照罚。

十、凡各商欲下货,由该商照起货之例,自备下货报单二纸(英、汉文各一),运货至本关码头,遵查完税之后,由本关发给下货准单,方准照章下货。

十一、凡两船欲行互拨货物,必先请领本关特准单据,方准互拨。不领单据私行互拨者,所拨之货入官,互拨之船各照罚。

十二、凡商人领单下货,因船已满载,复行退回者,须带货赴本关码头查验,发给退货准单,方准上岸。

十三、商船下齐货物,须呈出口货舱口单,将所装出口一切货物何字号、何货物、件数、斤两等情,均须详细开列,呈关查验。

十四、凡商船请领红单(注:即结关单),本关应先查明所呈进口、出口货物舱口单是否相符,税钞已经完清,始行发给红单,准该船领回船牌出口。

十五、凡商船进口,无论中、外国船只,不准以船内压载沙泥石块抛弃江中,违者酌情罚办。

十六、凡商船在口,严禁无故施放枪炮,违者酌情罚办。

十七、凡商船在港口之界限内经过,遇有客商上下,该船必须在本关分卡码头对面江中暂停,以便稽查;如有货物起卸者,须先请领本关准单。

十八、查验客商箱笼章程四条:

1.凡进口行李箱笼等件,必俟本关查船钤字手查验画押后,方准下入驳船。

2.凡进口行李箱笼之内,如有应行纳税之物,该人须向本关查船钤字手报明,如该物为数无几,准其

纳税起岸。倘为数过多,并未载在舱口单内,除照征税银外,仍将该人议罚银两。

3.凡进口行李箱笼等件,倘有未经查船钤字手画押,私下驳船,一经察出,即便扣留,如有应税之货,例应入官。

4.凡出口行李箱笼等件,应于上船时呈由本关钤字手查验画押,方准入舱。倘有未经钤字手画押之件,一经察出,即便扣留,如有应税之货,例应入官。

十九、本关办公除礼拜、给假封关之日外,每日以早十点钟起至晚四点钟为止。所有起下货单票一切公事,应禀报税务司办理。①

瓯海关另外一项业务就是办理邮政。温州开埠后,城内共有9家邮政代理,总局设在宁波。邮政代理采用"集体运作,收费相同,每年终按成分配利润"的方式运作。邮资在到达地收取。往来上海的信件,每信100文,信多则70文;往来宁波的信件,每信70文,信多则50文。如果信内有提货单,寄往上海、宁波两地要收200文。如果信内有银行支票、钞票或硬币时,则按所邮寄总数的1.5%—3.5%收费。包裹邮资按大小收30—500文。一切往来其他贸易开放口岸地方的信函,全部由宁波总局办理,宁波是浙江省南方的分发中心。温州与宁波或上海之间的邮资为到信件目的地与这些地方之间的邮资。遇到温州口岸与宁波、上海的轮船交通长期暂停时,"有人提出高价,一家邮政代理会派出信使从陆路前往宁波,全程步行约六

① 《温州海关志》编纂委员会编:《温州海关志》附录,上海社会科学院出版社1996年版,第215—216页。

天,距离 720 里。1884 年,有一信使日夜赶程,三天半完成,为有记录的最快时间"①。光绪十八年(1892)至光绪二十七年(1901)间,温州口岸共有邮政代理 7 家,其各自的总行在宁波。他们传送信件,小包,往来于宁波、上海和其他口岸之间。邮资费率按照路程远近、运输条件的难易而定。相比温州刚开埠的时候,这一时期温州口岸的信件除宁波和上海外,还可以通过上海的邮传行转寄到北方的天津和北京,其中寄往天津的邮资是 200 文,北京是 400 文。"官方和商界信函较多者,按协议减低收费。邮资可由寄信人或收信人支付,但寄信人必须在信封上写明邮资已全付、部分已付或未付。"②光绪二十八年(1902),温州有两所邮局,分别是温州邮局和处州邮局,其中只有温州邮局有汇兑业务。与此同时,温州邮局在温州城内和瑞安各设一支局,均办理汇兑。内地平阳、青田的支局也办理汇兑,乐清也有一个支局。此外还有 27 个邮政代办所,即在虹桥、大荆、绪云、林溪、古鳌头、仪山、金乡、松阳、遂昌、龙泉、玉环厅、坎门、碧湖、云和、庆元、古市、柳市、八都、小梅、景宁、泰顺和宣平等。温州原先是独立的邮政首邮界,由海关税务司代管,职称为兼任界务邮务长,后来改为副邮界。自宣统二年(1910)8 月 5 日起改归杭州的界务邮务长管辖。1911 年 5 月 28 日,邮政局置于邮传部管辖,其首脑原称邮政局总办,改称为总邮政司。20 世纪初期,温州邮政"所处理邮

---

① 〔法〕那威勇(A. Novion):《瓯海关十年报告(1882—1891 年)》(1892 年 8 月 31 日),中华人民共和国杭州海关译编:《近代浙江通商口岸经济社会概况:浙海关、瓯海关、杭州关贸易报告集成》,浙江人民出版社2002 版,第 421 页。

② 〔英〕李明良(A. Lay):《瓯海关十年报告(1892—1901 年)》(1901 年 12 月 31 日),中华人民共和国杭州海关译编:《近代浙江通商口岸经济社会概况:浙海关、瓯海关、杭州关贸易报告集成》,浙江人民出版社 2002 版,第 431—432 页。

件从 1902 年的 286846 件增至 1911 年的 788360 件,汇票兑换由
1904 年之 11498 元升至 1911 年 54604 元"①。

图 4-20 大清温州邮政总局外貌

(资料来源:《温州邮电——分营纪念画册》)

图 4-21 温州一等邮局

---

① 〔英〕包来翎(C. T. Bowring):《瓯海关十年报告(1902—1911 年)》
(1911 年 12 月 31 日),中华人民共和国杭州海关译编:《近代浙江通商口岸
经济社会概况:浙海关、瓯海关、杭州关贸易报告集成》,浙江人民出版社
2002 年版,第 437 页。

三、晚清时期的浙江沿海港口贸易

开埠初期,宁波口岸的表现令人大失所望,其进出口贸易总额从道光二十四年(1844)的 50 万元猛跌到道光二十九年(1849)的 5 万元,下降了 90%。[①] 对此,郑绍昌认为,除了临近的上海迅速取代广州成为全国外贸中心,从而使得大量外商进口货物转向上海,另一个非常重要的原因就是五口通商初期,宁波的商品经济远比上海发达,宁波区域手工业制品面对外商产品有很强的竞争力。[②] "在宁波,英国最好的本色棉布每码只售五便士,而中国人仍愿以每码六便士的价格购买其本国制造的、宽度不及英国布一半的土布,他们并不是不懂英国布的精美细匀,而是由于穿不起。土布所用原料为英国布的三倍,最少可以让中国人穿上两年;而英国棉布,照中国人的洗衣方法——在石板上捣捶,六个星期就不能穿了。"[③]此外,这一时期浙江的主要贸易产品丝和茶叶的外销方式都不利于宁波对外贸易的发展。浙江的丝织品大多采用方便的水路运往上海销售,而茶叶尽管通过宁波中转,但都是中国人经手。外国人想

---

① 姚贤镐:《中国近代对外贸易史资料(1840—1895)》(第一册),严中平等编:《中国近代经济史参考资料丛刊(第五种)》,科学出版社 2016 年版,第 618 页。

② 郑绍昌:《宁波港史》,人民交通出版社 1989 年版,第 147,150 页。

③ 彭泽益:《中国近代手工业史资料(1840—1949)》(第一卷),生活·读书·新知三联书店 1957 年版,第 507—508 页。

要买到茶叶,只能在上海购买。马士(Hosea Ballou Morse)就认为当时宁波"事实上这里是没有对外贸易的"①。宁波的大量出口产品和进口商品都是由当地中国的经销商来负责,外商还无法涉足销售领域。当时英国驻宁波领事馆的报告也印证了这一问题。道光二十六年(1846)1月10日,英国领事罗伯冉致德庇时的报告中就汇报了一个案例:

> 本年9月,我们在这里的唯一商人麦肯齐(Mackenzie)先生舍弃了这个地方,到上海去参加他弟兄的事业去了。他对这个地方颇作了一番试验,但是未能得到支持。他的东家发现,在上海的商业情况要好一些,他们当然要到最能获利的地方去销售和订购货物。
>
> 在麦肯齐先生撤退以后不久,驻在舟山的戴维逊(Davidson)先生在城内租了一所房子,并派了一个助手带了一小包英国货来。他想试验一下在宁波怎样才能赚到钱。但是,非常奇怪,他发现在本地的商号中竟有大量的英国棉布和呢绒,这些货物都是经由苏州来的,并且以低廉的价格在零售。尽管他(戴维逊先生的助手)的一小包货物是直接从舟山带来的,他却无法以同样的低价出售。②

① 〔美〕马士:《中华帝国对外关系史》(第一卷),张汇文等译,上海书店出版社 2006 年版,第 392—393 页。

② B. P. P. : Returns of the Trade of the Various Ports of China, Down to the Latest Period, P. 45. 转引自姚贤镐:《中国近代对外贸易史资料(1840—1895)》(第一册),严中平等编:《中国近代经济史参考资料丛刊(第五种)》,科学出版社 2016 年版,第 619—620 页。

　　除了上海的影响因素之外,还应看到宁波在开埠后外贸萎缩的深层次原因。一是鸦片贸易名义上仍属于非法,但得到清廷默许,挤占中国购买力。道光十一年(1831)到道光二十年(1840)间,由宁波走私入境的鸦片"约二万三四千箱"①。道光二十九年(1849),输入宁波的鸦片为 1840 担;咸丰四年(1854)为 4495 担。② 开埠后,输入宁波的鸦片量维持着开埠前的水平,甚至超过开埠前。鸦片贸易严重影响了宁波正当的商品贸易。二是自给自足的自然经济结构对外国资本主义商业侵略的本能抵制。农民生产自己所需的农产品和满足自己使用的大部分手工业品,商品交换频率低、概率小,外国进口棉织品等工业产品的销路可想而知。马克思指出:"妨碍对华出口贸易迅速扩大的主要因素,是那个依靠小农业与家庭工业相结合而存在的中国社会经济结构。"③

　　此外,同治三年(1864)的浙海关贸易报告中指出了宁波对外贸易增长缓慢的另一个原因——交通,从宁波通往杭州的浙东运河极大地限制了宁波口岸商品的转运。

　　　　运河中的河坝妨碍水上运输,有时甚至得把货物卸下来。这种水坝旨在让运河保持合适的水位。它们是两个土做的斜坡平台,船在这两个坝之间往返,从这一段又到那一段。要了解这种水坝给运输造成

---

　　① 乐承耀:《宁波近代史纲》,宁波出版社 1999 年版,第 33 页。

　　② 姚贤镐:《中国近代对外贸易史资料(1840—1895)》(第一册),严中平等编:《中国近代经济史参考资料丛刊(第五种)》,科学出版社 2016 年版,第 427 页。

　　③ 〔德〕马克思:《对华贸易》,〔德〕马克思、〔德〕恩格斯著,中共中央马克思恩格斯列宁斯大林著作编译局编译:《马克思恩格斯论中国》,人民出版社 2018 年版,第 111 页。

的不便,我们可以设想一艘发往杭州的舢板,它在离上虞几英里处遇到第一个坝,然后还要遇到一两个别的坝方能到达曹娥江,每通过一个坝都得支付昂贵的费用。舢板在绍兴卸货,这些货物被装上一艘船,这船将货物运过一段河,送往另一艘船,货物将再次被卸下,又装至第三艘船。最后这第三艘船途经美丽的运河,将货物运至杭州对面的一个集市——西兴。

从而不难看出,那些被运送的商品已摊上了很多的附加费用,而这还是在运河处于良好状态的时期而言的。如果遇上旱季,从余姚到曹娥江一段水域,舢板就有多处要搁浅,那就只有请民工,甚至用水牛拉好几里,这就更意味着费用的增加了。①

19世纪60年代中叶后,随着国内市场的逐步转型,宁波港的贸易转运能力和对商品的消化吸纳能力得到增强,宁波对外贸易进入了一个相对较快的发展时期。尤其是新式航运的兴起,使得宁波逐渐由旧式的帆船港转变为近代轮船港,进出口产品也不再局限于鱼、盐、粮食和土特产。洋货的大量进口,使宁波的对外贸易逐步融入世界市场,带动了地区经济的发展。

19世纪六七十年代,宁波进口对外贸易呈现出进口洋货净值跌而复升的趋势。在同治三年(1864)到同治四年(1865),进口洋货出现跳水,这和国际环境、美国内战影响棉业发展有关系。此后十年,宁波进口洋货净值逐渐回升,除偶尔几个年份

---

① 〔法〕日意格(P. Glquel):《同治三年(1864年)浙海关贸易报告》(1864年12月31日),中华人民共和国杭州海关译编:《近代浙江通商口岸经济社会概况:浙海关、瓯海关、杭州关贸易报告集成》,浙江人民出版社2002年版,第98页。

有少量下降外,上升的趋势还是比较明显的,在同治十二年(1873)又重新突破 600 万海关两。尽管宁波港的贸易有所回温,但必须看到的是宁波直接进口贸易占进口总额的比重较低,在进口额最好的年景也只占 20%—30%。宁波港的进口商品主要来自上海等其他沿海港口,宁波港是转口贸易的接纳港。这一时期,进口洋货种类以鸦片和棉毛制品为大宗,还有少量五金原料和其他产品,如洋油,以及锡、铅、钉头铁、废铁和钢等金属,其进口总体呈现的都是上升趋势。

光绪三年(1877)至光绪二十二年(1896),宁波口岸的进口贸易处于平缓波动期,除个别年份低于 700 万关平银两外,总进口净值始终在 700 万—800 万关平银间徘徊。但是必须看到的是,宁波港的直接对外进口贸易在这一时期规模有限。尽管宁波港直接自外洋进口的货值占其进口总值的百分比曾一度在光绪四年(1878)达到 24%,但是除光绪三年(1877)、光绪四年(1878)、光绪五年(1879)、光绪十六年(1890)这几年以外,该数值都小于 5%,保持在极低的位置。在光绪十四年(1888),数值甚至低至 0.3%。"本口几乎可说没有直接从外国进口之贸易。所有之进口货主要是经由上海而来的洋货。"[①]这一时期,宁波港进口商品的结构发生了一些变化。最为明显的是鸦片进口占洋货净进口比重的下降。除此之外,主要的进口货物还有锡、铁、铅等金属和糖类、煤炭、机械等,主要为制成品,这是外国资本主义在中国倾销商品的结果。

光绪二十二年(1896)杭州开埠后,客观上分流了以往由宁

---

① 〔法〕雷乐石(L. Rocher):《光绪十六年(1890 年)宁波口华洋贸易情形论略》(1891 年 1 月 19 日),中华人民共和国杭州海关译编:《近代浙江通商口岸经济社会概况:浙海关、瓯海关、杭州关贸易报告集成》,浙江人民出版社 2002 年版,第 271 页。

波转运的进出口货物,进一步动摇了宁波港对外贸易的地位。光绪二十四年(1898),宁波港口贸易总额从 17123444 海关两下降到 16042136 海关两,下降足有 100 多万海关两。然而,这一时期宁波口岸进口总值不降反升,除光绪二十四年(1898)、光绪二十六年(1900)外,历年宁波口岸进口总值均超过光绪二十二年(1896)的总量。这一时期进口总值最高的是光绪三十四年(1908),总值比光绪二十二年(1896)增长 58％以上。查洋、土货净进口数值,洋货数值持续超过土货,且洋货净进口值仍能保持着本期初期的进口量,甚至有小幅上扬。光绪三十四年(1908),土货净进口值是光绪二十二年(1896)的 2.5 倍,洋货净进口值仅增长 16％。① 本期进口洋货商品结构的最大变化就是鸦片贸易不再占据最重要的地位。当鸦片贸易式微,棉匹头货迅速替代鸦片成为进口洋货的最大宗。然而棉匹头货表现出来的进口数量并没有飙升,反而有所下降。从棉制品的种类上看,不需再加工的染色细布、粗平布和英国粗细斜纹布进口数量下降许多,而本色和漂白细布、漂白平布等棉制品数量稳步增长,有大量进口的白细布和平布在本地区染色,然后再转销其他地区,这相对于外国棉制成品和南方汕头、广州的制成品都有较强的竞争力。② 除棉匹头货之外的其他各种正当进口洋货,大部分品种进口量都在下降,如毛货、兰靛、铁锡类金属货品、火柴、红白糖、棉纱等品种。以毛货数量下降最剧,

---

① 中华人民共和国杭州海关译编:《近代浙江通商口岸经济社会概况:浙海关、瓯海关、杭州关贸易报告集成》,浙江人民出版社 2002 年版,第 891 页。

② 〔挪〕佘德(F. Schjoth):《浙海关十年报告(1892—1901 年)》(1901年 12 月 31 日),中华人民共和国杭州海关译编:《近代浙江通商口岸经济社会概况:浙海关、瓯海关、杭州关贸易报告集成》,浙江人民出版社 2002年版,第 40 页。

棉纱数量下降较少,其他几种的数量均下降六七成。

　　温州在开埠之前,其外国进口货物均由宁波陆路或装民船运来,贸易掌握在当地的商人手中。温州开埠初期,这一情况仍没发生太大的变化,只是进口渠道改变。温州开埠后,对周边宁波港和福州港产生一定的影响。在温州开埠的第二年,即光绪四年(1878),宁波的棉花和毛料向温州的出口有显著减少,其中本色细布在光绪三年(1877)和光绪二年(1876)分别向温州出口 10552 匹和 29657 匹,但在光绪四年(1878)则为零。与此相反,光绪四年(1878)宁波口岸反而从温州进口 24210 匹,"预计温州还将夺走宁波与同处颐江的处州相当多的贸易"①。此外,温州开埠后,原本从宁波口岸购买的货物现在直接从上海进口了。对福州而言,其情况与宁波类似。不过值得注意的是,温州开埠之后,其贸易的增长并不是实质性的,而仅仅是供货渠道变化,由一个代替另一个的结果。

　　那么为什么温州口岸无法进行自己的贸易?那威勇在《瓯海关十年报告(1882—1891 年)》中指出其原因有诸多方面,包括:"中国人的守旧思想,多少年来非常固执地守着一条购买洋货的生意路线,不到亏本地步不肯放弃;这个地区相对贫穷缺少资本;货厘金的重担;以及航线上唯一的一艘轮船维持高额运费率,有利于宁波商家继续控制依赖本口岸供货的某些地区

---

　　①　〔法〕那威勇(A. Novion):《瓯海关十年报告(1882—1891 年)》(1892 年 8 月 31 日),中华人民共和国杭州海关译编:《近代浙江通商口岸经济社会概况:浙海关、瓯海关、杭州关贸易报告集成》,浙江人民出版社2002 年版,第 411—412 页。

的贸易。"①

在光绪八年(1882)至光绪十七年(1891)这十年间,温州港洋货进口增加 32.3%,土货进口增加 17.3%,出口增加 67.5%,而光绪十七年(1891)的贸易净值总计,与光绪八年(1882)相比较则增加 37%。统计数字显示,从光绪八年(1882)到光绪十一年(1885),温州港对外贸易保持稳定,净值起伏于关平银 467000—487000 两之间,而在光绪十二年(1886)呈现稳定的增长,持续至光绪十四年(1888)达到顶点,净值起伏于关平银 576000—702000 两之间。然后再次下降,此后即在关平银 639000—659000 两之间摆动。在本十年中,温州港对外贸易一直是缓慢而不间断地上升,在十年的末年,贸易净值总计增加 37%。就进口而言,增加最多的产品有棉布和毛料、各种金属、染料、蒲扇、人参、窗玻璃、红树皮、火柴、煤油、白糖等,而减少的有鸦片、钉条铁、黄糖、苏木等。土货进口显示,增加较多的产品有黑枣、红枣、蘑菇、石膏、大麻、百合、烤烟等,而减少的有染色材料、鱼干和咸鱼、紫花土布、大米、食糖、细面条、石蜡等。大米并不经常出现在温州口岸进口货表中,只有在当地收成不好,需要外面援助,以缓解短缺时才会出现。值得注意的是,温州口岸的内地贸易并不广阔,本十年的内地贸易总值为关平银 260149 两,仅为洋货进口净值的 7.48%。从温州采购货物以棉布、金属、煤油、海菜和食糖为主的,有北面的台州、黄岩和乐清,西面的龙泉、松阳和处州,南面的平阳。邻省福建内和温州口岸保持并增加商业关系的城市,尤其是刚过边

---

① 〔法〕那威勇(A. Novion):《瓯海关十年报告(1882—1891 年)》(1892 年 8 月 31 日),中华人民共和国杭州海关译编:《近代浙江通商口岸经济社会概况:浙海关、瓯海关、杭州关贸易报告集成》,浙江人民出版社 2002 年版,第 412 页。

界的桐山从温州购进本色细布、粗平布和煤油,其他地方如福清、福鼎、福宁和兴化从温州运进金属和煤油。严重阻碍温州向外分销能力的,是它的地理位置,高耸的雁荡山脉,形成北面的天然屏障。因此,浙江省各府县,除温州外其他重要的地方,都从位置更为优越的宁波采购商品。金华府的兰溪位于衢江、金华江和兰江三大江的汇合处,利用其优越的地理条件,由水上交通从宁波进货,然后再分发出去。宁波的内地贸易统计显示,甚至离温州更近的地方,本应从温州购货更合理,仍大部分从宁波采购。① 温州口岸出口商品一个很大的弱点就是本地可供出口的货物非常贫乏,很多出口产品并不是本地生产的。此外,温州出口土货中除了木炭、橘子和铜钱这几项是通过轮船运出,其他品种如明矾、笋、铁器、油纸伞、木板、木杆以及茶叶等数量很大的出口产品,多使用民船运输,因为温州口岸的民船水脚费用要低于汽轮,同时,常关报关民船的课税要比洋关少40%。②

　　光绪十八年(1892)至光绪二十七年(1901)间,温州港口的贸易进展不大。根据《瓯海关十年报告(1892—1901年)》可知:光绪十八年(1892)温州港口的对外贸易非常兴旺,商人获利很多,利润净值大于以往任何一年。光绪十九年(1893)是这一时期商业方面最好的一年,一名外国人在温州开设商行。光绪二

---

　　① 〔法〕那威勇(A. Novion):《瓯海关十年报告(1882—1891年)》(1892年8月31日),中华人民共和国杭州海关译编:《近代浙江通商口岸经济社会概况:浙海关、瓯海关、杭州关贸易报告集成》,浙江人民出版社2002年版,第411—414页。

　　② 〔英〕马吉(J. Mackey):《光绪四年(1878年)瓯海关贸易报告》(1879年3月28日),中华人民共和国杭州海关译编:《近代浙江通商口岸经济社会概况:浙海关、瓯海关、杭州关贸易报告集成》,浙江人民出版社2002年版,第474、477页。

十年(1894),温州的茶叶出口大增长,可是其他主要物品却大跌。光绪二十二年(1896),温州口岸的对外贸易差强人意,唯有茶叶出口下降。光绪二十三年(1897),各方面都有所好转。光绪二十五年(1899),全面发展,关税总收入超过以往任何一年,达到关平银64574两。光绪二十六年(1900),虽开头还好,然而由于北方多事不宁而贸易是个差年,税收相应下降,茶叶出口减少,大米昂贵,贸易全年停滞。光绪二十七年(1901)比上年略好,但不如光绪二十五年(1899)那么兴旺。值得注意的是,这十年,温州口岸进口产品中增加了苏门答腊煤油、日本棉纱、上海棉纱和宁波棉纱。温州口岸的贸易总值在光绪二十七年(1901)是关平银1466918两,而在光绪十八年(1892)是关平银704719两。温州口岸进口洋货净值在光绪二十七年(1901)为关平银795369两,较之光绪十八年(1892)的关平银409850两增加了72%,主要增加的有食糖、俄国和苏门答腊煤油、铁丝鞋钉、日本人参、海菜、染料和扇子,而下降的有棉毛布、派脱那烟土、美国煤油、日本火柴和印度棉纱。从外国进口的货物价值在这十年里很小,自光绪二十年(1896)以来,已无直接进口。从香港和日本来的洋货多从上海转船到温州。温州口岸的复出口产品和货值减少,十年里复出口总值是洋货关平银12024两、土货关平银9777两。土货出口主要往上海,其货值在光绪二十七年(1901)为关平银366900两,比光绪十八年(1892)恰好增加一倍。出口产品增加的主要是绿茶、木板、柑子和圆木,减少的则是红茶、棕榈纤维及其制品。此外,自光绪二十四年(1898)以后,温州口岸再无商品直接出口到外国。在内地贸易方面,光绪十八年(1892)至光绪二十七年(1901)间温州口岸洋货进入内地总值关平银576518两,持凭子口税票28516份,而前十年为关平银260149两。其主要货种有美、俄、苏门答腊的煤油、棉纱、细布、粗布、鞋钉、海菜和糖。销售市场仍与过去相同,即北方的台州、黄岩和乐清,西方的龙泉、松阳和处州,南方的平阳和瑞安。这十年国产棉纱 3668 担,持凭免税票,价值关平银 71765 两,运入内地,主要是平阳、瑞安和乐清。①

　　光绪二十八年(1902)至宣统三年(1911),温州口岸的贸易发展尽管缓慢,但贸易额仍比上一个十年翻了一番。在进口方面,外国的布匹稍有增加,粗平布和意大利棉毛呢已下降,由其他商品填补缺位。随着温州口岸中美国和苏门答腊的煤油贸易兴起,温州城墙外建起专用储存仓库。此外,精白糖已取代别种食糖,而金属进口量则下跌明显。土货进口中,豆类和绸缎增加 300%,土制布也有相当数量进口。出口方面,温州主要出口产品茶叶维持原有水平,但未烘烤之毛茶顶替了绿茶。柑橘外运多往北方,有相当增长,同样的还有药材和青田石雕。青田石雕畅销南美洲,其出口由光绪二十八年(1902)的 5000 担上升至宣统三年(1911)的 55000 担。松阳县的烟叶已在台湾的日本人中知名,在宣统三年(1911)已有 122000 担直接或经厦门运往台湾,而在光绪二十八年(1902)仅有 22000 担。棕榈纤维出口在这十年中已相当衰退。在宣统二年(1910)底前开创的一项新工业——生产猪油,产量于宣统三年(1911)达到 88000 担。白矾产自与福建交界的近处,以前从古鳌头独用民船运出,这一时期装轮船发运以降低运费,一年中该货出口量达到 29000 担。鱼肚、牛皮、海虾和河虾干以及丝织品等土货的出口则大为衰落。值得注意的是,在这十年间,温州口岸的

---

　　① 〔英〕李明良(A. Lay):《瓯海关十年报告(1892—1901 年)》(1901 年 12 月 31 日),中华人民共和国杭州海关译编:《近代浙江通商口岸经济社会概况:浙海关、瓯海关、杭州关贸易报告集成》,浙江人民出版社 2002 年版,第 423—425 页。

现代城市建设开始起步,除海关创办的邮局外,光绪二十八年
(1902)12 月 23 日温州口岸创办了电报通讯,并被广泛运用。
光绪二十九年(1903),温州口岸一家肥皂厂开始试办,但在次
年因无人支持而停产。另一项现代工业是宣统三年(1911)引
进的一座蒸汽锯木厂,这是一家外国公司根据当地人要求而创
建的,以便与福州开创的同类工业竞争。①

　　晚清时期,台州海门港并未开埠,其沿海贸易主要为土货
的进出口和转口贸易。海门港的传统出口土货为农林和土特
产,如大米、木料、木炭、橘子、禽畜、生猪、竹箬、柏油、杂色油、
菜饼、松香、樟脑、茯苓、白术、蜂蜜、黄蜡、棉花、苎麻、茶叶、肉
类、纸张、水产品以及鸦片等。进口的货物,有外国布、外国纱、
熟铁、煤油、香烟等舶来品,以及国产的机制产品棉布、棉纱、香
烟、火柴与肥皂。进口土货有烟丝、烟叶、食糖、苔菜、大小杂
木、烧柴、棉花以及水产品等。由港口中转的货物主要是食盐。
进口土货中,鱼货主要来自本省沿海大陈洋、猫头洋和大目洋
三大渔场,食糖来自闽、广和台湾,棉花来自宁波、绍兴。②

————————

　　①　〔英〕包来翎(C. T. Bowring):《瓯海关十年报告(1902—1911
年)》(1911 年 12 月 31 日),中华人民共和国杭州海关译编:《近代浙江通
商口岸经济社会概况:浙海关、瓯海关、杭州关贸易报告集成》,浙江人民
出版社 2002 年版,第 434—439 页。

　　②　金陈宋:《海门港史》,人民交通出版社 1995 年版,第 109—111 页。

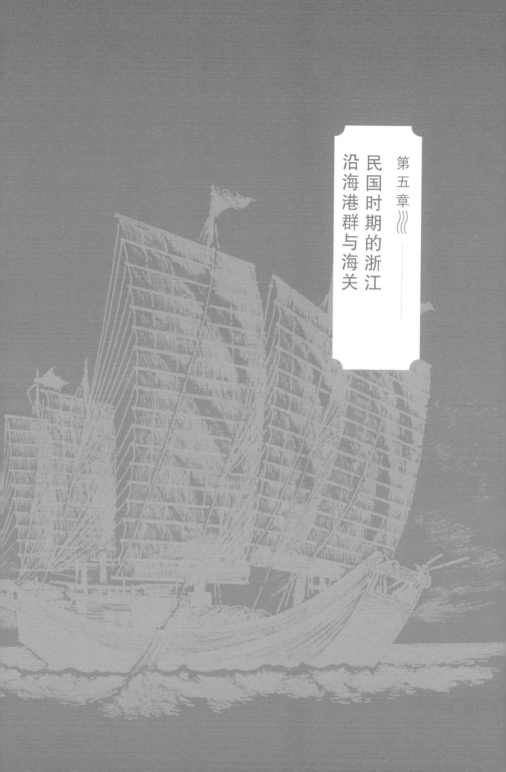

第五章 〉〉——
民国时期的浙江
沿海港群与海关

　　相比晚清,民国时期浙江沿海出行人员更多选择客轮作为主要交通工具。沪甬、沪椒、甬椒等航线的开通不仅便利了沿海人员与货物的往来,更是与沿海公路、水运和铁路运输体系相连接,大大便利了浙江内陆区域货物的流通,拓展了浙江沿海港口的经济腹地。更重要的是,良好的港口基础设施和便利的运输条件大大提高了浙江物资的周转速度,降低了货物的流通成本,而这些都在浙江的进出口贸易中得以体现。南京国民政府时期,浙江政局的相对稳定为海洋贸易的展开与浙江临港工业经济的聚集创造了非常好的外部条件。在战时,随着中国沿海大多数港口的沦陷,浙江的宁波港和温州港先后成为中国抗战物资的重要输入港口和中转站。进入民国后,浙江的海关职权有所缩小,但相比其他海洋管理机构而言,海关是最具现代特征的政府管理部门。尽管在中华民国初期,浙江的海关仍存在华洋不公的现象,但无法忽视的是,浙江海关的现代性与税收管理对浙江海洋贸易和航运的开展至关重要。随着抗战的全面爆发,浙江海关也由于浙西和浙东沿海的沦陷被迫中止运作。到抗战后期,浙江唯一保留下的海关就是瓯海关。抗战胜利后,浙海关由于海洋经济与外贸形势的变化被裁革。到1949 年,瓯海关成为浙江仅存的海关。

一、民国时期的浙江沿海港口建设与航运

　　民国时期,浙江沿海的航标管理一直属于各海关的职责范围。当时,各海关对浙江沿海的海务管辖范围有明确的划分,杭州湾向北沿海,属上海江海关管辖,杭州湾往南至台州海域属浙海关管辖,而自台州起向南沿海至福建霞浦县南关澳的海域属瓯海关管辖。民国时期的航标设置、建造、管理也按照这个范围进行。

　　宁波港甬江口外的七里屿灯塔,系晚清时期修建,1920 年添置了雾枪。1925 年,宁波海关花费 24000 两上海规元重建岛上灯塔站,新灯标高 148 英尺(约 45.11 米)。还有一支 6 磅(约 2.72 千克)重的枪,专门用来向镇海发信号,表示邮轮已到。1932 年装上了乙炔白炽灯,每 1.5 秒自动闪光一次,光度从原来的 60 烛光提高到 250 烛光。此外,在虎蹲山以东的游山江礁也设有灯标。① 白节山灯塔,由宁波税务司于 1884 年修建,初期其管理人员为宁波海关下属外国人,1915 年所有管理人员全部换成了中国人。1915 年 6 月,甬江口江南石勘码头钢铁灯标建成,上面有一个笼和一盏红灯,用于航道引导。② 甬江内还有朱家河头灯标及上白沙灯标。除此之外,宁波唐脑山灯

　　① 陈梅龙、景消波译编:《近代浙江对外贸易及社会变迁:宁波、温州、杭州海关贸易报告译编》,宁波出版社 2003 年版,第 88、104、123 页。

　　② 陈梅龙、景消波译编:《近代浙江对外贸易及社会变迁:宁波、温州、杭州海关贸易报告译编》,宁波出版社 2003 年版,第 104 页。

塔于 1915 年配备了每 3.5 秒自动闪光的乙炔灯,代替了原来的单蕊喷灯,光度提高了 7 倍(原来为 155 烛光)。1916 年又增添了新的设备,使光度进一步提高到 2500 烛光。鱼腥脑灯塔,原先光度为 3000 烛光,1926 年加以改进,光度提高到 6000 烛光。1930 年,更新了全部老式挂灯和其他仪器,设置了新的水银浮标,使光度提高到 5.5 万烛光。而在甬江上,民国时期浙海关于 1936 年设立了江南镇张镒碶灯桩、梅墟灯桩和 2 座游山江礁灯桩、1 座浮筒。截至 1949 年 5 月,宁波港域有虎蹲山、七里屿、花鸟山、鱼腥脑、白节山、小龟山、洛伽山、太平山、半洋山、唐脑山、东亭山、下三星、菜花山等 13 座灯塔,其中,除虎蹲山、七里屿 2 座灯塔尚完好外,其余灯塔都有桩无灯,或灯、桩俱毁。①

温州港的浮标在晚清时期就开始设置,1914 年又在山北口设置浮标,两处浮标于 1917 年被撤除。1917 年,瓯海关在楠溪港口设置了 2 个浮标,一个用来标志山北口岸,一个用来标志十八家洲。十八家洲原有旧灯塔被浮标代替。1921 年,瓯海关又设置了 2 个新浮标,一个在七都涂,一个在社田的对岸。1919 年夏天,在温州道尹的鼓励下,地方官员举行了一场募捐活动,官员与商人共捐款 600 元,用于在温州城上游 5 英里(约8.05 千米)处的北岸修建一座高 16 英尺(约 4.88 米)的石制灯塔。灯塔安装的是白色灯,用于指明航道上的礁石。灯塔常年运营经费为 120 元。1922 年 9 月 11 日的强台风破坏了温州港所有的浮标和灯塔。1926 年 8 月 15 日的另一次强台风卷走了除象岩灯塔之外的其他航标设置,因此,楠溪江口的山北口浮标被废止。这一时期温州港口航标运营值得关注的是,1927 年

----

① 俞福海:《宁波市志》,中华书局 1995 年版,第 779 页。

后瓯海关管理的灯塔仅剩下象岩灯塔,冬瓜山灯塔转交上海海关管理,其余地方管理的灯塔通过向过往船只收费维持运营。① 抗战期间,温州港航标被全部撤除,直到战后才由瓯海关继续负责航标的管理工作。

另外,值得注意的是,为了保障航道的安全,除海关外,浙江地方乡绅也自发集资修建灯塔。如 1914 年"镇海李氏助资改用打汽灯";1917 年舟山人刘德裕等捐建沈家门半升桶灯塔;1918 年闽商曾川流募集资金修建沈家门外马屿灯塔②;1920 年,温州民间出资在三磐建了一座灯塔,其日常开支由岛上居民承担,停靠帆船需要交纳相关费用。

宁波港是当时浙江沿海最大最繁忙的港口。浙海关在 1893 年对宁波港的甬江航道进行过一次细致的勘测。此后由于战争影响,宁波港曾先后两次封港,使得镇海段航道发生了一些变化,因此,中国海军在海关海务部一名代表的协助下,于 1921 年对甬江航道进行了一次系统的勘测。③ 这次勘测发现,除了镇海段北支航道略有改变,整个甬江主航道仍保持稳定,其水深一般在 4 米以上。因此,在正常潮位时期,3000—5000 吨级的轮船可以正常通行;高潮位时,可通过 7000 吨级的轮船。④ 不过,随着航道沿线居民倾倒垃圾废物的增多,航道淤积问题日益严重。1932 年初,宁波市政当局曾打算制止这种行为,并计划用海滩的泥沙将江边的道路拓宽至 63 英尺,但该工

① 陈梅龙、景消波译编:《近代浙江对外贸易及社会变迁:宁波、温州、杭州海关贸易报告译编》,宁波出版社 2003 年版,第 156、167、179、198 页。
② 陈训正、马瀛等《定海县志》册二中《交通志第三·水道》,成文出版社 1970 年版,第 205 页。
③ 陈梅龙、景消波译编:《近代浙江对外贸易及社会变迁:宁波、温州、杭州海关贸易报告译编》,宁波出版社 2003 年版,第 104 页。
④ 郑绍昌:《宁波港史》,人民交通出版社 1989 年版,第 311 页。

程随后被放弃。① 1937 年抗日战争全面爆发,南京国民政府为防止日军在沿海登陆,于 1938 年、1939 年、1940 年先后 3 次以沉船的方式封锁宁波港。其中 1939 年,宁波城防司令部下令将"太平轮"(约 2800 总吨)、"大通轮"(约 1000 总吨)、"定海轮"(约 260 总吨)、"新宁海"(约 220 总吨)、"象宁轮"(约 200 总吨)、"姚北轮"(约 240 总吨)等 18 艘船只沉于镇海口招宝山到小金鸡山一带,彻底封锁了甬江口。②

温州港的航道在 1843 年就已经由英国海军部进行过勘测,1878 年后很少发生变化。③ 1917 年秋,瓯海关水位观察员乘坐税务船"厘金"号测量了从距城 10 英里(约 16.09 千米)处的盘石到港口最上端的航道。其后由于河床发生变化,部分航道在 1919 年春被重新测量。由于港口河流的变化,城市西北角和海关之间的航道在过去 10 年就淤塞了 14 英尺(约 4.27米)厚的泥,只有运载木材的平底帆船才可以在那里停泊,而且是吃水比较浅的船。在大潮低位时,从江心屿西北角到城市的西北角,泥沙淤积成洲,甚至连小机动船和舢板也无法驶过。位于海关与东门之间的河流北岸由于沙洲不断移动而无法通航。在河流西段,大潮低位时,水深 13 英尺(约 3.96 米),机动船、三桅帆船、小汽船可以在那里抛锚。因为水深而且河床宽,180 英尺(约 54.86 米)长的船在河中间回旋也不会搁浅。北门的河流无论深度还是宽度都达到最大程度,三艘吃水 18 英尺(约 5.49 米)的船,或 250 英尺(76.2 米)长的船都可以在那里

---

① 陈梅龙、景消波译编:《近代浙江对外贸易及社会变迁:宁波、温州、杭州海关贸易报告译编》,宁波出版社 2003 年版,第 124 页。

② 郑绍昌:《宁波港史》,人民交通出版社 1989 年版,第 359 页。

③ 陈梅龙、景消波译编:《近代浙江对外贸易及社会变迁:宁波、温州、杭州海关贸易报告译编》,宁波出版社 2003 年版,第 144 页。

停泊。港口下游瓯江南岸沙滩由于楠溪江的冲刷而下扩,深处河道在大潮低位时有 9 英尺(约 2.74 米)深。白石附近的沙洲在大潮低位时有 9 英尺(约 2.74 米)深。1931 年,海军海道测量局对港口进行了测量,结果是航道有利于船只通行。①

晚清宁波港区建设逐渐由江东扩展到江北地区,现代化的轮船码头逐渐兴建起来,其后轮船停靠岸线开始向镇海扩展。到民国时期,宁波港的轮船码头、轮船和帆船埠头的建设较以前有明显增加。1927 年 2 月,宁波市临时政府成立后,收回了江北工程处,随后又收回了"白水权",并在此后修建了两条与岸线有关的道路和沿江石坞式埠头。截至 1936 年,整个宁波港有 23 个轮船码头(镇海 7 个),计 29 个泊位(镇海 8 个)和100 多个小轮船和帆船的道头、埠头。宁波港在江北岸至白沙段的轮船码头依次为新鸿兴码头(2 个泊位)、利涉码头、永川码头、甬利码头、新宁海码头、平安码头、宝华码头、宁兴码头(2 个泊位)、宁绍码头(2 个泊位)、北京码头(2 个泊位)、新江天码头(2 个泊位)、余上码头、永宁码头、宁象码头、美孚油码头、亚细亚油栈码头,其在镇海的有正大码头、税关码头、联益码头、台下码头、镇海码头、江天码头(2 个泊位)和另一码头(名称不详)。② 除此之外,宁波石浦港及其他宁波沿海各县港口的建设也随之展开。宁波石浦港早在清光绪年间就已经建有永川、永利等趸船码头。进入民国后,石浦港达兴码头和鹤浦码头于1927 年和 1929 年先后建成。穿山港码头则在甬穿、平安、大华等轮船公司开通航线后逐渐扩建。龙山码头于 1912 年由三北轮船公司的虞洽卿投资 60 万元修建,1914 年投入运营。龙山

---

① 陈梅龙、景消波译编:《近代浙江对外贸易及社会变迁:宁波、温州、杭州海关贸易报告译编》,宁波出版社 2003 年版,第 198—199 页。

② 郑绍昌:《宁波港史》,人民交通出版社 1989 年版,第 316—317 页。

码头全长 1000 米,通行小火车。码头长 20 米,南宽 12 米,北宽 5 米,可停泊 100 吨级的轮船。① 与晚清时期相比,民国时期宁波港甬江航道码头多由在中国运营的各大轮船公司修建或改造。如英国太古公司于 1935 年在江北岸外马路修建的铁质北京趸船码头,两只趸船各为 97.8×72×6 米,泊位水深 4.4 米,人力装卸,驳船、人力车和汽车可以直达码头,1935 年通过能力为 154 艘次,约 27 万吨。② 1941 年宁波沦陷后,宁波港口码头均遭到破坏。

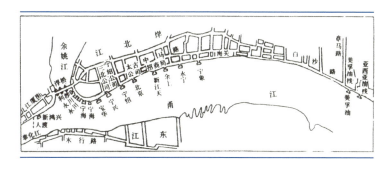

图 5-1 1932 年宁波港江北轮船码头分布示意图

(资料来源:《宁波港监志》)

台州海门港的码头修建始于 1902 年法国传教士李思聪侵吞港区南岸土地后在新涨涂地上修建的安川码头。民国初年,时任浙江巡按使的临海人屈映光联络绅商黄楚卿、杨晨等人筹款 10 万元,于 1914 年从李思聪手中赎回海门码头基地 200

---

① 《宁波市交通志》编审委员会编:《宁波市交通志》,海洋出版社 1996 年版,第 131、136 页。

② 郑绍昌:《宁波港史》,人民交通出版社 1989 年版,第 318 页。

亩。① 同年,海门振市公司在东新街外围新辟振市街,并开始建设振市一、二、三木质浮码头。3 座码头趸船的长度都是横 16 尺、直 68 尺。3 座码头由西到东排列:第一码头在上游,前沿吃水较浅,专供椒甬、椒瓯各线轮船靠泊;第二、三码头前沿吃水较深,供椒沪线较大班轮使用。此后,为适应日益增长的客货运输的需要,振市公司又改建并扩大了码头趸船。在振市公司第一码头西侧还有永慈堂于 1929 年修建的永慈堂码头,码头有长 15.8 米的木质趸船 1 艘,靠泊能力为 100 吨,供小汽船停泊与上下客货。除此之外,海门港还有在晚清建成的老道头和福建道头码头,供渔船和小型渡轮停靠。1920 年,英国亚细亚石油公司和美国美孚石油公司在海门建设水泥制石油码头 1 座。

图 5-2　收回海门轮埠碑记

(资料来源:台州市文化广电新闻出版局编《石上风雅》)

---

① 屈映光:《收回海门轮埠碑记》,碑刻,现藏于台州市椒江区戚继光纪念馆。

晚清温州开埠后并没有专门的码头供轮船停靠,货物和人员需要小船接驳。1884 年,温州招商局在北门外附近江面建造了温州港历史上第一座浮码头。1914 年,温州招商局对浮码头进行再造,调换了新的钢质趸船,长 165.5 英尺(约 50.44 米),宽 27 英尺(约 8.23 米)。1936 年,由于温州港航道发生变化,该码头无法停靠轮船,因此在同年 4 月将该码头趸船移往东门株柏,另建新的浮码头,称为株柏码头,码头前沿附近水深达 24 英尺(约 7.32 米)。[①] 1916 年,为满足温椒甬航线客货运输的需要,在该航线上运营的宝华轮船局在宝华轮锚泊区附近的东门新码道东首岸边建造了一座码头,称为宝华码头。两年后,永川轮船公司在东门化鱼巷江边建造了一座小型浮码头,称为永川码头。[②] 1926 年,永川码头重建,并增加木质引桥与岸边相连。但由于年久失修,该码头到抗战前已无法使用。1933 年,平安轮船公司在东门新码道西边附近建造平安码头。该码头后因改归益利轮船公司所有,也称为益利码头。值得注意的是,除轮船停靠的码头外,中国航空公司于 1934 年在朔门江面抛设了一只木质趸船,供上海至广州线客班水上飞机中途停靠温州使用。[③] 抗战初期,出于军事需要,温州港码头建设有了一定发展。1939 年 3 月,温州地方政府在株柏码头西边修建了振华码头,并对已经拆除的永川码头进行重建。不过这些码头在温州沦陷后被日军摧毁。

---

① 　童隆福:《浙江航运史(古近代部分)》,人民交通出版社 1993 年版,第 404—405 页。

② 　周厚才:《温州港史》,人民交通出版社 1990 年版,第 54—55 页。

③ 　周厚才:《温州港史》,人民交通出版社 1990 年版,第 116—117 页。

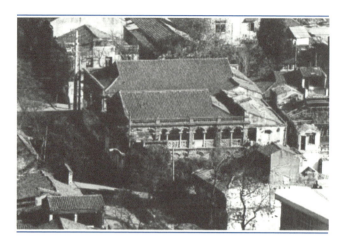

图 5-3　位于温州市区永川路 9 号的永川轮船局办公楼旧址
（资料来源：石邦联《图述温州：千年古城今昔》）

　　晚清时期,宁波的浙海关建立后就下设理船厅:专门管辖岸线、水域;确定港界,指定船舶停泊处所,建筑码头,安置趸船;考核并聘任引水员;进行航道、航标的维护和设置;等等。浙海关当时的主要业务就是引水,并收取相应的引水费。与"引水权"相对应的是宁波内河沿线的"白水权",根据中英《南京条约》,宁波被辟为通商口岸后,英、美等国在宁波江北岸外滩一带开设领事馆,并修筑住宅、教堂等设施,形成了外国人聚集的居留地。由于对外国人居留地范围没有正式的文件规定,这使得当时的法国天主教堂非法侵占了新江桥至宁绍码头一带的水岸线。教堂将这一带岸线出租给别人修筑码头、停靠船舶。这就是民国时期所谓"白水权",其实质是宁波港岸线的管理主权。由于政治因素,民国早期宁波的航政管理主要围绕管理权展开。1919 年前,宁波港的引水员皆由外国人担任。1921年,英籍引水员引领的一艘运糖船搁浅,这导致船商损失惨重,沪甬两地航运界及商界给当时的浙海关施加了很大压力。在社会舆论压力下,当时宁波税务司和港务长不得不撤换两名外籍引水员,选用在宁波航运界有丰富经验的周裕昌、顾复生担任引水员。随后在反帝浪潮下,浙海关港务长一职也改由中国人柯秉璋担任。相比"引水权"的收回,宁波"白水权"的问题更为复杂。1927 年 7 月下旬,宁波地方人士王斌孙、陈行荪等人致函宁波市政府,主张收回"白水权"。① 此后,宁波市政府借此开始制定章程,拟定收验契约的办法和日期,决心将江北岸一带私自出租的岸线一律收回。不过,当宁波交涉员向各国驻宁波领事馆交涉的时候,立即遭到英法领事的反对和抗议。英国驻宁波领事馆领事认为,宁波市政府制定的章程没有经过外国在华公使团审议,不具备约束力。据此,英国领事馆认为宁波市政府不能收回英商在宁波私产。而法国领事馆更是以 1899 年宁绍台道的照会为由,认定当时中国政府已经将这一地带所有权转给个人。此后,宁波市政府根据外交部指令,对《宁波市暂行租用江河沿岸码头章程》进行了修订,并于 1928 年 3 月 17 日上呈浙江省政府和外交部核准。但此后,宁波市政府一直未收到回复文件,此事不了了之。1931 年,宁波行政区划发生变化,"白水权"问题划归鄞县管理。在当地民众要求下,鄞县政府制定《鄞县水岸线租借暂行规定》,上报省政府建设厅核准后,于 1932 年 1 月实施。根据该规定,宁波沿江两岸水岸线划归国有,所有个人与机构在内河岸线修筑码头等港口设施,均要向县政府申报和租用。为此,法国驻沪总领事馆向中国政府提出抗议。在鄞县政府提出强有力证据以及外交部的积极争取下,宁波"白水权"于 1933 年 8 月正式收归国有。②

---

① 《函请收归甬江白水权》,《时事公报》1927 年 7 月 29 日。

② 傅璇琮:《宁波通史(民国卷)》,宁波出版社 2009 年版,第 129—132 页。

图 5-4　英国驻宁波领事馆旧址

（资料来源：哲夫《宁波旧影》）

图 5-5　江北天主教堂

（资料来源：宁波中国港口博物馆）

图 5-6　外马路天主教堂前

（资料来源：叶向阳编著，王之祥摄《宁波 1931—1939：王之祥摄影珍存》）

图 5-7　外马路宁海轮局（今外滩会馆前）

（资料来源：叶向阳编著，王之祥摄《宁波 1931—1939：王之祥摄影珍存》）

台州海门港的航政在晚清时期由临海县衙与黄岩镇中营共同管理。其职责是给出入口的商渔船只发放、验收执照,收取"号金",检验船舶,维持水上交通和安全。海门设立渔团局,船舶出入由当地渔团管理。这一局面一直维持到 1897 年海门港轮埠的建立。与宁波非常相似的是,海门港南岸岸线被当时法国天主教堂侵占。海门天主教神父李思聪依靠教会势力,霸占海门印山书院和海门港埠,并在其地上修建新式轮埠,供轮船靠泊。当时海门港由法国天主教堂和地方渔团局分别管理。民国后,按照 1914 年 8 月 1 日浙江省政府命令,海门港进出口船只的营业执照发放及牌照费的收取改由水上警察厅负责,不过,此举遭到船户反对,后作罢。1914 年 10 月,临海绅商集资 20 万元成立海门振市股份有限公司,从法国天主教堂赎回码头涂地及运营权。其后,海门港的航政由海门振市公司和浙海关常关海门分关共同管理。前者负责码头基础建设和运营,后者则负责船舶的出入口事务及港口航标等引水设施的维护。

与海门港不同,随着晚清瓯海关的建立,温州港的航政工作就由瓯海关负责。民国建立后,瓯海关仍然由外国人把持。1913 年 4 月,瓯海关正式兼管温州常关,但海关和常关仍旧并存。1920 年 5 月,瓯海关对晚清时期制定的《温州口理船章程》进行了大规模修订。尽管修改后的章程没有对港口的边界和范围进行明确的划分,但是章程中对锚地的区域做了调整,原来船舶停泊的下游锚地被撤销,保留下来的是海门港东门株柏浦至西门浦桥浦段的城区锚地。除此之外,章程增加了不准在港口内快速行驶、不准在港区任意鸣笛等细节性条款。同时,鉴于海门港进出船舶所装载货物的不同,特别对装载易燃品、爆炸品船舶的停泊和装卸,有疫船舶的停泊和检疫事项都做出了具体规定。在卫生防疫方面,按照章程的规定,如果进港船只发现有传染病患者或死者,必须悬挂疫情信号旗,并按照港口管理部门的要求在指定地点锚泊,未经理船厅或港口卫生检查员同意之前,船员和旅客不准上下船。1926 年 5 月 12 日,瓯海关首先公布了《温州口暂行卫生章程》,对港口卫生检疫有关事项,如由关医担任港口卫生员,有疫船只的锚泊地点以及有疫港口、有疫船只、有疫嫌疑船只的定义等,都做了具体的规定。其后,随着南京国民政府的建立,海关卫生检疫工作自1930 年 7 月 1 日起逐渐向卫生部海港检疫处移交,不过温州港的检疫工作仍旧由瓯海关负责。

　　1927 年南京国民政府交通部、浙江省建设厅航政局和浙江省水上警察厅也拥有部分航务管理职能。1927 年南京国民政府交通部成立后,陆续颁布了《船舶法》《船舶登记法》等有关船舶行政管理的法规。1931 年,上海、汉口、天津、哈尔滨等地的航政局相继成立,所属各地根据具体业务情况,分别设立办事处或船舶登记所。上海航政局的主要职能有:负责航路及航行标志的管理和监督;管理并经营国营航业事项;负责民营航业监督事项;负责船舶发照注册事项;负责计划筑港及疏浚航路事项;管理监督船员、船舶、造船事项;负责改善船员待遇事项;负责处理其他航政事项。① 不过在上海航政局实际运行中,上述各项职能并未全部涉及。在抗日战争全面爆发之前,上海航政局仅负责中国船舶的登记、检查丈量、船员考试发证、进出口船舶登记及签证等事项。其余各项权力为海关、水上警察厅、各省建设厅下设航务管理部门所分割。根据 1931 年 5 月 9 日财政部关务署训令政字第 5101 号颁布的《修正轮船注册给照

---

　　① 《上海港志》编纂委员会编:《上海港志》,上海社会科学院出版社2001 年版,第 486 页。

章程》第一条规定："凡营业之轮船，无论官厅或公司或个人所有，均须遵照本章程呈请交通部核准注册给照；凡营业之渔轮及夹板船等适用本章程之规定。"①

在上层管理部门逐渐完善的情况下，地方航政管理体制也随之发生变化。根据南京国民政府交通部的要求，浙江省政府开始整顿本省航运，并在建设厅下面设立航政局，统一管理本省航政事务。1927 年 11 月，浙江省建设厅航政局在省内 8 个区域设立管理船舶事务所。从《浙江省各区管理船舶事务所及所属各分所组织规程》中可以了解到，浙江省建设厅航政局下属的各个管理船舶事务所的职能主要有：船舶查验；船舶执照颁发；船舶取缔；船舶注册；船照收费；其他航政事务。由此可见，船舶事务所的职权仅限于船舶和各项行政事务，港务的管理仍由海关负责。② 如 1931 年 3 月 27 日，海关总税务司发布《海关总税务司署通令第 4200 号（第二辑）》，宣布自 1931 年 5 月 1 日起，"为防止外国渔船冒挂华旗，自该日起中国渔船须出示实业部或地方当局所发渔业执照，海关方予放行"③。

1931 年 11 月 19 日，海关总税务司发布《海关总税务司署

---

① 《海关总税务司署通令第 4349 号（第二辑）》（1931 年 11 月 9 日）附件《财政部关务署训令政字第 5101 号中华民国二十年五月九日》，海关总署《旧中国海关总税务司署通令选编》编译委员会编：《旧中国海关总税务司署通令选编（第三卷）》（1931—1942 年），中国海关出版社 2003 年版，第 119—123 页。

② 建设委员会调查浙江经济所统计科：《浙江经济调查》（第六册），民国浙江史研究中心、杭州师范大学选编：《民国浙江史料辑刊（第一辑）》第一册，国家图书馆出版社 2008 年版，第 555—556 页。

③ 《海关总税务司署通令第 4200 号（第二辑）》（1931 年 3 月 27 日），海关总署《旧中国海关总税务司署通令选编》编译委员会编：《旧中国海关总税务司署通令选编（第三卷）》（1931—1942 年），中国海关出版社 2003 年版，第 37—39 页。

通令第 4371 号(第二辑)》,对民船管理做出规范,其中容量 200
担(即 20 吨)及以上出海民船应具备三个证书,分别是交通部
颁发的国籍证书、航政局颁发的航线证书、海关颁发的民船航
运凭单。① 另外,根据海关总税务司发布的《海关总税务司署通
令第 4349 号(第二辑)》和《海关总税务司署通令第 4414 号(第
二辑)》,根据交通部已颁发的对华籍轮船《修正轮船注册给照
章程》规定,自 1932 年 6 月 1 日起,海关不再向华籍船只发放
牌照、内港专照及江照。②

　　抗战全面爆发后,为防止日本海军在中国沿海登陆,南京
国民政府下令征用全国各轮船公司轮船、趸船自沉于港口航
道。至此,宁波成立城防司令部,接管宁波的港口与航政事务。
上海沦陷后,日军侵扰浙江沿海各口岸,进攻镇海和宁波。为
此,宁波城防司令部下令将招商局“新江天轮”沉于甬江口,防
止日军登陆。1938 年,宁波城防司令部又下令在镇海入海口打
下梅花桩,作为阻止日本军舰入侵宁波内江航道的第一道防
线。镇海口的封锁使得上海前往宁波的旅客只能乘船到台、温
港口,然后经陆路前往宁波。③ 在宁波旅沪同乡会的请求下,宁
波军事当局制定《行驶舟山新办法》,规定载货船只行驶舟山须
提前由军事当局批准,凡特准船只可以通过封锁线,驶入宁波

---

① 《海关总税务司署通令第 4371 号(第二辑)》(1931 年 12 月 19
日),海关总署《旧中国海关总税务司署通令选编》编译委员会编:《旧中国
海关总税务司署通令选编(第三卷)》(1931—1942 年),中国海关出版社
2003 年版,第 140—142 页。

② 《海关总税务司署通令第 4414 号(第二辑)》(1932 年 4 月 8 日),
海关总署《旧中国海关总税务司署通令选编》编译委员会编:《旧中国海关
总税务司署通令选编(第三卷)》(1931—1942 年),中国海关出版社 2003
年版,第 1562 页。

③ 《沪浙交通情况》,《新闻报》1938 年 3 月 23 日,第 3 张第 9 版。

内港。另外,所有靠泊船只只准兼湾,不得"由沪直放"①。1938年6月,随着战局的缓和,宁波军事当局准许轮船搭载人员停靠舟山。往来沪甬旅客,可乘船到舟山,再由舟山乘坐小轮船抵达宁波。② 1938年7月,浙东防守司令部规定货轮行驶办法,按照规定:凡是停靠浙东沿海船只的押货人员必须持有证明文件,绝对禁止外轮私自搭载旅客,所载货物不能超过贸易委员会的限制;所有船只必须遵守各江戒严条例,接受沿线军警登轮查验;对于违反规定的船只,除了取消其特准航行权,还会有相应的处分。③ 其后,随着日本海军的骚扰,宁波港时禁时松。1939年初,第十集团军总司令部颁布《修正通航办法》。依照办法规定,对于航行沪甬船只,军事当局不限制其搭载旅客,但对可以乘船的旅客做了规定:(1)本国16岁至45岁男子,未持有合法证件(身份证或当地县政府以上机关证明)的人员不得乘船;(2)因公出差公务人员须持有派遣机关证明文件,投考入学学生须持有原籍县政府或学校证明文件,否则不得乘船;(3)往来商人须填报申请书,附本人两寸照片一张,并由当地2000元以上商铺作保或持有当地县政府及以上机关证明文件,否则不得乘船;(4)轮汽船员,须持有该船证件,否则不准上下码头;(5)入口旅客,须持有合法证件,否则将斟酌情形,予以扣留、拒绝登岸或取保放行;(6)凡国内土产货物,未经许可或浙省政府规定,一概禁止装运;(7)日货禁止入口,其他国家商品,

---

① 《我军事当局规定行驶舟山新办法》,《新闻报》1938年5月22日,第3张第10版。

② 《舟山恢复外轮搭客,温州限制货物进出》,《新闻报》1938年6月6日,第3张第11版。

③ 《浙东防守司令规定货轮行驶办法》,《新闻报》1938年7月8日,第4张第13版。

除中央或浙省政府明令限制外,一概听其输入。① 另外,宁波城防司令部下令将当时停泊在甬江上的"太平轮""福安轮""大通轮""定海轮""新宁海轮""象宁轮""姚北轮"等 7 艘轮船以及"海光""海皓""海星"3 艘小兵舰,再加上 8 艘大帆船,总计 18 艘船只沉于镇海口招宝山到小金鸡山一带,作为阻止日军登陆的第二道防线。1940 年,宁波城防司令部又将一批船只沉于镇海拗猛江转弯处作为第三道防线。② 至此,宁波港作为货物中转的功能消失。除了熟悉航道的小型轮船,大部分船只已无法停靠宁波港。其后,随着日军占领宁波,交通部直辖宁波航政办事处被迫搬迁到台州海门。

图 5-8　浙海关于 1935 年配置的"海清"号巡缉舰,

1940 年沉于梅墟拗猛江转弯处,以抵御日军

(资料来源:哲夫《宁波旧影》)

---

① 《沪甬直航轮只载客装货仍受限制》,《新闻报》1939 年 1 月 31 日,第 4 张第 15 版。

② 郑绍昌:《宁波港史》,人民交通出版社 1989 年版,第 359 页。

　　几乎与宁波港封锁同时,第三战区司令长官部下令驻台州海门的浙江省第七区行政督察专员兼保安司令于 1938 年 3 月 4 日起封锁海门港。海门港封锁线北起松浦闸下,南至飞龙庙下,在椒江口外台州湾。该封锁线由 11—12 米长的松木桩和沉船、沙石组成,1938 年 6 月 25 日完工。不过此次封锁时间不长,1938 年 7 月 18 日至 1939 年 3 月,海门港又短暂开放,准许船只出入贸易。海门港的封锁与开放均是有限度的,要受到军事机关的管制。1938 年 7 月,驻守浙江的国民革命军第十集团军总司令部公布《浙东沿海各口岸及钱江南岸各口通航临时办法》,对通航做出限制。同时,出于外籍轮船来华贸易的需要,国民党中央军事委员会于同年 7 月发布《沿海港口限制航运办法》,规定中外轮船在战区内或戒严区域内航行,必须取得航政机关发给的通行证书。1939 年,地方军政当局又封锁海门港上游的三江口与口外的金清港。但是,这一封锁线留有缺口,以便小型船舶出入。如 1939 年 5 月,海门组织“台州草帽运销处”,将收购的草帽一度由内河转运温州港出口。另外,1939 年 3 月至 9 月海门港关闭后,于 1939 年 10 月至 1940 年 3 月短暂开放,以便船只在金清港与岩头运销橘子、板炭等。而在封锁期间,经特许后,仍有少数轮船进出。如 1940 年 9 月,“曼丽·密勒轮(S. S. MarieMoller)”与“江定轮”先后停靠海门港。1940 年 7 月镇海失守后,日军于 7 月 16 日封锁宁波港,沪甬线和沪瓯线停航,浙东贸易中心南移至石浦和海门。出于贸易需要,1940 年 10 月,海门港恢复外海航运。海门于是月恢复与上海、石浦的通航。“高登轮”“海宜轮”“海福轮”“永生轮”“利平轮”“永茂轮”“江南轮”“曼丽·密勒轮”“克来司丁轮”“海康轮”“飞康轮”“瑞泰轮”“江定轮”“新安利轮”等先后通航上海—石浦—海门线。1941 年 3 月,国民革命军第十集团军总司令部公布《浙东沿海各口岸通航暂行规则》,开放庵东、穿山、石浦、椒江、清江、瓯江、飞云江、鳌山各口岸,准外轮出入。1941 年 4 月19 日,日军在宁波、石浦、海门、温州登陆,宁、台、温一度陷落。因此,台州守备区指挥部于 1941 年 4 月起关闭海门港,5 月起禁止轮船出入,7 月又禁止帆船出入,同时关闭金清港与松门的交通。这次海门港禁航期间亦有变通,同年 7 月准许货物在松门进口,11 月又准许帆船在金清港、岩头出入。[①]　不过此后,随着日军对中国沿海的封锁日益严格,海门港进出轮船的数量逐渐减少以致绝迹。轮船停航后,帆船趁机而起,代替轮船进行贸易运输。"椒江口外,港汊密集,海关难以控制的临海县的上盘、杜下桥,黄岩县的金清港,温岭县的石塘、松门,以及玉环岛,乐清湾的乌根、水涨等就是走私活跃的处所。帆船就在那些地方秘密装卸货物,然后通过内河输往温、台各地。"[②]1943年 9 月,经海门航商的要求,封锁线内的帆船准予出海投入航运。但是出于军事防卫的考虑,这一时期的帆船只准出不准进,不能驶入封锁线,只能在岩头起卸货物。

　　与宁波、海门港相比,温州港口的局势相对比较安定,尽管温州先后沦陷两次,但不久即被光复。因此,在抗战的大部分时期,温台防守司令部并未宣布封锁温州港,禁止港口通航。1941 年 5 月温州第一次沦陷光复后,温州守备区指挥部先后下令封锁瓯江南水道和北水道,禁止船舶进出。所有进出港船舶只能在瓯江下游离温州市区 15 公里的琯头靠泊。同时,从温州市区驶出的船只,最远也只能到琯头。在实际操作中,封锁令并未得到严格执行,40 吨以下的木帆船一般都能进出封锁

---

①　金陈宋:《海门港史》,人民交通出版社 1995 年版,第 182—188 页。
②　金陈宋:《海门港史》,人民交通出版社 1995 年版,第 193 页。

线,在温州港靠泊。4 个月后,温州军事当局放宽封锁令,中型木帆船在海关办理手续后均可出入温州港。次年 8 月,温州港再次沦陷光复,温台防守司令部再次加强对瓯江的封锁,导致粮食、食盐、水产品等生活用品无法运入温州市区,给市民生活带来困难。基于此,温州当局于 1943 年 1 月准许装载生活用品的船只进出温州港,而其他船只只能在磐石、永强两地靠泊。根据温台防守司令部规定,进出温州港的轮汽船都要申领军事通行证。很多时候,温台防守司令部在核发通行证的时候进行敲诈勒索。如 1941 年 1 月,"民和轮"因未能满足温台防守司令部非法要求,被长期扣留,导致该轮在 1942 年 5 月 28 日被日机空袭炸沉。①

　　1945 年 9 月抗战胜利后,宁波航政办事处得以恢复。10 月,宁波航政办事处复名"交通部上海航政局宁波办事处",地址在宁波外马路 21 号。办事处包括主任 1 人、技术员 2 人、员役 10 人。同年 12 月 11 日,温州航政办事处亦重新设立,归上海航政局管辖,恢复战前原名"上海航政局温州办事处"。其职责基本与战前相同,办理船舶登记、检查、丈量以及船员的考核等事务。1948 年 1 月起,温州航政办事处又接管了引水工作。② 不过,相比于战前,这一时期的航政管理非常混乱,造成多起航运事故,其中最严重的是 1948 年 12 月"江亚轮"被炸沉事件。事故发生后,全船除 900 人幸免于难外,其余 2300 人左右全部死难,其中宁波籍人士约 2200 人。③

---

①　周厚才:《温州港史》,人民交通出版社 1990 年版,第 143—144 页。
②　周厚才:《温州港史》,人民交通出版社 1990 年版,第 145 页。
③　郑绍昌:《宁波港史》,人民交通出版社 1989 年版,第 374 页。

图 5-9 1946 年 5 月，招商局行驶沪甬线的"江亚轮"首次抵达宁波，

甬上各界人士前往码头欢迎

（资料来源：哲夫《宁波旧影》）

二、民国时期的浙江沿海海关与关税

辛亥革命后，政权鼎革使得海关的管理架构得以重组。1911 年 11 月，宁波光复并成立军政分府，浙海关监督由提督兼任，但税务司一职仍由外国人担任，其往来文件仍用英文格式。① 1912 年 2 月 21 日，海关总税务司安格联发布《海关总税

---

① 《与各关来往半官性函》，档案号：L058-001-0023，浙江省档案馆藏。中华人民共和国杭州海关译编：《近代浙江通商口岸经济社会概况：浙海关、瓯海关、杭州关贸易报告集成》，浙江人民出版社 2002 年版，第866 页。

务司署通令第 1871 号(第二辑)》,电令浙江海关悬挂中华民国国旗,取消海关旗上龙的标志,同时命令各海关文件中不得继续使用"帝国"一词。① 同年 6 月,浙海关监督署成立,地址在宁波中山西路清代海关行署内,设海关监督一人,由当时的北京政府大总统委派。12 月 19 日,北京政府财政部拟定的《新任各关监督办事暂行规则》规定,各海关监督直隶中央政府,不归各省都督节制。其后,浙江各海关监督属于专职,由北京政府大总统直接任命,不再由道尹兼任。同时,浙海关监督兼任外交部宁波交涉员,以便与各国驻宁波领事协商办理外商事务等,该兼职直到 1929 年 8 月才取消。② 在北京政府时期,浙海关监督公署先后有 6 人担任监督。③ 关于海关监督的日常工作经费,根据 1913 年中央政府外交部和外交使团达成的协议,浙海关监督每月的经费为 2000 元,从海关关税税款中支付监督经费。④ 不过在实际的经费支出中,浙江海关均以海关两来进行结算。如 1913 年 9 月,浙江"枫泾分卡收到薪水银二十两,津

① 《海关总税务司署通令第 1871 号(第二辑)》(1912 年 2 月 21 日),海关总署《旧中国海关总税务司署通令选编》编译委员会编:《旧中国海关总税务司署通令选编(第二卷)》(1911—1930 年),中国海关出版社 2003 年版,第 27 页。

② 中华人民共和国杭州海关译编:《近代浙江通商口岸经济社会概况:浙海关、瓯海关、杭州关贸易报告集成》,浙江人民出版社 2002 年版,第 866 页。

③ 中华人民共和国杭州海关译编:《近代浙江通商口岸经济社会概况:浙海关、瓯海关、杭州关贸易报告集成》,浙江人民出版社 2002 年版,第 861—862 页。

④ 《海关总税务司署通令第 2027 号(第二辑)》(1913 年 4 月 14 日),海关总署《旧中国海关总税务司署通令选编》编译委员会编:《旧中国海关总税务司署通令选编(第二卷)》(1911—1930 年),中国海关出版社 2003 年版,第 53—54 页。

贴银二十两,加贴雇用书识银九两,共关平银四十九两"①。
1913 年,浙海关设常关分关。1913 年 4 月 1 日,瓯海关税务司
取得了对 50 里内常关[宁村、状元桥、蒲州、上陡门、双门(朔
门)、西门等关口]的全部管理权,不再与瓯海常关监督共同管
理。1914 年,瓯海关制定《瓯海关常关船舶进出章程》。同年 2
月 6 日,总税务司要求,中国银行杭州代理汇解海关税款,银行
佣金不应超过 2.5‰。1916 年 3 月,浙海关呈财政部核准,浙
海关常关在定海沈家门、岱山、衢山、螺门地添设四卡,由定海
分关管辖。1917 年,浙海关公布《宁波理船章程》及《浙海关理
船厅通告》。

　　浙海关监督下设有部派会计主任 1 人、课长 1 人、课员 7
人、护员 8 人,另设稽查员 2 人。按照《浙海关监督署办理细
则》的规定,浙海关监督署的职能为:税务科掌握稽查、稽征税
票及文牍、庶务、收发、会计、金柜、报解、航政、护照等事宜;稽
核科掌管审核、登记、簿记、表册及统计等事务。② 浙海关监督
署日常工作主要是监督浙海关税务司的活动及处理其上交的
文件。继梅占魁后,姚志复于 1912 年 9 月 16 日被浙江都督任
命为瓯海关监督。同年 12 月 19 日,北京政府财政部拟定的《新
任各关监督办事暂行规则》规定,各海关监督直隶中央政府,不归
各省都督节制。其后,浙江各海关监督由北京政府大总统直接任
命,先后有冒广生、徐锡麟、周嗣培、胡惟贤等担任瓯海关监督。
同时,这一时期的瓯海关监督还兼任外交部温州交涉员。袁世凯
死后,中央政府对地方的控制能力减弱。第二次直奉战争时期,

---

　　① 《Pay List. 212th/September Quarter,1913》,档案号:L058-001-
0280,浙江省档案馆藏。
　　② 《宁波海关志》编纂委员会编:《宁波海关志》,浙江科学技术出版
社 2000 年版,第 59—60 页。

瓯海关监督一度由闽浙巡阅使兼浙江都督孙传芳派员担任。直到 1925 年 4 月后,瓯海关监督的任命权才重新回到北京政府手中。浙海关监督署在北京政府时期先后有 6 人担任监督,分别是王镛、孙宝宣、袁思永、李厚棋、周承芪、张传保。瓯海关监督署在北京政府时期先后有 13 人担任监督。

北京政府时期,浙江海关的建设在不断扩大。1918 年,瓯海关以 5500 元购买英国传教士苏慧廉在嘉福寺巷的住宅,作为税务司的寓所。1924 年 5 月,由英国驻宁波领事兼任的驻温州领事一职撤销,江心屿上的领事馆所有的两栋楼房由瓯海关作价 14100 元购置。瓯海关以其中一幢三层楼房作为监察长的寓所,另一幢两层楼作为验货员的寓所。而整个 20 世纪 20 年代,浙海关投入大量经费用于改善办公、居住条件及基础设施建设。1920 年 6 月 19 日,浙海关购买房屋作为海关货栈,地址为宁波外马路 66 号,总计关平银 5386 两。1921 年,浙海关在原税务司网球场地基上修筑海关职工宿舍,用于改善职工住房条件,建筑费总计关平银 1846 两。1921 年 2 月,浙海关购买草马路基地 13 亩,总计关平银 3333 两。1925 年,浙海关改造七里屿和虎蹲山灯塔的房屋建筑,总计花费关平银 24000 两。1928 年,浙海关在宁波江东建造一座新式船坞,长 250 英尺(76.2 米),宽 38 英尺(约 11.6 米)。

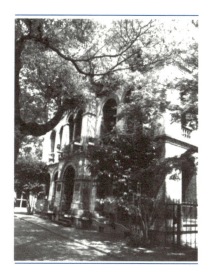

图 5-10　江心屿英国驻温领事馆旧址

（资料来源：万邦联《图述温州：千年古城今昔》）

图 5-11　瓯海关外班人员寓所

（资料来源：中国海关博物馆《中国近代海关建筑图释》）

图 5-12　瓯海关高级验货员宿舍

（资料来源：中国海关博物馆《中国近代海关建筑图释》）

图 5-13　瓯海关三等验货员宿舍

（资料来源：中国海关博物馆《中国近代海关建筑图释》）

图 5-14　浙海关税务司网球场（1886）

（资料来源：哲夫《宁波旧影》）

　　民国初期，浙海关的日常经费都是由北京国民政府拨付，还有一部分直接在关税中抵扣。1920 年，宁波浙海关税务司的日常办公经费为每年关平银 72000 两，按月拨付关平银 6000 两。[1] 1926 年，浙海关的日常办公经费增加到每年关平银 90000 两，按月拨付关平银 7500 两。[2] 这些经费中有 10％是作为维持海关日常运行的资金，其中 60％以上为海关职员及勤杂

---

[1]　《海关总税务司署通令第 2997 号（第二辑）》(1920 年 1 月 7 日)附件 2《各口岸每年经费额度及逐月应由税收提拨金额》，海关总署《旧中国海关总税务司署通令选编》编译委员会编：《旧中国海关总税务司署通令选编（第二卷）》(1911—1930 年)，中国海关出版社 2003 年版，第 266 页。

[2]　《海关总税务司署通令第 3697 号（第二辑）》(1926 年 7 月 2 日)附件 2《口岸年度经费与每月由税收项下提拨金额表》，海关总署《旧中国海关总税务司署通令选编》编译委员会编：《旧中国海关总税务司署通令选编（第二卷）》(1911—1930 年)，中国海关出版社 2003 年版，第 266 页。

员工的工资。① 浙海关税务司的薪水是十分可观的,如:浙海关
一等帮办后班来安仕的月薪为关平银 350 两;1915 年 11 月晋
级为前班后的月薪为关平银 400 两;1916 年晋级为超等帮办后
月薪增加到关平银 500 两;1917 年 5 月晋升浙海关代理税务司
的月薪为关平银 550 两,外加代理津贴关平银 100 两。1915 年
12 月 24 日,海关总税务司发布《海关总税务司署通令第 2443
号(第二辑)》,提高(华员)钤字手前、后班的待遇,其中:三等后
班薪俸为关平银 30 两,前班为 40 两;二等后班薪俸为关平银
50 两,前班为 60 两;一等后班薪俸为关平银 70 两,前班为 80
两;超等钤字手后班薪俸为关平银 90 两,前班为 100 两。②
1917 年 5 月 25 日,海关总税务司发布《海关总税务司署通令第
2681 号(第二辑)》,上调海关验货部门的待遇,其中:三等验货
后班薪俸为关平银 130 两,前班为 145 两;二等验货后班薪俸
为关平银 160 两,前班为 175 两;头等验货后班薪俸为关平银
200—225 两,前班为 250—300 两;验估薪俸为关平银 325—
350 两;超等验估薪俸为关平银 350—400 两。③

　　1922 年,总税务司对华班帮办及供事等的薪水等级进行调
整,帮办最低等级薪水为关平银 100 两,供事最低等级薪水为

　　① 马丁:《民国时期浙江对外贸易研究(1911—1936)》,中国社会科
学出版社 2012 年版,第 46 页。
　　② 《海关总税务司署通令第 2443 号(第二辑)》(1915 年 12 月 24
日),海关总署《旧中国海关总税务司署通令选编》编译委员会编:《旧中国
海关总税务司署通令选编(第二卷)》(1911—1930 年),中国海关出版社
2003 年版,第 139—140 页。
　　③ 《海关总税务司署通令第 2681 号(第二辑)》(1917 年 5 月 25
日),海关总署《旧中国海关总税务司署通令选编》编译委员会编:《旧中国
海关总税务司署通令选编(第二卷)》(1911—1930 年),中国海关出版社
2003 年版,第 209—211 页。

关平银 55 两。同时,总税务司对外班华员的薪水也进行调整:新进关的称货员月薪为 18 元,工作 25 年以上可增加到 53 元;水手、巡役起始月薪为 15 元,工作 25 年以上可增加到 34 元;一般的轿夫、更夫、门役等起始工钱为每月 13 元,25 年后可升至 23 元。

南京国民政府成立后,在财政部内设关务署管理海关行政。1928 年开始,浙江各海关监督归南京国民政府财政部关务署管辖。1928 年 3 月起,海关监督由南京国民政府财政部委派,不再兼任外交部交涉员。不过随着 1928 年 5 月 25 日蒋锡侯接任浙海关监督并兼任宁波外交交涉员,由于其与蒋介石的亲缘关系,浙海关监督的权力与其他各地海关监督相比有所增加,外交部交涉员的兼职直到 1929 年 8 月才被取消。[①] 1935 年 7 月,刘灏接替蒋锡侯担任浙海关监督一职。同年,浙海关监督署的岁出预算为 19008 元,从税款项下拨付。[②] 1937 年 10 月 1 日,南京国民政府裁海关监督公署,"仍留监督一人分驻各口岸海关办理关务,全部档案及财产均移交海关税务司保管"[③]。同时,南京国民政府公布《海关监督办事暂行规程》,规定海关监督在海关税务司署办公,只有监督关务、提出改善意

[①]　《宁波海关志》编纂委员会编:《宁波海关志》,浙江科学技术出版社 2000 年版,第 59 页。

[②]　《海关总税务司署通令第 5134 号(第二辑)》(1935 年 8 月 31 日)附件 1《二十四年度各海关监督署岁出预算表(元)》,海关总署《旧中国海关总税务司署通令选编》编译委员编:《旧中国海关总税务司署通令选编(第三卷)》(1931—1942 年),中国海关出版社 2003 年版,第 344 页。

[③]　《海关总税务司署通令第 5604 号(第二辑)》(1937 年 10 月 14 日),海关总署《旧中国海关总税务司署通令选编》编译委员会编:《旧中国海关总税务司署通令选编(第三卷)》(1931—1942 年),中国海关出版社 2003 年版,第 435—436 页。

见、会同税务司与地方机关洽商有关关务等职权。[①] 1938 年 2
月 28 日,浙海关监督署被裁撤,所留人员统由浙海关税务司署
掌管。同年 9 月,原浙海关监督署所有房产归浙海关税务司署
接管。南京国民政府时期,浙海关税务司除英国人担任外,还
有比利时、美国、法国及日本人担任。1933 年开始,中国人开始
担任浙海关税务司一职。就瓯海关而言,自 1930 年 3 月 1 日
起,原瓯海关常关管理的温州 50 里外常关分口计瑞安、平阳、
大渔、蒲岐、坎门等 5 处及所属旁口,划给瓯海关管理;1931 年
1 月 1 日起,温州 50 里外的常关分口计所属旁口撤销;1931 年
6 月 1 日起,温州 50 里内常关总关和所属的宁村、龙湾、状元
桥、蒲州等 10 处常关分卡和堵卡被全部裁撤。[②] 另外,自 1931
年 1 月 1 日起,浙江各海关废止征收子口税、复进口税。因此,
同日,浙东厘金局及其所属各总局、分局被撤销。鉴于台州地
区沿海一带走私活动十分猖獗,瓯海关特地于 1933 年 1 月 12
日在台州海门设立分卡一处,以便加强缉私工作和增加税收。
同年 12 月 31 日,杭州海关嘉兴分关被裁撤。1934 年,根据《修
正鄞县码头捐征收章程》,由浙海关代收鄞县码头捐款。至
1937 年 7 月抗战全面爆发前夕,瓯海关分关只剩下海门与古鳌
头两个。抗战前瓯海关的管辖范围北起海门,南至浙闽交界附
近的镇下关(镇霞关)沿海一带。就管辖职能而言,1930 年 7 月
1 日开始,浙江海关代监督和领导执行的检疫工作交由卫生部
负责。

---

　　① 《海关总税务司署通令第 5604 号(第二辑)》(1937 年 10 月 14
日)附件《海关监督办事暂行规程》,海关总署《旧中国海关总税务司署通
令选编》编译委员会编:《旧中国海关总税务司署通令选编(第三卷)》
(1931—1942 年),中国海关出版社 2003 年版,第 436 页。
　　② 周厚才:《温州港史》,人民交通出版社 1990 年版,第 114 页。

南京国民政府时期,浙江海关税务人员的工资,特别是洋员的工资有所变化。1929年,国民政府修改薪率,对华员与洋员的工资采用同级同薪的标准。不过,由于洋员远涉千里在华工作,生活水平要求较高,因此其还有工资外的特别津贴。为应对海关薪俸的提高,经财政部批准,浙海关洋关关税收入拨款每月增拨关平银1000两,用于维持海关之用。[①] 工资调整后,浙海关税务司的基本薪水为每月关平银650两,最高为每月700两。华洋副税务司的薪水为每月关平银550两,华洋代理人员在代理期间按照其代理职务的薪水和津贴计算。除此之外,浙海关外班华洋检查人员的薪水也有所调整。相比北京政府时期,这一时期的薪水都普遍有所上调。刚入职的低等级中国雇员薪水最高可以比以往薪水增加15—20元,但必须在海关服务25年以上才能领取。除此之外,各口岸还有各种不同的津贴。1930年,浙江沿海50里外常关各分关及分口划归海关税务司管辖后[②],其薪水仍维持以往的标准。不过,由于国民政府的货币改革,海关常关人员的薪水按照法币支取。其薪水自12元至160元不等。

1937年抗日战争全面爆发后,上海、杭州先后沦陷,宁波成为内地货物及战区军用物资转运的主要口岸。受战事影响,1937年9月3日,海关总税务司发布《海关总税务司署通令第

---

① 《海关总税务司署通令第3884号(第二辑)》(1929年3月26日)附件《为改善员工条件增拨经费分配清单》,海关总署《旧中国海关总税务司署通令选编》编译委员会编:《旧中国海关总税务司署通令选编(第二卷)》(1911—1930年),中国海关出版社2003年版,第461页。

② 浙海新关设立时规定,海关管辖沿海50里内区域,超出50里仍由常关管辖。

5575 号(第二辑)》,暂停增加海关职员薪俸及工资。① 同年 12
月,温州航政办事处停办轮、帆船的检验、丈量工作,改由瓯海
关代为办理。1938 年 2 月 7 日,瓯海关瑞安分卡重新建立,以
适应征收转口税的需要。3 月,交通部直辖温州航政办事处成
立,船舶的检验、丈量工作由该处负责办理,瓯海关不再代办。
9 月 30 日,浙海关 50 里外常关的不动产及动产等,均由浙海关
税务司接管。由于浙东沿海走私严重,浙海关税务司在绍兴新
埠头、象山港翔鹤潭设立分卡。1940 年 5 月、8 月、10 月,浙海
关先后在象山石浦港、余姚县庵东②、镇海县穿山设立分卡。
1941 年 1 月 16 日,浙海关在洋南口、英生卫、雀嘴里设立分卡。
同月 22 日,温台防守司令部组织成立戒严时期温州引水办事
处,负责办理引水业务,瓯海关即停止管理引水工作。此后,由
于浙东沿海被日军封锁,浙海关关船无法出海,而且很多关船
被日军飞机炸沉,大部分船员无事可做。于是浙海关颁布《关
船下级员役暂准离职留资办法》,规定暂准离职留资期内,船员
仍在海关员役名单内,可以自由在任何处所另谋职业;离职期
内,其工资按照以往标准减半按月发放,其他津贴及奖金停止
发放;离职期内需向浙海关税务司留下永久通讯地址,以便联
系。该文件得到总税务司的同意和批准。按照该办法,一个工
龄 5 年及以上的水手每月可领取的薪水为 25 元左右,而超等
轮机师可领取 50 元。

　　宁波沦陷后,日军又继续向温、台方向入侵。1941 年 4 月

---

　　① 《海关总税务司署通令第 5575 号(第二辑)》,海关总署《旧中国海关
总税务司署通令选编》编译委员会编:《旧中国海关总税务司署通令选编(第三
卷)》(1931—1942 年),中国海关出版社 2003 年版,第 431—432 页。
　　② 《本省经济消息:财政:浙海关在余姚县设庵东分卡》,《浙光》
1940 年第 7 卷第 9 期,第 11 页。

9 日至 5 月 10 日,日军短暂占领温州。当时的海关税务司总关
人员,一部分人员及家属 200 余人躲在税务司寓所的防空洞
中;另一部分约 70 人躲在江心屿的外籍监察长寓所中。1941
年 12 月 8 日,太平洋战争爆发,温州港轮汽船业务完全停顿,
瓯海关日常活动也趋于瘫痪。至此,瓯海关监督与管理工作的
重点逐步从港口转向内陆。1942 年 1 月 1 日,闽浙区货运稽查
处被裁撤,其所属浙江境内安吉、桐庐、于潜、建德、诸暨、嵊县、
金华、兰溪、丽水和宁海 10 个分站由瓯海关予以接收。为此,
财政部总税务署派瓯海关副税务司黄国材赴金华接收,筹设瓯
海关副税务司办事处,并将金华分处改组为瓯海关分关。其余
9 处各分支处,全部改组为瓯海关分卡,负责征收关税事宜。原
稽查处所有人员一律留任,各分关分卡均由副税务司办事处直
辖管理节制。金华分关主任仍由原货运稽查处金华分处处长
蒋甫善继任,内部组织分为总务、查验、税务等三股,及秘书
室。① 瓯海关接收闽浙区货运稽查处所属浙江分站是抗战时期
瓯海关在浙江内陆各地设立分卡的开始,也使该关管辖范围从
沿海扩展到内陆。为了便于对内陆分卡的管理工作,瓯海关特
地在金华设立分卡,调派 1 名副税务司驻在分关,成立副税务
司办事处,全面负责瓯海关各内地分卡的管理事宜。1942 年 4
月 15 日,瓯海关奉令开始征收战时消费税,原海关征收的转口
税取消。为适应征收战时消费税和自沦陷区运来的洋货进口
税,以及开展对敌经济斗争的需要,瓯海关又陆续在浙江内地
安华、孝丰、东阳、青田、龙泉、仙居、临海、淳安、衢县、泽国、壶
镇、临安以及沿海的金清镇、石塘等地设立分卡,最多时达到 20

---

① 《本省经济消息:二、财政消息:财政部在金华筹设瓯海关办事
处》,《浙光》1942 年第 9 卷第 1 期,第 37 页。

多个。当时瓯海关管辖的范围几乎遍及浙江全省(除沦陷区外),正式关员(仅为海关职员,不包括雇员和工人)有 100 余人。总关内部设有秘书、会计、总务、监察、缉私、情报、分卡管理等许多课室。1942 年 7 月 11 日至 8 月 15 日,温州再次沦陷,温州税务司及总关人员撤退至瑞安县。至此,温州引水办事处随之无形解散,温州港引水工作由瓯海关负责。同年 8 月 20 日,温州光复后,瓯海关总关人员开始回城办公。由于该关办公楼房遭到日机轰炸及战争破坏,故总关改在墨池坊原监督公署中办公。而执行征税、监督、缉私等任务的总务课和监察课则自是年 10 月 12 日起,另在东门株柏码头租赁一座房屋办公。1943 年初,因工作需要,闽海关于 1939 年 4 月划给瓯海关管理的沙埕分卡,归还给闽海关管理。同时,由于战事关系,瓯海关金华分关和副税务司办事处撤销,各内地分卡改由瓯海关总关直接管理。1944 年初,由于军事形势的变化,瓯海关撤销了诸暨、兰溪等支关。同年 6 月,为了管理工作的便利,瓯海关将安吉、于潜、孝丰、临安 4 个支关划给上饶关屯溪分关管理。同年 9 月 9 日,温州第三次沦陷,瓯海关总关人员撤退至瑞安县高楼和平阳县腾蛟堡两地办公。1945 年 1 月战时消费税裁废后,瓯海关又撤销了龙泉、石塘等支关。至抗战结束时,瓯海关只剩下海门、瑞安、古鳌头、金清镇、桐庐、淳安、衢县、宁海、临海、丽水、青田 11 个支关。①

　　1945 年 8 月 15 日,日本宣布无条件投降。浙江沿海港口的海运逐渐畅通,交通运输线路也恢复正常。瓯海关所属支关逐步裁革。同年 10 月 19 日,国民政府派员接收伪"海关转口

---

　　① 《温州海关志》编纂委员会编:《温州海关志》,上海社会科学院出版社 1996 年版,第 11 页。

税宁波征收所",恢复浙海关税务司,关署迁往原江东浙海常关办公楼,并任命李广业为浙海关代理主任,作为过渡。同年 12 月 11 日,上海航政局温州办事处重新成立,有关船舶检丈工作仍恢复由该处办理。1946 年 1 月 14 日,浙海关邮电支所正式成立。同年 3 月 26 日,浙海关在镇海设支关,开始登记民船,征收关税,缉私检查。同时,浙海关还兼理虎蹲山、七里屿的灯塔、灯桩、浮标、立标等助航设备。9 月 13 日,总税务司令浙海关将引水业务移交全国引水管理委员会闽浙区办事处。10 月 20 日,交通部全国引水管理委员会闽浙区办事处温州港分处设立。11 月 1 日,瓯海关将引水业务移交温州港分处。12 月 2 日,浙海关新购舢板船一艘,供镇海支关使用,造价 36 万元。截至 1946 年年底,瓯海关金清镇、桐庐、淳安、衢县、宁海、临海、丽水、青田 8 个支关先后被裁撤。1947 年 10 月 1 日,瓯海关瑞安支关被裁撤。12 月 30 日,浙海关所属石浦港乌礁湾东明灯塔竣工。翌年 1 月 20 日,浙海关所属定海西后门菜花山灯塔竣工。1948 年 5 月 15 日,瓯海关所属各地支关已全部撤销。9 月 1 日,浙海关改组,划归江海关管辖,更名为江海关宁波分关,派乔汝镛负责改组,并担任宁波分关副税务司。① 宁波分关的办公地点仍在江北岸外马路 66 号,下设镇海支关。1949 年 5 月,宁波、温州先后解放。同月 26 日,中国人民解放军宁波市军事管制委员会派军代表刘勇三等接管江海关宁波分关。根据"完整接管,逐步改造"的方针,宁波市军管会留用了全部海关人员。6 月 5 日,温州市军管会派遣军事代表王建华率助理军事人员 7 人接管瓯海关。

---

①　《各地通讯:南洋线:宁波分局:(一)浙海关奉令改组》,《业务通讯》1948 年第 83 期,第 10 页。

　　民国时期,浙江海关关税除进口税、出口税、复进口税和转口税等正税外,还有各种附加税收及代征税费,其中:进口税的税率经过多次调整,超过了值百抽五的水平;出口税、复进口税和转口税则逐渐被取消;船钞成为海关征收的另一个主要税种;其他各种税费虽几经调整,但一直都没有被取消。在关税征收中,浙海关仍以海关两(即关平两,每海关两约等于 1.558元)为计值单位。1930 年 2 月 1 日,改按海关金单位征收。每金单位含纯金 60.1866 毫克,等于 0.40 美元。纳税人可按照该关逐日公布的海关金单位折合率,改以银圆缴付关税。1935年 11 月以后,纳税人改用法币缴付关税。1942 年 4 月 1 日起,每海关金单位的含纯金重量改为 88.8671 毫克,并定为相当于法币 20 元。1948 年 8 月,国民政府发行金圆券,关税改用金圆券计值。这一时期,浙海关不同税种收入的变化都是十分明显的。

　　浙江海关除征收关税外,还根据中央政府的规定,或受主管部门、地方政府的委托并经海关总署同意后,代表其他部门征收税费。这些税费由海关征收后,即移交给相关部门,缴解中央国库或作为地方财政收入。浙海关所代征的税费比较有代表性的有规费和码头捐。1912 年 4 月,浙海关对征收规费做了规定:客商递交报关单的时间在早上 6 点至晚上 6 点之间,每小时或不足 1 小时的应缴纳规费关平银 5 两;晚上 6 点至夜间 12 点,每小时或不足 1 小时的应缴纳规费关平银 10 两;晚上 12 点至次日早上 6 点,每小时或不足 1 小时的应缴纳规费关平银 20 两。1927 年 12 月,宁波市政府颁布《宁波市码头捐条例》规定:凡进口货物均须缴纳码头捐,其捐率以应纳关税数目的 2% 计算;已在他口缴纳转口来甬的货物,捐率按估计的 1‰ 计算;各项进出口免税货物,除米麦及苞米外,每件缴纳码头捐银圆 5 厘;码头捐的征收,委托浙海关税务司督同市政府征收员办理。此外,还有一些临时性的税收,如 1921 年 1 月 16 日起"海常各关附征十分之一税收赈捐(船钞除外),为期一年"①。

1931 年 11 月 30 日,海关总税务司发布《海关总税务司署通令第 4360 号(第二辑)》,将对进出口税征收救灾附加税,包括:1931 年 12 月 1 日至 1932 年 7 月 31 日按关税税率 10％征收附加税;1932 年 8 月 1 日至美麦价款本息偿清之日为止按关税税率 5％征收附加税。此外,除特定商品免征外,救灾附加税概不退税,全部收入由政府救济水灾委员会支配用途。② 1933 年 5 月 30 日,海关总税务司发布《海关总税务司署通令第 4638 号(第二辑)》,自 1933 年 5 月 16 日起,对应税而迄今免税的进口货物一律征收 5％的水灾附加税,先期存入关栈的货物也不得豁免。③ 抗日战争时期,为了筹集军费,海关代征费用逐渐增加。到抗战胜利后,随着沿海海关的恢复,这些税费并没有随之取消,反而加倍征收。

1945 年 10 月 5 日,海关总税务司发布《海关总税务司署通

---

①　《海关总税务司署通令第 3102 号(第二辑)》(1920 年 12 月 21 日),海关总署《旧中国海关总税务司署通令选编》编译委员会编:《旧中国海关总税务司署通令选编(第二卷)》(1911—1930 年),中国海关出版社 2003 年版,第 288 页。

②　《海关总税务司署通令第 4360 号(第二辑)》(1931 年 11 月 30 日)附件《国民政府救灾附加税征收条例》,海关总署《旧中国海关总税务司署通令选编》编译委员会编:《旧中国海关总税务司署通令选编(第三卷)》(1931—1942 年),中国海关出版社 2003 年版,第 130—133 页。

③　《海关总税务司署通令第 4638 号(第二辑)》(1933 年 5 月 30 日)附件《国民政府救灾附加税征收条例》,海关总署《旧中国海关总税务司署通令选编》编译委员会编:《旧中国海关总税务司署通令选编(第三卷)》(1931—1942 年),中国海关出版社 2003 年版,第 232—233 页。

令第 6736 号》(渝字第 968 号),加倍征收改订仓库船只查验监视及签发准单等费用,具体条目包括:上下旅客特别准单费、内港轮船执照费、丈量载客地位费、丈量吨位费、检查锅炉及机器费、签证文件费、代行领事事务费、船只在港界外起卸货物费、关栈费、火油类关栈费、装配汽车关栈费、特别准单费、货物产地证书费、炼油关栈费、报关行费、延长完税期限应缴之展期费等 16 项。① 1947 年 2 月 26 日,海关总税务司发布《海关总税务司署通令第 7008 号》,对出口商品进行 100% 补贴的同时,对部分进口货物征收从价 50% 的附加费。② 由于物价上涨,1947年 9 月 2 日,海关总税务司发布《海关总税务司署通令第 7122号》,在原价格基础上四倍征收改订仓库船只查验监视及签发准单等费用。③ 1948 年 3 月 25 日,海关总税务司发布《海关总税务司署通令第 7272 号》,在原价格基础上三倍征收改订仓库

① 《海关总税务司署通令第 6736 号(渝字第 968 号)》(1945 年 10月 5 日)附件《改订仓库船只查验监视及签发准单等费数目表》,海关总署《旧中国海关总税务司署通令选编》编译委员会编:《旧中国海关总税务司署通令选编(第五卷)》(1942—1949 年),中国海关出版社 2003 年版,第45—47 页。

② 《海关总税务司署通令第 7008 号》(1947 年 2 月 26 日),海关总署《旧中国海关总税务司署通令选编》编译委员会编:《旧中国海关总税务司署通令选编(第五卷)》(1942—1949 年),中国海关出版社 2003 年版,第362—363 页。

③ 《海关总税务司署通令第 7122 号》(1947 年 9 月 2 日),海关总署《旧中国海关总税务司署通令选编》编译委员会编:《旧中国海关总税务司署通令选编(第五卷)》(1942—1949 年),中国海关出版社 2003 年版,第500 页。

船只查验监视及签发准单等费用。① 1948 年 4 月 21 日,中国签署《关税暨贸易总协定之暂行实施议定书》,成为该协议的附签国。② 1948 年 5 月 17 日,海关总税务司发布《海关总税务司署通令第 7308 号》,对美国救济物资进口免征一切附加费。③ 1948 年 7 月 15 日,经财政部审核,海关总税务司发布《海关总税务司署通令第 7339 号》,在新税则出台之前,继续征收即将到期的关税附加税和关税临时附加税。④ 1948 年 7 月 22 日,海关总税务司发布《海关总税务司署通令第 7344 号》,在原价格基础上加倍征收改订仓库船只查验监视及签发准单等费用。⑤ 1948 年 9 月 9 日,随着新税则的出台,海关总税务司发

---

① 《海关总税务司署通令第 7272 号》(1948 年 3 月 25 日),海关总署《旧中国海关总税务司署通令选编》编译委员会编:《旧中国海关总税务司署通令选编(第五卷)》(1942—1949 年),中国海关出版社 2003 年版,第 661—664 页。

② 《海关总税务司署通令第 7364 号》(1948 年 9 月 1 日)抄件二《关税暨贸易总协定之暂行实施议定书签署国家及签署日期表》,海关总署《旧中国海关总税务司署通令选编》编译委员会编:《旧中国海关总税务司署通令选编(第五卷)》(1942—1949 年),中国海关出版社 2003 年版,第 840 页。

③ 《海关总税务司署通令第 7308 号》(1948 年 5 月 17 日),海关总署《旧中国海关总税务司署通令选编》编译委员会编:《旧中国海关总税务司署通令选编(第五卷)》(1942—1949 年),中国海关出版社 2003 年版,第 700—717 页。

④ 《海关总税务司署通令第 7339 号》(1948 年 7 月 15 日),海关总署《旧中国海关总税务司署通令选编》编译委员会编:《旧中国海关总税务司署通令选编(第五卷)》(1942—1949 年),中国海关出版社 2003 年版,第 771 页。

⑤ 《海关总税务司署通令第 7344 号》(1948 年 7 月 22 日),海关总署《旧中国海关总税务司署通令选编》编译委员会编:《旧中国海关总税务司署通令选编(第五卷)》(1942—1949 年),中国海关出版社 2003 年版,第 788—791 页。

布《海关总税务司署通令第 7373 号》,停止征收海关附加税及
关税临时附加税。① 但是,同日,海关总税务司又发布《海关总
税务司署通令第 7374 号》,对除"受关税暨贸易总协定第八号
关税减让表拘束之货品"外加征进口正税 40% 作为戡乱时期附
加税。② 1949 年 3 月 16 日,海关总税务司发布《海关总税务司
署通令第 7483 号》,停止征收戡乱时期附加税以减轻人民
负担。③

　　辛亥革命后的十年间,浙海关的平均年税收为关平银
441000 两,比上一个十年减少 181000 海关两。浙海关关税下
降的主要原因在于鸦片税和鸦片厘金的减少,这两项是 1912
年起停收的。此后,经浙海关出口到国外的茶叶又予以免税,
这样一来,每年又让出了 80000 海关两。至于进口税,应该看
到,许多来自国外的货物是先在上海纳完税,持有免税证后再
运到宁波的,因此,当地从它们那里得到的税收并不能表明它
们在这一口岸中的贸易地位。在 1912—1921 年间,浙海关的
进口税有大幅增长,而出口税和船钞则呈逐年下跌态势。总的
关税额在这一时期并未有大的变化。1922 年,浙海关税收总额

　　① 《海关总税务司署通令第 7373 号》(1948 年 9 月 9 日),海关总署
《旧中国海关总税务司署通令选编》编译委员会编:《旧中国海关总税务司
署通令选编(第五卷)》(1942—1949 年),中国海关出版社 2003 年版,第
850—851 页。
　　② 《海关总税务司署通令第 7374 号》(1948 年 9 月 9 日),海关总署
《旧中国海关总税务司署通令选编》编译委员会编:《旧中国海关总税务司
署通令选编(第五卷)》(1942—1949 年),中国海关出版社 2003 年版,第
853 页。
　　③ 《海关总税务司署通令第 7483 号》(1949 年 3 月 16 日),海关总
署《旧中国海关总税务司署通令选编》编译委员会编:《旧中国海关总税务
司署通令选编(第五卷)》(1942—1949 年),中国海关出版社 2003 年版,第
1013 页。

为关平银 396700 两,1931 年增至关平银 1136700 两。该数字
还未包括由浙海关代征的赈捐和救灾附加税。1922—1931 年
间,浙海关各税种收入中,增加最快的是进口税,从 1922 年的
关平银 152100 两增加到 1931 年的 860900 两。究其原因,除
这一时期国际银价的下跌外,还有就是进口洋货多是从量征
税。这一时期的出口税则由于 1929 年二五附税归并海关征收
而有所增加。此后,尽管在 1931 年 6 月 1 日,新订海关出口税
税则施行,但对浙海关的贸易影响不大。1931 年后,浙海关关
税收入开始以法币计算。1932 年,浙海关关税收入总计为法币
2134717.02 元;1934 年,浙海关关税收入增加到法币
3571633.47 元;1936 年,这一数字下降到法币 1910813.41 元。
相比 1934 年,1936 年浙海关进口税和转口税收入额都出现大
幅下跌,进口税从法币 2957279.63 元下降到法币 1622758.61
元,转口税从法币 264723.24 元下降到法币 84072.60 元。
1937 年抗战全面爆发后,宁波港口航运出现畸形繁荣,关税收
入逐渐增加。截至 1940 年,宁波在 1937 年、1938 年和 1939 年
的关税收入分别为法币 2547784.54 元、3526321.43 元和
3720134.80 元,其中,在进口税等税种收入大幅降低的同时,转
口税出现大幅增长。抗战胜利后,宁波海关恢复并继续征收关
税。这一时期的宁波关税收入主要由进口税、船钞和进出口税
附加税组成。1946 年的关税收入为法币 53997610.96 元,1947
年的关税收入为法币 197765229.60 元。1948 年,由于国民政
府的货币改革,宁波海关上半年的关税收入为法币
2577291305.92 元,下半年的关税收入为金圆券 886.59 元。[①]

<hr />

[①]　中华人民共和国杭州海关译编:《近代浙江通商口岸经济社会概
况:浙海关、瓯海关、杭州关贸易报告集成》,浙江人民出版社 2002 年版,
第 886 页。

1949年,宁波解放后,其海关税收进入新的历史时期。

瓯海关在1912—1921年的十年间,其关税总额从关平银54145两增加到61757两,平均每年关税总额为关平银58188两。如果除掉鸦片税,相比上一个十年,本期的实际税收额都有所增加。1919年修订的进口税则对瓯海关关税税收影响很小。1912—1921年,瓯海关的出口关税占关税总收入的88%。茶叶、油脂、青田石雕、明矾和纸伞的出口为税收的主要来源。这一时期,瓯海关税收增长的一个重要原因就是海关自1913年的全面监管。在1922—1931年这十年间,瓯海关关税收入增加到1931年的关平银231912两,相比1922年的关平银68835两增加了240%,其中80%的增长源于出口税和转口税的增加。这一时期关税税额平均每年约关平银130989两,较上一个十年的平均数字增加72801两。1931年厘金、子口税、复进口税及常关税的取消对瓯海关关税收入的影响是十分明显的。同年实行的《中华民国海关出口税税则》对瓯海关税收的影响不大,反倒是1930年海关金单位的施行及进口税率的提高大大增加了瓯海关进口税收入。1932—1939年,瓯海关海关税收总额从法币222565元增加到法币2325706元,其中:进口税从法币69737元增加到666734元;出口税从法币9807元增加到48506元;转口税从法币129152元增加到1522364元;关税附加税由法币1761元增加到41129元;救灾附加税由法币6412元增加到41302元。由于战争的影响,1939年瓯海关船钞项下总额法币5671元相比1932年的法币5696元几乎没有变化。

三、民国时期的浙江沿海港口贸易

　　1911—1920 年间,由于中国帝制的结束及第一次世界大战的影响,中华民族产业的发展迎来了少有的良好的内外部环境。政府奖励工商政策的实施及外资侵华步伐的减缓,都为宁波对外贸易的发展提供了非常好的契机。自 1911 年开始,随着中国君主专制制度的终结,宁波口岸洋货进口净值出现大幅度下降,其后的几年内一直处于波动状态,增长乏力。与之相对应的土货进口净值在 1914 年之前一直保持着稳定增长的态势。自 1914 年开始,宁波口岸洋、土货进口净值都出现大幅度跳水,经历了 1917 年的最低谷后开始逐渐回升。到 1920 年,土货进口净值达到这一时期的最大值,但洋货进口净值在这一时期的最后四年呈徘徊趋势。相比洋货进口而言,土货进口净值在回升速度上占有明显优势,但其在进口货物净值总额中的比例在大多数年份里都低于洋货进口净值。值得注意的是,自 1911 年开始,曾占洋货进口总量一半以上的鸦片几乎绝迹,而代替鸦片成为进口洋货最大宗的棉匹和棉纱进口量也大量减少。除以上产品外,宁波口岸进口的洋货还有车白糖、赤糖、锡块、葵扇、自来火、冰糖、纸烟、煤油等商品。

　　1921—1930 年这十年间,西方列强势力又开始大举进入中国。自 1921 年开始,宁波口岸洋货进口净值逐年上升,并在 1927 年达到一个高峰。在这期间,自 1923 年起,宁波每年都爆发抵制日货运动,1925 年、1927 年更是爆发了反英运动,这些

运动的持续时间尽管都不长,但仍对宁波贸易进口产生了影响。1923—1924年,宁波洋货进口净值出现短暂下滑。而从1927年开始,宁波洋货进口净值再次出现下滑,直到1930年才逐渐恢复并超过1927年的水平。相比之下,这一时期宁波口岸土货入港净值逐渐上升,并在1928年达到历史最高值。其后尽管出现下滑,但是土货入港净值仍超过了1921年的水平。相比其他欧洲国家采用金本位制度,中国政府在民国早期仍旧采用传统的银本位制度,这一差别在1929年的经济危机中给宁波的对外贸易造成较大影响。1929年世界市场银价的下跌和中国进口关税表的变更直接导致了宁波进口贸易额的萎缩,不过这一趋势在海关统计数据上是无法看到的。如果考虑到海关两和美元之间的汇率,以美元为统计单位来重新计算,就会发现1922—1930年这十年间宁波进口贸易变化趋势不一样的结果。1922—1930年海关两与美元的汇率从1∶0.83跌到了1∶0.34,相比美元,海关两的实际价值下跌了59.04%,而这对宁波进口贸易额的影响是非常大的。如果宁波洋、土货入港净值以国际通用的美元作为计量单位的话,宁波口岸洋货进口净值从1927年就出现大幅下滑的趋势,反倒是经济危机期间跌幅有所放缓。到1931年,按美元计算的宁波洋货进口净值仍远远小于这十年中1926年的最高水平。同期,宁波口岸土货入港净值则呈现出波动型增长态势,并于1928年达到峰值,此后出现大幅下跌。从中可以发现,就宁波口岸进口贸易而言,世界市场银价下跌所带来的影响是非常明显的。这十年中,宁波口岸洋货进口数量自1921年起呈现稳定增长态势。不过1929年经济危机开始后,多项洋货进口数量开始出现大幅下滑。截至1931年,煤油、香烟、布匹等具有代表性的洋货进口数量已远低于1921年的水平。与之相反的是,1931年宁波土货入港货品中香烟、水泥和布匹的数量较 1922 年有明显的增加。在以香烟、水泥、布料为代表的货物进口比例中，土货的数量相比洋货有明显上升，占据了一半以上的比例。由此可以看出，随着经济危机的加深，在洋货进口数量下降的同时，土货入港数量呈上升趋势，这与洋、土货入港净值比例的变化趋势相同。

从进口种类来看，根据民国《鄞县通志》记载，20 世纪 20 年代宁波进口洋货主要以布匹为主，其次为粮食、果品、蔬菜、药材等。[①] 1926—1928 年宁波进口洋货种类如下：

> 本色棉布、漂白或染色棉布、印花棉布、他类棉布、棉花棉线棉纱及棉织品、亚麻火麻苎麻货、丝货及丝夹杂质货、毛棉制品、毛及毛制品、杂质匹货、五金及矿物、鱼介海产、荤食罐头食物日用杂物、粮食果品药材子仁香料菜蔬、糖、酒啤酒烧酒饮水等、烟草、化学产品、染料颜色、烛胶油皂蜡等、书籍地图纸及木质纸浆、生皮熟皮皮货、骨毛羽发毛角介壳筋长牙等、木材、竹木藤、煤燃料沥青柏油、瓷器搪瓷器玻璃等、石料及泥土制品、石棉（不灰木）、袋席、钮扣、扇伞御日伞、锉针、火柴及制造材料、五金线、杂货。[②]

---

① 《鄞县通志·第五食货志》戊编《产销二·输入》，1935 年铅印本，《中国方志丛书·华中地方》（第二一六号），成文出版社 1974 年版，第 2204 页。

② 《历年洋货输入第一表》，《鄞县通志·第五食货志》戊编《产销二·输入》，1935 年铅印本，《中国方志丛书·华中地方》（第二一六号），成文出版社 1974 年版，第 2205—2209 页。

20世纪30年代,宁波洋货进口净值一路下跌。1933年,宁波洋货进口净值为关平银2106318两,相比1930年下跌了92.67％,导致这一现象出现的直接原因是南京国民政府对洋货进口税率的调整。同年,宁波土货进口净值为关平银14337643两,基本维持经济危机前的水平。1933年南京国民政府废两改元后,宁波口岸洋货进口净值一度出现恢复发展的趋势,从1934年的5948145元法币上升到1935年的8059920元法币。但1936年,宁波洋货进口净值狂跌到1844739元法币。此后,随着抗日战争的全面爆发,宁波口岸洋货进口净值逐年减少。①

这一时期,宁波洋货在进口种类和进口来源地方面相比上一个十年均发生变化。根据民国《鄞县通志》记载,1931年宁波进口洋货的主要来源地首先为香港(关平银1714760两),其次为安南(关平银1007692两)、日本(关平银487478两)、荷属印度(关平银236159两)、英属印度(关平银138631两)、美国(关平银90232两)、暹罗(关平银39916两)、英国(关平银36757两)、新加坡(关平银18906两)、菲律宾(关平银23563两)、法国(关平银7684两)、朝鲜(关平银1109两)、台湾(关平银1100两)、比利时(关平银1000两)、北非洲(关平银379两)、荷兰(关平银172两)、加拿大(关平银82两)、德国(关平银2227两)等地区。进口种类相比1926年则发生较大的变化,1931年宁波主要进口洋货种类如下:

洋布宁绸、棉纱、棉制品、麻袋、毛线、毛制品、锡

----

① 中华人民共和国杭州海关译编:《近代浙江通商口岸经济社会概况:浙海关、瓯海关、杭州关贸易报告集成》,浙江人民出版社2002年版,第892页。

锭块、海参、淡菜蛎干、虾米、海带、鱼翅、其他海产、水
果及罐头食物、咖啡、蜂蜜及杂货、[巧克力]、槟榔、八
角茴香、砂仁豆蔻、米、面粉、大麦及其他食粮、丁香、
代乳粉、药品、桂圆、橘子、胡椒杏仁、金针菜、各种糖、
[酒]、纸烟、[碱]、化学品、栲皮、朱砂、颜料、漆及铅
漆、苏木、银朱、亚喇伯胶、石蜡、纸、生牛皮、鞋底皮、
皮货、鹿角犀角、介壳骨角、木材、藤皮心藤皮条、啤罗
木、檀香檀香木、秤杆木其他竹木、煤、瓷器、洋硝、绳
索、皮胶鱼胶、动物、纺纱锭管、缝纫机、床架、帽袜手
套皮鞋、家具及材料、橡片及树胶制品、科学仪器、机
器及零件、化妆品鲜花卉、文具玩物、火炉壁炉、乱麻
及火绒、杂货、未列名邮包。①

此外,随着沪杭甬铁路的开通,不少洋货和其他口岸的土
货经由沪杭甬铁路输入宁波。1933 年通过沪杭甬铁路输入宁
波的货物总计 43321 金②。尽管输入货物的价值不高,但铁路
运输的特点使得不少入埠货物的种类与沿海航运入港货物有
很大差别,具体的入埠货物种类有:

稻米、小麦、玉米、黄豆、其他豆类、药材、禽畜、鱼
虾、蛋、牲畜皮、皮货、石类、瓷器、玻璃及玻璃器皿、煤

---

① 《民国二十年洋货输入国别第一表》,《鄞县通志·第五食货志》
戊编《产销二·输入》,1935 年铅印本,《中国方志丛书·华中地方》(第二
一六号),成文出版社 1974 年版,第 2217—2225 页。引用文献中加"[]"
者为《民国二十年洋货输入国别第二表》中增加的种类,见《鄞县通志·第
五食货志》戊编《产销二·输入》,1935 年铅印本,《中国方志丛书·华中
地方》(第二一六号),成文出版社 1974 年版,第 2226—2227 页。

② "金"为宁波海关新的计量单位。

（路用）、木炭、油漆类、芝麻、树叶茎及植物种子、壳果
类、花生、水果类、蔬菜类、笃莝及草类、化学及动物肥
料、植物油类、茶、糖、酒、革毡纸骨胶草制品、毛绒织
品、丝、丝织品、人造丝织品、棉花、棉纱、棉织品、麻、
麻织品、服饰类、化妆品类、化学品类、矿砂类、五金类
（未加制造者）、金属器皿类、钢铁器皿类、机器类、铁
路材料类、电气材料类、家庭及机关所用家具与设备
品类、书籍新闻纸文具及仪器类、乐器玩具及游戏运
动器具类、舟车及其附属品类、纸烟、烟草、罐头食物、
饮食品类、木料类、纸、木竹藤筐篮柳条器、泥土与沙
类、军用服装枪械类、其他。①

总体而言，从中华民国成立到中国抗日战争全面爆发，宁
波口岸洋货进口额的结构经历了两次大的变化，第一次是棉布
取代鸦片成为最主要的进口商品，第二次是粮食取代棉布成为
最主要的进口商品。前者的变化摧毁了浙东传统家庭织布业，
后者则瓦解了宁波传统的农业生产结构。与之相对应的是，宁
波港入埠土货中，工业品超过 50%，主要是纸烟、绸布、棉纱、面
粉。从比例上进行比较，洋货进口净值与土货输入净值的比例
由 1914 年的 1∶0.3 上升到 1920 年的 1∶0.95，土货输入净值
与洋货进口净值几乎相等。而在世界经济危机中，土货输入净
值无论是数量还是价值都超过洋货。其后，随着 1931 年中国
进口税率的调整，洋货进口额大幅下降，宁波港的土货入埠占

---

① 《民国二十二年沪杭甬路输入货物数量表》，《鄞县通志·第五食
货志》戊编《产销二·输入》，1935 年铅印本，《中国方志丛书·华中地方》
（第二一六号），成文出版社 1974 年版，第 2229—2231 页。

据宁波输入贸易额的主体地位。[①]

1937 年抗战全面爆发后,宁波进口洋货净值有短暂的增加,达到法币 2121213 元,其后在 1938 年下降到法币 1212111元。1939 年和 1940 年,宁波口岸的洋货进口净值再次增加,分别达到法币 1667080 元和 10596709 元。而这一时期输入的土货则大多转口到其他口岸。1941 年宁波沦陷后,宁波口岸的进口贸易中断,直到 1946 年才得以恢复,不过其进口数额远远低于战前的水平。1946—1948 年宁波口岸的进口洋货净值分别是法币 133847 元、60966 元和 45034 元。[②]

就出口贸易而言,近代浙海关对于宁波出口贸易数据的统计,包括运销中国其他沿海口岸及通过上海转销海外的商品。因此,对于民国时期宁波的出口贸易情况,很难通过海关数据去讨论当时的出口情况。但是我们仍可以就一些具体的贸易商品来窥视民国时期宁波的出口贸易情况。

在民国《鄞县通志》中,1926—1928 年宁波口岸销往中国其他沿海口岸的土货和经由上海出口海外的土货种类如下:

其他动物、骨、鲜蛋、皮蛋咸蛋、鸭毛、鸡毛、鹅毛、鱿鱼墨鱼、干鱼咸鱼、虾干虾米、海蜇、罐头鱼介海产、未列名鱼介海产、头发、山羊毛、生驴马骡皮、生黄牛皮、未列名生皮、羊肠、猪肠、熟牛皮、其他熟皮、散装整只火腿、麝香、灵猫皮、黑猫皮、家猫皮、已硝未硝狗皮、野兔皮、家兔皮、已硝未硝羔皮、羔皮褂统、浣熊

[①]　郑绍昌:《宁波港史》,人民交通出版社 1989 年版,第 266—275 页。

[②]　中华人民共和国杭州海关译编:《近代浙江通商口岸经济社会概况:浙海关、瓯海关、杭州关贸易报告集成》,浙江人民出版社 2002 年版,第 892 页。

皮、已硝未硝绵羊皮、灰鼠皮、黄狼皮、未硝其他皮、皮
衣料皮统皮毯皮褥、牛油、黄蜡、骆驼毛、绵羊毛、未列
名动物产品、笋、乳腐、蚕豆、[槟榔]、其他豌豆、其他
糠(麸)、[樟脑]、桂皮、[玉蜀黍]、小麦、其他粮食、茯
苓、飞棉花、棉花、五倍子、姜黄、其他染料、棕、火麻、
[其他织维]、麵粉、其他食粮粉、其他花卉树木、黑枣、
红枣、荔枝、桂园、罐头干果制品、未列名干果制品、栗
子、花生、桔子、未列名鲜果、黑木耳、蒜头、鲜姜制姜、
甘草、香菌、生油、[草麻油]、麻油、桐油、其他植物油、
陈皮柚皮、大黄、杏仁、棉子、莲子、瓜子、芝麻、其他子
仁、棉子饼、未列名子饼、酱油、香料、冰糖、[柏油]、工
夫红茶、小珠绿茶、熙春绿茶、其他绿茶、毛茶、茶梗、
烟叶、[烟丝]、[其他烟草]、大头菜咸萝卜干、罐头菜
蔬、未列名干鲜咸菜蔬、酒、[药酒]、未列名植物产品、
[粗细斜纹布]、[土布]、[市布粗布]、[未列名棉布]、
棉制毯线毯、棉制短袜长袜、各种毛巾、棉胎、废棉花、
本色棉纱、[破布]、未列名棉制品、苘麻袋(从个)、苘
麻袋(从担)、其他袋、地毯(过十英尺见方)、[地毯毡
毯]、花边衣饰、[未列名织造品]、未列名他类织造品
产物、[靴鞋]、各种便帽、蒲草帽草帽、木片帽、[金丝
草帽]、[麻帽]、[未列名帽]、围巾、[汗衫裤]、[未列名
短袜长袜]、未列名衣着便帽帽靴鞋、家蚕茧、烂蚕茧、
[丝绣货]、绸缎、[其他茧绸]、白丝、白厂丝、乱丝头、
[丝绵杂货]、[未列名丝产品]、蚕茧衣、整竹根、竹篾
竹叶等、竹器、炭、柴、上等纸、次等纸、下等纸、纸箔
(锡箔)、其他纸、[藤条片皮等]、轻木材、椿木杉木桁
木、棺木材、未列名木、木器(非家具)、黄铜器、铁制

品、旧铁碎铁、[铁矿砂]、未列名五金矿物、[广告品]、
[军衣军需品]、印本书籍、石膏、未列名建筑材料、蜡
烛、小桶鼓形桶琵琶桶、明矾、[碱]、未列名化学产品、
[细瓷器]、纸烟、罐头蜜饯糖果糖食、未列名蜜饯糖果
糖食、各种绳、古玩、[搪瓷器景泰蓝器]、纸扇、其他
扇、渔网、家具、玻璃器、[乐器]、女红用品、神香、灯灯
器(电灯除外)/[灯灯器(电灯不在内)]、[灯笼]、机器
及电件/[机器及零件]、[其他肥料]、其他肥料化学肥
料、火柴、草席蒲草席、其他席、地席、药材、香水脂粉、
瓦器陶器、家用及洗衣肥皂、墨、其他文具、石及石器、
[其他化妆品]、纸伞、生漆、未列名邮包、未列名客带
杂货、其他杂货。①

　　以上列举的商品大多销往中国其他沿海口岸,如鱿鱼墨鱼
等海产品。但是,其他一些比较特色的商品则通过上海销往海
外,其中比较有代表性的是茶叶、草帽和药材。

　　1911 年宁波口岸平水茶出口比上年多 4848 担,为 115612
担,大多装运上海,转销美国及英、俄两国。第一次世界大战爆
发后,茶叶出口价格下跌,由每担 30 元跌至 25 元。尽管 1915
年茶叶出口价格一度涨至 40 元,使得当年茶叶出口量激增至
115047 担,但战争导致航路的阻隔以及海运价格的上升使得棉

---

　　① 《历年土货输出第一表》,《鄞县通志·第五食货志》戊编《产销
二·输出》,1935 年铅印本,《中国方志丛书·华中地方》(第二一六号),
成文出版社 1974 年版,第 2232—2243 页。引用文献中加"[ ]"者为
1929—1931 年增加的种类,见《历年土货输出第二表》,《鄞县通志·第五
食货志》戊编《产销二·输出》,1935 年铅印本,《中国方志丛书·华中地
方》(第二一六号),成文出版社 1974 年版,第 2243—2243 页。

浙江
海港海关史话

花出口量减少,且棉花出口价格一度跌至每担 10 元。总之,"一战"导致了国际海运价格的上升与国际金价的低落,严重影响了宁波茶叶出口,而传统茶叶的栽种、泡制和收购方式已不适应茶叶的商品化贸易。基于此,尽管"一战"结束后国际茶叶市场逐渐恢复,但宁波茶叶出口量仍未恢复到战前水平。1920年宁波平水茶出口量仅为 74190 担,比 1911 年下降了 35.83%。

除平水茶外,作为宁波口岸传统出口手工艺品,草帽的出口量也受到第一次世界大战的影响。1912 年,宁波口岸草帽出口达到此前十年来的最高销量,为 10824000 顶,出口地主要是欧洲。1914 年"一战"爆发,宁波该年草帽出口量仅为 3229396顶,是 1913 年销量的一半。此后,宁波草帽出口量一路下跌,到 1918 年仅有 1300000 顶。[①] 究其原因,除战争因素外,浙海关代理税务司来安仕(F. W. Lyons)在 1917 年的《宁波口华洋贸易情形论略》中指出:"推原其故,识者谓华工不求精巧,所织之帽其粗陋殆类米筛,而于大小广狭又少注意,近时沪、甬二埠以及美国之承办商人,因买客嫌货粗劣定而不取,以致存积待售者比比皆是。"[②]此外,1919 年中日关系紧张所导致的抵制日货运动,不仅影响宁波洋货进口贸易,同时也冲击了宁波口岸草帽业的出口,因为宁波草帽手工业中最为畅销的木花帽是用

---

① 相关数据来源于 1911—1920 年的各年海关贸易报告,详见中华人民共和国杭州海关译编:《近代浙江通商口岸经济社会概况:浙海关、瓯海关、杭州关贸易报告集成》,浙江人民出版社 2002 年版,第 332—364 页。

② 〔英〕来安仕(F. W. Lyons):《民国六年(1917 年)宁波口华洋贸易情形论略》(1918 年 3 月 30 日),中华人民共和国杭州海关译编:《近代浙江通商口岸经济社会概况:浙海关、瓯海关、杭州关贸易报告集成》,浙江人民出版社 2002 年版,第 349 页。

日本木花编成。① 1921—1930 年这十年间,宁波的草帽出口量基本维持在每年 500 万顶左右,远高于 20 世纪 10 年代的水平,其中 1922 年和 1923 年宁波口岸草帽的出口量更是达到10968479 顶和 9093807 顶的高位。究其原因,主要有两点:一是这一时期国际市场金银价格汇率的波动,银价的走低对草帽这种主要销往海外市场的产品影响犹大;二是宁波草帽手工业工艺的改进,逐渐试用多种国产或外洋新奇原料,提高草帽制成品在海外的接受度。宁波草席主要销往日本,每年日本商人会派专人前来宁波收购。1923 年日本关东大地震后,其本土工业的停顿刺激了宁波草席的出口,使得 1924 年宁波口岸草席出口达到 5046473 张,为这一时期最高年出口量。

图 5-15　1921—1930 年,草帽为宁波出口的大宗

(资料来源:哲夫《宁波旧影》)

除此之外,宁波向来以药材著称,只要世界各国有华人居

---

① 〔英〕葛礼(F. W. Carer):《民国八年(1919 年)宁波口华洋贸易情形论略》(1920 年 4 月 19 日),中华人民共和国杭州海关译编:《近代浙江通商口岸经济社会概况:浙海关、瓯海关、杭州关贸易报告集成》,浙江人民出版社 2002 年版,第 357 页。

住的地方,都有宁波人开设的药铺。宁波药品齐备,中国各省所产药材都运往宁波口岸,经宁波药商加工后,销往世界各地。①

1931 年后,由于经济危机影响以及浙江沿海海盗的猖獗,宁波口岸的对外贸易日趋衰落。出口货物无论种类还是数量都有下降,出口货值为关平银 13800526 两,其中大部分是运往其他通商口岸,直接运往外洋和香港的土货值仅为关平银 155651 两②,输出国家和地区分别为香港(关平银 136103 两)、新加坡(关平银 2487 两)、荷属印度(关平银 11752 两)、台湾(关平银 215 两)、英属印度(关平银 833 两)、英国(关平银 112 两)、美国(关平银 3400 两)、法国(关平银 235 两)、日本(关平银 377 两)、菲律宾(关平银 40 两)、比利时(关平银 16 两)、奥地利(关平银 13 两)、加拿大(关平银 6 两)、朝鲜(关平银 7 两)、波兰(关平银 6 两)、暹罗(关平银 49 两)。③ 在新出口税则实行后,加上宁波至上海陆路交通的改善,大量原本从宁波口岸直接销往国外的土货大部分经由上海或其他沿海口岸转运。宁波经沪杭甬铁路出口的土货在 1931—1933 年的出口值分别

① 〔英〕甘福履(F. W. Carey):《民国十二年(1923 年)宁波口华洋贸易情形论略》(1924 年 2 月 29 日),中华人民共和国杭州海关译编:《近代浙江通商口岸经济社会概况:浙海关、瓯海关、杭海关贸易报告集成》,浙江人民出版社 2002 年版,第 373 页。

② 《历年土货输出价值总表》,《鄞县通志·第五食货志》戊编《产销二·输出》,1935 年铅印本,《中国方志丛书·华中地方》(第二一六号),成文出版社 1974 年版,第 2257 页。

③ 《民国二十年土货输出国别第一表》《民国二十年土货输出国别第二表》,《鄞县通志·第五食货志》戊编《产销二·输出》,1935 年铅印本,《中国方志丛书·华中地方》(第二一六号),成文出版社 1974 年版,第 2258—2262 页。

为关平银 32401 两、关平银 37266 两和关平银 26712 两,出口货物的种类有:"明矾、枣子干、豆油、豆饼、匹头布、棉纱、纸烟、皮纸、虾皮、笋干、桂圆、鲜鱼、鲜果、面粉、石膏、草子、煤油、青铅、药材、火柴、瓜子、白藤、米、咸鱼、草席、糖、肥皂、点铜、粉条、锡、金丝草、菜子、肥田粉、茶叶。"①

　　1934 年,除草席出口数量因为免收转口税出现增长外,其他诸如棉花、药材和绿茶的出口数量均有所下降。1935 年宁波镇海设立新码头后,大量宁波土货及周边土产直接由镇海口转往上海出口,因此,宁波口岸本身的土货出口量的统计数据呈现逐年下降的趋势。不过这一情形在 1937 年发生变化。由于战事影响,大量货物需要通过宁波口岸出口,其中比较有代表性的就是原先由镇海销往上海的草帽在抗战全面爆发后均由宁波出口。② 1941 年宁波沦陷后,宁波直接销往国外的土货禁绝,直到新中国成立前都没有恢复。

　　温州港自 19 世纪末期开埠,其进口的货物主要分为洋货和土货两部分。1911—1920 这十年间,温州口岸洋货进口净值从关平银 1177603 两增加到 1774775 两,增幅仅 50.71%。相比之下,这十年间温州口岸土货进口净值由 1911 年的关平银 462024 两增加到 1920 年的 1601373 两,增幅达 146.60%。由此可见,在这十年间,温州口岸土货进口净值的增长速度远超过洋货进口净值的增长速度,由此出现的是温州口岸进口额中

---

　　① 《历年由沪杭甬路输出货物数量表》,《鄞县通志·第五食货志》戊编《产销二·输出》,1935 年铅印本,《中国方志丛书·华中地方》(第二一六号),成文出版社 1974 年版,第 2262—2264 页。

　　② 《民国二十六年(1937 年)海关中外贸易统计年刊(宁波口)》,中华人民共和国杭州海关译编:《近代浙江通商口岸经济社会概况:浙海关、瓯海关、杭海关贸易报告集成》,浙江人民出版社 2002 年版,第 401—402 页。

洋货与土货的比例由 1911 年的 1:0.39 上升到 1920 年的 1:
0.90。1911—1920 年这十年间,除了 1915 年短暂下跌到这一
时期的最低值关平银 1141772 两后,温州口岸进口洋货净值呈
现平稳增长的态势,并且 1917 年之后的增长速度明显超过之
前几年。相比之下,温州口岸进口土货净值在 1912 年出现高
速增长之后便一直下跌到 1917 年的关平银 749938 两,此后逐
步回升。由此可以看到,第一次世界大战对温州口岸进口净值
的影响也是非常明显的,在 1914—1917 年这四年间,温州口岸
无论是洋货进口净值还是土货进口净值都出现下滑趋势,直到
1918 年之后才出现增长。1921—1930 年这十年中,温州口岸
进口洋货净值呈现出稳定增长的态势,从 1921 年的关平银
2191677 两增长到 1930 年的 5090819 两,增幅达 132.27%,远
高于上一个十年的速度。这意味着,经过"一战"之后,西方国
家原本对中国放缓的商品倾销又逐渐严重起来。在这十年中,
除 1923 年和 1929 年这两年温州口岸洋货进口净值增长率有
所下降外,其他年份的增长速度非常迅速。同期,温州口岸土
货进口净值在 1921 年远超同年洋货进口净值,达到关平银
5223601 两,但 1922 年即迅速下跌到关平银 2366548 两,略低
于同年洋货进口净值。此后,除 1923 年、1924 年、1928 年、
1929 年外,其余年份温州口岸土货进口净值均低于同年洋货进
口净值。自 1921 年开始,温州口岸土货进口净值从关平银
5223601 两增加到 1930 年的 4405426 两,呈现负增长态势。如
果按照世界通用的美元来折算的话,这一时期温州口岸进口净
值不仅没有上升,而且出现了负增长。1921 年温州口岸进口洋
货净值折合 1819091.91 美元,1930 年这一数字下降到
1730878.46 美元,跌幅为 4.85%。同时,1921 年温州口岸进口
土货净值折合 4335588.83 美元,1930 年这一数字下降到

1497844.84 美元,跌幅为 65.45％。由此可以看出,金银比价的波动对温州口岸乃至全国进口贸易的影响是非常大的,原本总体增长的进口贸易由于汇率风险都出现不同程度的下降。进入 20 世纪 30 年代后,温州港进口洋货净值在最初三年连续下跌,分别为关平银 4387567 两、215506 两和 92544 两。与之对应的进口土货净值则未发生大的波动,分别是关平银 7248653 两、8049746 两和 6591213 两。从比例上来讲,在 20 世纪 30 年代的最初三年里,温州口岸进口土货净值远高于进口洋货净值,两者比例在 1933 年达到 71.22∶1,达到温州开埠后进口洋土货净值比例的最高值。导致温州口岸进口洋货净值下降的主要原因是,随着世界经济危机的加深,日本直接武力入侵中国,发动了"九一八"事变,直接导致了中日关系的急剧恶化,进而严重影响了温州口岸的日货进口贸易。另外,南京国民政府对税收制度的变革是直接原因。1931 年 6 月 1 日,国内转口土货一律要改征转口税,而往来于通商口岸和内地港口之间的船只则免征转口税,这使得相当一部分货物改道由温州瑞安港上岸。1933 年南京国民政府币制改革后,温州口岸进口洋货净值开始逐渐回升。1935—1937 年,温州口岸进口洋货净值分别是 244178 元法币、469259 元法币和 842050 元法币。同期,温州口岸进口土货净值则呈下降趋势,分别是 710 万元法币、690 万元法币和 660 万元法币。截至 1937 年,温州口岸进口洋货以煤油、柴油、白糖和石蜡的数量最多,进口土货主要有纸、烟、豆饼、糖品、花生油、土布及其他各种棉布。从洋货进口种类的变化可以看到国民政府已经开始扩大战争物资的进口,逐步在为全面抗日战争做准备。

温州口岸自 1877 年开埠,其后出口土货值逐年上升。进入 20 世纪后,温州口岸出口土货值由 1901 年的关平银 366900

两上升到1910年的988708两,十年时间增长率为169.48%,年均增长率接近17%。相比之下,1911—1920年这十年间,温州口岸出口货值从1911年的关平银1008370两上升到1920年的1484098两,十年间增长率仅为47.18%,年均增长率不到5%。自1911年开始,温州口岸土货出口值增长乏力,直到1916年出口土货值才达到关平银1490157两。其后便一路下滑,直到1918年才开始恢复增长。如果将这一时期温州口岸土货出口值与进口洋、土货净值数据进行比较的话,可以发现两个明显相反的趋势。以1916年为分界点,之前在出口土货值上升的同时,进口洋、土货净值出现下降的趋势;此后,在出口土货值下降的同时,进口洋、土货净值则出现上升的趋势。1916年是这十年中温州口岸出口货值与进口货值比例最为接近的一年,为1:1.35,这一比例在1920年扩大为1:2.27。很明显,1916年后,温州口岸出口土货值的增长速度明显低于同期进口洋、土货净值的增长速度。其中,1918年温州出口货值的剧降与同年"普济轮"的沉没有很大关系。1918年1月4日,上海招商局"普济轮"从上海起航,开往温州,在吴淞口被撞沉,死者有260余人。这次事故使得温州至上海之间的航线时断时续,大量出口货物"脱离海关而报常关者,为数匪鲜,而以鲜蛋、茶叶二宗为尤巨"[①]。1921—1930年这十年间,温州口岸土货出口值相比上一个十年有明显的增长,从1921年的关平银1444576两增长到1930年的5611652两,十年增长了288.46%,年均增长接近30%,其增长速度远超过上一个十年。相比较而言,温州口岸进口洋、土货净值的增长则呈现出先降

---

① 中华人民共和国杭州海关译编:《近代浙江通商口岸经济社会概况:浙海关、瓯海关、杭海关贸易报告集成》,浙江人民出版社2002年版,第609页。

后升的态势,从 1921 年的关平银 7415278 两降低到 1922 年的 4786030 两。其后,温州口岸进口洋、土货净值逐渐增长,并在 1928 年超过 1921 年的水平,达到关平银 8176152 两。到 1930 年,这一数字增长为关平银 9496245 两,十年增长了 28.06%,年均增长率不到 3%。如果将这一时期温州口岸出口土货值折合成美元来计算的话,可以发现其变化趋势与以关平银两统计的变化趋势有很大不同。1921 年温州口岸出口土货值折合 1198998.08 美元,其后,这一数值逐年上升,在 1927 年达到本期最高点 3234571.14 美元。其后,温州土货出口值开始下降,直到 1930 年的 1907961.68 美元,十年间温州口岸出口土货值折合美元增长了 59.13%,年均增长率约 6%。在经济危机肆虐全球,各国都提高进口关税的时候,20 世纪 30 年代温州口岸出口土货值依然能超过 20 世纪 20 年代初期的水平,与这一时期温州出口土货主要面向的是中国其他沿海口岸市场有很大关系。相比之下,这一时期温州口岸进口洋、土货净值折合美元则从 1921 年的 6154680.74 美元一路下跌到 1930 年的 3228723.30 美元,十年跌幅达到 47.54%,年均下跌接近 5%,从中可见金银汇率波动对温州口岸进口货值的影响,而相应的,这也是温州口岸在这十年中出口土货值保持增长的一个非常重要的原因。受此带动,温州口岸直接出口外洋的土货净值从 1921 年的关平银 15682 两上升到 1926 年的本期最高值 647246 两,其后在北伐战争和世界经济危机的影响下开始逐年下降,直到 1930 年的关平银 231274 两,十年间出口外洋土货值增长了将近 13 倍。尤其是 1923 年,比 1922 年增长了近 15 倍。如果将温州口岸出口外洋土货值折合美元计算,其趋势也基本相同,只不过十年的增长有所放缓,由 1921 年的 13016.06 美元增长到 1930 年的 78633.16 美元,增长近 5 倍,年均增长

超过 50％。这一速度远远超过本期出口土货总值的增长速度。换句话说,就是 1921—1930 年这十年间,温州口岸直接出口外洋土货值的增长速度远远高过出口通商口岸土货值的增长速度。进入 20 世纪 30 年代,温州口岸土货出口值呈现出下跌趋势。1931—1933 年这三年间,温州口岸出口土货值分别是关平银 5261499 两、3914442 两和 3753002 两。1931 年,温州口岸出口土货中的 75％为纸伞、木炭、草席和茶叶,其余土产主要运往中国沿海其他通商口岸。1932 年温州口岸出口外洋土货中,纸伞占 40％,草帽占 23％,鲜蛋占 16％,猪油占 3％。原本出口大项木炭则由上一年度的关平银 12 万两下降到几乎为零,这是因为中日关系的恶化使得木炭对日本出口受到严重影响。除木炭外,另一个受到影响的是纸伞。1933 年,日本对中国的入侵使得温州纸伞失去了日本,中国东北、华北和台湾的外销市场。同年,温州口岸出口货值折合法币为 600 万元,其中纸伞占 15％,茶叶占 12.5％,纸占 10.5％,木炭占 6.5％,烟叶及烟丝占 5.5％,木材占 5.5％,蒲席占 5％,棉布占 4.5％。到 1936 年,温州土货出口值从 1935 年的法币 550 万元下降到 540 万元,其中纸占 20.07％,下等纸占 11.65％,木炭占 8.42％,茶叶占 5.32％,茶油占 5.75％,桐油占 4.33％,烟叶占 4.32％,其余均属杂货。

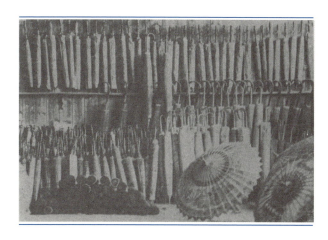

图 5-16　纸伞为永嘉重要手工业出品之一，行销于日本、南洋等地

（资料来源：《浙瓯日报》1935 年元旦特刊）

图 5-17　草席为永嘉重要出口货

（资料来源：《浙瓯日报》1935 年元旦特刊）

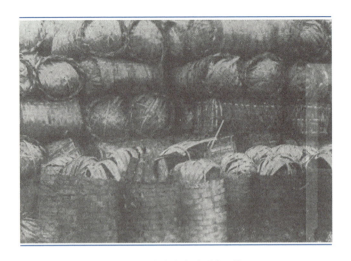

图 5-18　炭为永嘉重要出口货

（资料来源：《浙瓯日报》1935 年元旦特刊）

图 5-19　处州十县所产之木材皆向永嘉出口

（资料来源：《浙瓯日报》1935 年元旦特刊）

参考文献

一、古籍

[1] 朱熹.晦庵先生文集[M].宋庆元嘉定间浙江刻本.

[2] 程俱.北山小集[M].宋写本.

[3] 张联元.康熙台州府志[M].哈佛大学汉和图书馆藏尊经阁藏板.1722.

[4] 洪迈.夷坚丁志[M].清影宋抄本.

[5] 黄溍.金华黄先生文集[M].清景元抄本.

[6] 李凤苞.海洋山岛图说[M].清同治刊本.

[7] 佚名撰.海道经[M]//借月山房汇钞.南洋大学图书馆藏本.上海:博古斋,1920.

[8] 浙江巡抚乌尔恭额奏折[M]//史料旬刊:第40册.北京:故宫博物院文献馆,1931.

[9] 徐泰.泳澉浦诗[M]//吴侠虎.东方大港·澉浦岬.上海:大东书局,1933.

[10] 袁燮.絜斋集[M].上海:商务印书馆,1935.

[11] 李心传.建炎以来系年要录[M].北京:商务印书馆,1936.

[12] 黄溍.金华集[M]//丛书集成初编.上海:商务印书馆,1936.

[13] 清高宗敕撰.皇朝文献通考[M]//万有文库.上海:商务印书馆,1936.

[14] 徐兢撰.宣和奉使高丽图经[M].上海:商务印书馆,1937.

[15] 陈甸.乍浦东陈族谱稿[M].浙江图书馆古籍部藏本.1948.

[16] 李攸.宋朝事实[M].北京:中华书局,1955.

[17] 孟元老.东京梦华录[M].北京:商务印书馆,1956.

[18] 司马光.资治通鉴[M].胡三省,音注.北京:中华书局,1956.

[19] 陈寿,裴松之.三国志[M].陈乃乾,校点.北京:中华书局,1959.

[20] 李昉,等.太平御览[M].北京:中华书局,1960.

[21] 明实录·太祖实录[M].台北:"中央研究院"历史语言研究所,1961.

[22] 佚名.两种海道针经[M].向达,校注.北京:中华书局,1961.

[23] 张邦奇.张文定甬川集[M]//陈子龙.明经世文编.北京:中华书局,1962.

[24] 班固.汉书[M].颜师古,注.北京:中华书局,1964.

[25] 范晔.后汉书[M].李贤,注.北京:中华书局,1965.

[26] 陈训正,马瀛.定海县志[M].台北:成文出版社,1970.

[27] 喻长霖.台州府志[M]//中国方志丛书.台北:成文出版社,1970.

[28] 萧子显.南齐书:卷53[M].北京:中华书局,1972.

[29] 赵世延,揭傒斯.大元海运记[M].台北:广文书局,1972

[30] 姚思廉.陈书[M].北京:中华书局,1972.

[31] 魏徵.隋书[M].北京:中华书局,1973.

[32] 朱正元辑.浙江沿海图说[M]//中国方志丛书.台北:成文出版社,1974.

[33] 沈约.宋书[M].北京:中华书局,1974.

[34] 房玄龄.晋书[M].北京:中华书局,1974.

[35] 张廷玉.明史[M].北京:中华书局,1974.

[36] 陈宝善,孙喜,陈钟英,等.光绪黄岩县志[M]//中国方志丛书.台北:成文出版社,1975.

[37] 龚嘉俊,吴庆丘.光绪杭州府志[M]//中国方志丛书.台北:成文出版社,1975.

[38] 欧阳修,宋祁.新唐书[M].北京:中华书局,1975.

[39] 宋濂.元史[M].北京:中华书局,1976.

[40] 万历明会典[M].北京:中华书局,1976.

[41] 聂心汤,虞淳熙.万历钱塘县志[M]//中国方志丛书·华中地方·第192号.台北:成文出版社,1975.

[42] 赵尔巽.清史稿[M].北京:中华书局,1976.

[43] 薛居正.旧五代史[M].北京:中华书局,1976.

[44] 脱脱.宋史[M].北京:中华书局,1977.

[45] 吴自牧.梦梁录[M].杭州:浙江人民出版社,1980.

[46] 周公旦.周礼[M].北京:中华书局,1980.

[47] 周达观.真腊风土记[M].北京:中华书局,1981.

[48] 王士性.广志绎[M].北京:中华书局,1981.

[49] 李登云,钱宝镕.光绪乐清县志[M]//中国方志丛书.台北:成文出版社,1983.

[50] 李卫等修,傅王露等纂.西湖志[M]//中国方志丛书·华中地方·第543号.台北:成文出版社,1983.

[51] 田汝成.西湖游览志[M]//中国方志丛书·华中地方·第487号.台北:成文出版社,1983.

[52] 李言恭,郝杰.日本考[M].北京:中华书局,1983.

[53] 范涞.两浙海防类考续编[M]//中国方志丛书.台北:成文

出版社,1983.

[54] 洪若皋.康熙临海县志[M]//中国方志丛书.台北:成文出版社,1983.

[55] 洪锡范,王荣商.镇海县志[M]//中国方志丛书.台北:成文出版社,1983.

[56] 张宝琳,王棻.光绪永嘉县志[M]//中国方志丛书·华中地方·第475号.台北:成文出版社,1983.

[57] 庆霖,陈汝霖,戚学标,等.嘉庆太平县志[M]//中国方志丛书.台北:成文出版社,1984.

[58] 孔晁.逸周书[M]//景印文渊阁四库全书.台北:商务印书馆,1984.

[59] 王存.元丰九域志[M]//中国古代地理总志丛刊.北京:中华书局,1984.

[60] 钱俨.吴越备史[M]//景印文渊阁四库全书.台北:商务印书馆,1984.

[61] 李时珍.本草纲目[M]//景印文渊阁四库全书.台北:商务印书馆,1984.

[62] 翁卷.苇碧轩集[M]//徐照,徐玑,翁卷,等.永嘉四灵诗集.陈增杰,点校.杭州:浙江古籍出版社,1985.

[63] 陈伦炯.《海国闻见录》校注[M].李长傅,校注.陈代光,整理.郑州:中州古籍出版社,1985.

[64] 李焘.续资治通鉴长编[M].北京:中华书局,1985.

[65] 苏轼.苏轼文集[M].孔凡礼,点校.北京:中华书局,1986.

[66] 清实录·高宗实录[M].北京:中华书局,1986.

[67] 清实录·圣祖实录[M].北京:中华书局,1986.

[68] 叶春及.惠安政书:附崇武所城志[M]//福建地方志丛刊.福州:福建人民出版社,1987.

[69] 台湾"中央研究院"历史语言研究所编.明清史料庚编[M].北京:中华书局,1987.

[70] 陆云.陆云集[M].黄葵,点校.中华书局,1988.

[71] 柯劭忞.新元史[M].上海:上海古籍出版社,1989.

[72] 陈耆卿.嘉定赤城志[M]//宋元方志丛刊.北京:中华书局,1990.

[73] 梅应发,刘锡.开庆四明续志[M]//宋元方志丛刊.北京:中华书局,,1990.

[74] 郑麟趾.高丽史[M].首尔:亚细亚文化社,1990.

[75] 宋景关.乾隆乍浦志[M]//中国地方志集成.上海:上海书店,1992.

[76] 李卫,嵇曾筠,沈翼机,等.雍正浙江通志[M]//中国地方志集成.上海:上海书店,1992.

[77] 孙熙鼎,张寅,何奏簧,等.民国临海县志稿[M]//中国地方志集成.上海:上海书店,1992.

[78] 张传保.民国鄞县通志[M].上海:上海书店出版社,1993.

[79] 李琬,齐召南,汪沆,等.乾隆温州府志[M]//中国地方志集成·浙江府县志辑.上海:上海书店,1993.

[80] 赵钺.温州通判厅壁记[M]//中国地方志集成·浙江府县志辑.上海:上海书店,1993.

[81] 赵晔.吴越春秋校注[M].贵州:贵州人民出版社,1994.

[82] 朱纨.甓余杂集[M]//四库全书存目丛书.济南:齐鲁书社,1997.

[83] 周达观.真腊风土记校注[M]夏鼐,校注.北京:中华书局,2000.

[84] 姜准.岐海琐谈[M].蔡克骄,点校.上海:上海社会科学院出版社,2002.

[85] 大元圣政国朝典章[M]//续修四库全书.上海上海古籍出版社,2002.

[86] 王圻.续文献通考[M]//续修四库全书.上海上海古籍出版社,2002.

[87] 王元恭.至正四明续志[M]//续修四库全书.上海:上海古籍出版社,2002.

[88] 胡榘,罗浚.宝庆四明志[M]//续修四库全书.上海:上海古籍出版社,2002.

[89] 王士骐.皇明驭倭录[M]//续修四库全书.上海:上海古籍出版社,2002.

[90] 赵学敏.本草纲目拾遗[M]//续修四库全书.上海:上海古籍出版社,2002.

[91] 顾炎武.天下郡国利病书[M]//续修四库全书.上海:上海古籍出版社,2002.

[92] 徐松.宋会要[M]//续修四库全书.上海上海古籍出版社,2002.

[93] 昆冈,吴树梅,等.钦定大清会典[M]//续修四库全书.上海:上海古籍出版社,2002.

[94] 李开先.李开先全集:中[M].卜键,笺校.修订本.上海:上海古籍出版社,2004.

[95] 陈则翁.东瓯诗存:上[M].上海:上海社会科学院出版社,2006.

[96] 席书,朱家相.漕船志[M].荀德麟,张英聘,点校.北京:方志出版社,2006.

[97] 王瓒,蔡芳.弘治温州府志[M].胡珠生,校注.上海:上海社会科学院出版社,2006.

[98] 李蓉.惠因寺志[M].杭州:杭州出版社,2007.

[99] 左丘明.国语[M].北京:中华书局,2007.

[100] 黄溍.黄文献公集[M]//丛书集成新编.台北:新文丰出版公司,2008.

[101] 万齐融.大唐越州都督府鄮县阿育王寺常住田碑[M]//《宁波历代文选》编委会.宁波历代文选:散文卷.宁波:宁波出版社,2010.

[102] 马端临.文献通考[M].北京:中华书局,2011.

[103] 袁康,吴平.越绝书[M].杭州:浙江古籍出版社,2013.

[104] 曾才汉,叶良佩.嘉靖太平县志[M]//天一阁藏明代方志选刊.上海:上海书店,2014.

[105] 袁应祺.万历黄岩县志[M]//天一阁藏明代方志选刊.上海:上海书店,2014.

[106] 楼钥.攻媿集[M]//四部丛刊.北京:中央编译出版社,2015.

[107] 戴复古.石屏集[M]//四部丛刊续编.上海:上海书店出版社,2015.

[108] 陈相,谢铎.赤城新志[M].上海:上海古籍出版社,2016.

[109] 杜宝.大业杂记[M]//历代小史.北京:商务印书馆,2018.

[110] 赵汝愚.上宰执论台州财赋[M]//林表民.赤城集.上海:上海古籍出版社,2019.

二、专著

[1] 陈懋恒.明代倭寇考略[M].北京:人民出版社,1957.

[2] 彭泽益.中国近代手工业史资料(1840—1949):第1卷[M].北京:生活·读书·新知三联书店,1957.

[3] 姚贤镐.中国近代对外贸易史资料[M].北京:中华书

　　局,1962.

[4] 木宫泰彦.日中文化交流史[M].北京:商务印书馆,1980.

[5] 陈贻焮.唐诗论丛[M].长沙:湖南人民出版社,1980.

[6] 马可·波罗.马可·波罗游记[M].福州:福建科学技术出
　　版社,1981.

[7] 陈高华,吴泰.宋元时期的海外贸易[M].天津:天津人民出
　　版社,1981.

[8] 岑仲勉.隋唐史:下册[M].北京:中华书局,1982.

[9] 杜石然,范楚玉,陈美东,等.中国科学技术史稿:下册[M].
　　北京:科学出版社,1982.

[10] 章巽.我国古代的海上交通[M].北京:商务印书馆,1986.

[11] 唐启宇.中国作物栽培史稿[M].北京:农业出版社,1986.

[12] 周梦江.宋代温州手工业、商业初探[M]//平准学刊编辑
　　 委员会.平准学刊:第 3 辑:下.北京:中国商业出版
　　 社,1986.

[13] 项士元.海门镇志[M].临海市博物馆,1988.

[14] 郑绍昌.宁波港史[M].北京:人民交通出版社,1989.

[15] 姜孟山,李春虎.朝鲜通史[M].延吉:延边大学出版
　　 社,1992.

[16] 周厚才.温州港史[M].北京:人民交通出版社,1990.

[17] 童隆福.浙江航运史(古近代部分)[M].北京:人民交通出
　　 版社,1993.

[18] 俞福海.宁波市志[M].北京:中华书局,1995,

[19] 金陈宋.海门港史[M].北京:人民交通出版社,1995.

[20] 《温州海关志》编纂委员会.温州海关志[M].上海:上海社
　　 会科学院出版社,1996.

[21] 浙江省政协文史资料委员会编.浙江文史集粹:经济卷:上

册[M].杭州:浙江人民出版社,1996.

[22]《宁波市交通志》编审委员会.宁波市交通志[M].北京:海洋出版社,1996.

[23]王勇,大庭修.中日文化史交流大系:典籍卷[M].杭州:浙江人民出版社,1996.

[24]大庭修.江户时代中日秘话[M].徐世虹,译.北京:中华书局,1997.

[25]大庭修,江户时代中国典籍流播日本之研究[M].戚印平,王勇,王宝平,译.杭州:杭州大学出版社,1998.

[26]乐承耀.宁波近代史纲[M].宁波:宁波出版社,1999.

[27]《宁波海关志》编纂委员会.宁波海关志[M].杭州:浙江科学技术出版社,2000.

[28]《上海港志》编纂委员会.上海港志[M].上海:上海社会科学院出版社,2001.

[29]贡德·弗兰克,白银资本[M].刘北成,译.北京:中央编译出版社,2001.

[30]林士民,沈建国.万里丝路:宁波与海上丝绸之路[M].宁波:宁波出版社,2002.

[31]江静.元代中日通商考略[M]//王勇.中日关系史料与研究:第1辑.北京:北京图书馆出版社,2002.

[32]斯波义信.宁波及其腹地[M]//施坚雅.中华帝国晚期的城市.北京:中华书局,2002.

[33]中华人民共和国杭州海关.近代浙江通商口岸经济社会概况:浙海关、瓯海关、杭州关贸易报告集成.杭州:浙江人民出版社,2002.

[34]黄纯艳.宋代海外贸易[M].北京:社会科学文献出版社,2003.

[35]《旧中国海关总税务司署通令选编》编译委员会.旧中国海关总税务司署通令选编:第1卷:1861—1910[M].北京:中国海关出版社,2003.

[36] 陈梅龙,景消波.近代浙江对外贸易及社会变迁[M].宁波:宁波出版社,2003.

[37] 陈光熙.明清之际温州史料集[M].上海:上海社会科学院出版社,2005.

[38] 林士民.东亚商团杰出人物:新罗张保皋[M].上海:上海三联书店,2005.

[39] 林士民.浙东制瓷技术东传朝鲜半岛之研究[M].上海:上海三联书店,2005.

[40] 宁波市文物考古研究所.浙江宁波和义路遗址发掘报告[M]//浙江省博物馆.东方博物.杭州:杭州大学出版社,2005.

[41] 桂栖鹏,楼毅生.浙江通史:第6卷:元代卷[M].杭州:浙江人民出版社,2005.

[42] 宁波港出土的长沙窑瓷器[M]//林士民.再现昔日的文明:东方大港宁波考古研究.上海:上海三联书店,2005.

[43] 王慕民.宁波与日本经济文化交流史[M].北京:海洋出版社,2006.

[44] 曹锦炎.吴越历史与考古论丛[M].北京:文物出版社,2007.

[45] 刘恒武.宁波古代对外文化交流:以历史文化遗存为中心[M].北京:海洋出版社,2009.

[46] 傅璇琮.宁波通史:宋代卷[M].宁波:宁波出版社,2009.

[47] 乐承耀.宁波经济史[M].宁波:宁波出版社,2010.

[48] 马士.中华帝国对外关系史:第1卷[M].张汇文,章巽,姚

曾廙,等,译.上海:上海书店出版社,2006.

[49] 曹锦炎.吴越历史与考古论丛[M].北京:文物出版社,2007.

[50] 建设委员会调查浙江经济所统计科.浙江经济调查:第6册[M]//民国浙江史研究中心,杭州师范大学.民国浙江史料辑刊:第1辑.北京:国家图书馆出版社,2008.

[51] 马丁.民国时期浙江对外贸易研究(1911—1936)[M].北京:中国社会科学出版社,2012.

[52] 姚贤镐.中国近代对外贸易史资料(1840—1895):第1册[M].北京:科学出版社,2016.

[53] 张星煌.中西交通史料汇编:第1册[M].北京:华文出版社,2018.

[54] 马克思,恩格斯.马克思恩格斯论中国[M].中共中央马克思恩格斯列宁斯大林著作编译局,编译.北京:人民出版社,2018.

三、论文

[1] 李德全,蒋忠义,关甲堃.朝鲜新安海底沉船中的中国瓷器[J].考古学报,1979(2):245-423.

[2] 三上次男.从陶磁贸易看中日文化的友好交流[J].社会科学战线,1980(1):219-224.

[3] 大庭修,李秀石.日清贸易概观[J].社会科学辑刊,1980(1):91-102.

[4] 冯先铭.元以前我国瓷器销行亚洲的考察[J].文物,1981(6):65-74.

[5] 李知宴.论越窑和铜官窑瓷器的发展和外销[J].古陶瓷研究,1982(1):49-55.

[6] 崔光南.东方最大的古代贸易船舶的发掘——新安海底沉船[J].郑仁甲,金宪镛,译.海交史研究,1989(1):83-88.

[7] 陈自强.就《华夷变态》谈康熙年间海外交通贸易的若干问题[J].海交史研究,1990(2):25-37.

[8] 林士民.从明州古港(今宁波)出土文物看景德镇宋元时的陶瓷贸易[J].景德镇陶瓷,1993(4):40-43.

[9] 全海宗.论丽宋交流[J].浙东文化,2002(1).

[10] 万明.明代嘉靖年间的宁波港[J].海交史研究,2002(2):60-70.

[11] 何鸿,何如珍.越窑瓷器销行海外的考察[J].陶瓷研究,2002(3):39-46.

后 记

　　2012 年秋,我入职宁波中国港口博物馆,开始接触港口史研究。这与我研究生时期近代区域经济史的研究方向有着千丝万缕的联系。港口作为水陆交通的纽结点,承载着交通运输、腹地支撑、外向型经济发展的诸多内涵,是区域经济发展的动力引擎,是港口城市建设的能量所在。在参与了港博新馆筹建、主展厅"港通天下:中国港口历史陈列"大纲编制等实践工作之后,在跟随调研组去各地调研港口最新考古发现与当地港口发展脉络以及查阅资料之后,我对中国港口历史形成了初步的认识,对区域港口与地方经济发展的关系有了更深层次的思考。

　　适逢浙江海洋大学韩伟表教授抛出了"浙江海洋文化史话丛书"撰写的动议,意在面向青少年及大众群体科普浙江海洋文化的发展历史。结合所学与工作实践,我意欲以浙江海港与海关为着眼点,以包含宁波、杭州和温州等海港在内的浙江沿海港口及其区域发展为考察对象,从浙江海洋文明发展历史的视角去梳理浙江沿海港口与海关的发展脉络,写就目前浙江省第一部有关海港海关的通俗读本。客观阐述浙江海港海关的史实是本书的立脚点,而采用通俗易懂的语言、清晰明确的图表则是撰写科普读物需要掌握的方法。

　　感谢宁波中国港口博物馆冯毅馆长对本书出版的支持,感谢韩伟表教授对选题立意方向的支持以及鼓励。感谢宁波大

学人文与传媒学院白斌老师对本书框架及内容的意见,感谢宁波大学人文与传媒学院陈育峰的支持,感谢浙江省哲学社会科学科普委托课题"浙江海港海关史话"(20KPWT01ZD-9YB)的经费资助。同时感谢宁波中国港口博物馆同人的支持与帮助。

因才疏学浅,落笔仓促,资料收集也不尽完善,有错漏之处在所难免。希冀本书的呈现能起抛砖引玉之功,让更多的目光聚焦于浙江海洋的专项研究,也让更多的读者通过拙著关注浙江辉煌的海港海关史,进而理解浙江沿海港口群在全国经济发展、社会进步、文化交流等方面所发挥的作用和所占据的地位。

刘玉婷
2022 年 4 月 26 日于中国港口博物馆